D1382398

Gamestorming

Prácticos
Empresa y Talento

Dave Gray, Sunni Brown y James Macanufo
Gamestorming
83 juegos para innovadores, inconformistas y generadores del cambio

Traducción de Beatriz Benítez

EDICIONES DEUSTO

El papel utilizado para la impresión de este libro es cien por cien libre de cloro y está calificado como **papel ecológico**.

No se permite la reproducción total o parcial de este libro,
ni su incorporación a un sistema informático, ni su transmisión
en cualquier forma o por cualquier medio, sea éste electrónico,
mecánico, por fotocopia, por grabación u otros métodos,
sin el permiso previo y por escrito del editor. La infracción
de los derechos mencionados puede ser constitutiva de delito
contra la propiedad intelectual (Art. 270 y siguientes del Código Penal).
Diríjase a CEDRO (Centro Español de Derechos Reprográficos) si necesita
fotocopiar o escanear algún fragmento de esta obra. Puede contactar
con CEDRO a través de la web www.conlicencia.com
o por teléfono en el 91 702 19 70 / 93 272 04 47

Título original: *Gamestorming* (ISBN 978-0-596-80417-6)
Publicado por O'Reilly Media, Inc., Estados Unidos, 2010

© Dave Gray, Sunni Brown, James Macanufo, 2010
© de la traducción, Beatriz Benítez, 2012
© Centro Libros PAPF, S. L. U., 2012
    Deusto es un sello editorial de Centro Libros PAPF, S. L. U.
    Avinguda Diagonal, 662-664. 08034 Barcelona (España)
    www.edicionesdeusto.com
    www.planetadelibros.com

Diseño de la colección: Booket / Área Editorial Grupo Planeta
Ilustración de la cubierta: Shutterstock
Primera edición en Colección Booket: febrero de 2016

Depósito legal: B. 29.279-2015
ISBN: 978-84-234-2500-6
Impresión y encuadernación: Liberdúplex, S. L.
Printed in Spain - Impreso en España

Biografía

Dave Gray es el fundador de XPLANE, empresa de pensamiento visual y socio de Dachis Group. Dirige seminarios sobre creatividad, innovación y transformación empresarial para formadores, clientes corporativos y público general.

Sunni Brown es propietaria de BrightSpot Info Design, una empresa especializada en pensamiento visual.

James Macanufo, consultor de XPLANE, ayuda a grandes empresas tecnológicas y a clientes gubernamentales a desarrollar sus planes de visión, estrategia y comunicación.

A Michael Doyle, mi amigo y mentor
DAVE GRAY

*A mi madre, que nos enseñó a todos nosotros
el significado del amor incondicional*
SUNNI BROWN

A Drew Crowley, que es bueno en esto
JAMES MACANUFO

Sumario

Prólogo

A principios de los sesenta, Peggy Parrish, la famosa escritora de libros infantiles, nos presentó a Amelia Bedelia, una ama de llaves que hace la cosas demasiado al pie de la letra. Entre otras cosas, Amelia prepara esponjosos bizcochos con esponjas de verdad, riñe a las plantas porque son «malas hierbas» y se tiende literalmente sobre el asfalto cuando la avisan de que la familia se va «a echar a la carretera» para irse de acampada. Mis hijos estallan en carcajadas cuando leen sus cómicas aventuras.

A veces, también me descubro riéndome con mis hijos, hasta que pienso en las Amelia Bedelia que he conocido en el trabajo. De pronto, los errores que la gente comete mientras intenta desempeñar su trabajo no son tan graciosos. Son errores que surgen por falta de claridad en las metas y los objetivos de un proyecto, o por el fracaso al plantear las repercusiones de llevar a cabo un cambio de proceso en un sistema complejo; errores originados por equipos que no se han dado a sí mismos la libertad de explorar alternativas, o de equipos que no han invertido en tiempo para escoger atentamente entre las opciones que ellos han inventado o descubierto.

Aunque la pérdida de productividad ocasionada por este tipo de errores es importante, éstos comportan mucho más que eso. Generan frustración en el seno del equipo porque hay que rehacer el trabajo. También implican reuniones innecesarias debido a que, una vez advertido el error, será necesario convocar otra reunión para averiguar qué hacer. Los errores saturan las bandejas de entrada de los correos porque en vez de preocuparnos por saber a quién debe ir dirigido un mensaje, simplemente los enviamos con copia a todo el mundo o, algo incluso más malintencionado, con copia oculta.

Estos errores se pueden evitar mediante el uso de los juegos descritos en este libro.

Sí, juegos.

Como Dave, Sunni y James explican con mucha sensatez, los juegos serios ayudan a las empresas a resolver problemas complejos mediante el juego en grupo. Inspirados por sus ricas y variadas experiencias y respaldándolas con teoría, Dave, Sunni y James dan comienzo con una visión general de por qué estos juegos ayudan a las organizaciones a volverse notablemente más eficaces. Armados con este conocimiento, comparten con nosotros un amplio catálogo de juegos que los equipos pueden utilizar para resolver un surtido de problemas complejos.

Como creador de juegos de ese tipo, estoy especialmente impresionado por el hecho de que Dave, Sunni y James hayan incluido una gran variedad de ellos, fruto de su experiencia y de la de muchas otras personas que trabajamos en este campo. El resultado es que han escrito un libro agradable, que se puede leer en sólo un fin de semana y poner las ideas en práctica al empezar el trabajo el lunes siguiente por la mañana.

No obstante, recomiendo al lector que mantenga un ejemplar de este libro a mano. Aunque es probable que empiece sólo con uno o dos juegos de los que se exponen aquí, también lo es que vuelva rápidamente a consultar este libro o la página web <www.gogamestorm.com> para saber qué nuevos juegos han encontrado Dave, Sunni y James (con la ayuda de su entregada comunidad) que puedan ayudarle a desarrollar sus metas.

Luke Hohmann
Fundador y director general de
The Innovation Games® Company

Introducción

En 1807, los hermanos Grimm empezaron a recopilar cuentos infantiles que, hasta entonces, nunca habían sido transcritos. En 1812, publicaron una colección de 86 cuentos cuyo título era *Cuentos de la infancia y del hogar*. Cuando se publicó la séptima edición, la última de sus vidas, la colección había aumentado hasta alcanzar los 211 cuentos. Si no hubiera sido por el trabajo de los hermanos Grimm, quizá nunca habríamos oído hablar de las historias de Rompelimbrá (también conocido como El enano saltarín), Blancanieves, la Bella Durmiente, Rapunzel, la Cenicienta, Hansel y Gretel, Caperucita Roja y El príncipe rana.

Jacob y Wilhelm Grimm tuvieron varias motivaciones: como filólogos, querían entender los elementos lingüísticos de las historias y sus fuentes; como historiadores, querían registrar las historias tal como se contaban en las casas; como cuentacuentos, querían entretener, y, como alemanes (no había ni un solo estado alemán en aquella época), estaban interesados en entender y desarrollar un sentimiento de identidad común entre los germanohablantes.

Hace algunos años, los coautores de este libro nos embarcamos en un proyecto similar: nuestra meta era identificar un conjunto de métodos y enfoques emergentes para trabajar que han estado germinando desde la década de los setenta y que están profundamente entrelazados con la floreciente era de la información.

Desde que se inventó el chip informático, nos hemos estado moviendo de una economía industrial a una posindustrial, en la que la esencia del trabajo está cambiando. En una sociedad industrial se espera de los trabajadores que se ajusten a unas descripciones de trabajo estándares y que desempeñen sus tareas de acuerdo a políticas, prescripciones y procedimientos claros. El trabajo intelectual es, en esencia, diferente: de los empleados no se espera tanto que desarrollen los modelos estándares, sino que generen resultados creativos e innovadores que sorprendan y deleiten a los clientes y a los compañeros de trabajo. Se espera de ellos no sólo que cumplan una función, sino que diseñen productos y servicios nuevos y mejores, e incluso que aporten resultados drásticos y significativos.

Durante mucho tiempo se ha percibido la creatividad y la inventiva como una «caja negra». Como personas que nos dedicamos a los negocios, por lo general no intentamos comprender este proceso. Lo que esperamos es que, cuando los diseñadores, inventores y otros profesionales creativos entren a una habitación con un objetivo, salgan de ella con resultados y descubrimientos más o menos creativos. A pesar de que cuando los vemos trabajar observamos una especie de combinación de apuntes, conversaciones animadas, mesas desordenadas y bebidas, la naturaleza fundamental de lo que ocurre en esa habitación sigue siendo en gran parte un misterio.

Es fácil dejar la creatividad a las personas creativas, y decirse a uno mismo: «Lo que pasa es que yo no soy creativo». El hecho es que en una economía compleja, dinámica e intelectualmente competitiva, adoptar esta postura ya no es algo aceptable. Si uno desempeña una labor intelectual, debe convertirse, hasta cierto punto, en una persona creativa.

Quizá eso suene un tanto intimidante, pero lo cierto es que las personas creativas suelen emplear estrategias y prácticas sencillas para llegar donde quieren ir. No se trata exactamente de que empleen un proceso consistente y repetible que las conduzca a obtener resultados coherentes, sino más bien de que sea un taller con un conjunto de herramientas y estrategias para examinar las cosas a fondo, explorar nuevas ideas, llevar a cabo experimentos y poner hipótesis a prueba para generar enfoques y resultados nuevos y sorprendentes.

Así pues, mis coautores y yo, al igual que los hermanos Grimm, nos propusimos reunir lo mejor de estas prácticas dondequiera que pudiéramos encontrarlas, centrándonos especialmente en Silicon Valley, en las empresas innovadoras y en la revolución de la información.

Muchas de estas prácticas surgieron de una especie de «sopa Silicon», la red profundamente interconectada de Silicon Valley, donde las ideas y la gente se polinizan de forma cruzada como si fueran abejas en una enorme colmena. Las prácticas perviven en una cultura básicamente oral, transmitidas de una a otra persona de boca en boca. Por ejemplo, un consultor utiliza un enfoque con un cliente, y éste empieza a emplearlo internamente. Con el tiempo, cuanta más gente use un método, más irá variando éste, y con el tiempo la fuente de la idea o el planteamiento original quizá se pierda. A veces, los métodos se ponen por escrito y otras, como ocurre con los cuentos, coexisten con otras versiones diferentes en lugares distintos.

Decidimos titular el libro *Gamestorming* respetando el nombre que se da a este fenómeno en inglés. En la primera parte, hicimos todo lo posible para aportar el sentido de la mecánica o la estructura subyacente de los juegos que describimos, así como unos principios de diseño que podrán ser útiles cuando usted empiece a ponerlos en práctica.

Esperamos que sea de utilidad tanto para los practicantes noveles como para los experimentados. Si usted es principiante, confiamos en que encuentre todo un nuevo mundo de ideas sobre cómo aproximarse a los diferentes retos que se le presenten en su trabajo. Para los experimentados, esperamos que encuentre algunas buenas ideas y algunas cosas que «sean nuevas para usted».

Nuestra meta con esta recopilación ha sido encontrar las mejores herramientas y prácticas y reunirlas en un solo libro.

Uno de nuestros mayores retos ha sido establecer y acertar apropiadamente la procedencia de cada juego. A veces, puede ser muy difícil determinar quién fue el primer diseñador de una herramienta o dónde se utilizó por primera vez. Hemos puesto todo de nuestra parte para citar la fuente de cada juego y hemos añadido notas donde nos ha sido posible, mientras que al mismo tiempo hemos intentado no distraer nuestra atención del contenido primordial. A menudo nos parecía que nos encontrábamos ante un juego de muñecas rusas: cuando identificábamos la fuente de un juego, daba la impresión de que hubiera derivado de otra fuente anterior, y siempre parecía que existiera un dueño anterior agitando las alas para reclamar su autoría.

Cuando empleamos la expresión «basado en», la descripción proviene de algún tipo de material escrito cuya fuente hemos identificado. Cuando utilizamos la expresión «inspirado por», significa que hemos identificado la idea o el concepto principal, pero que el juego en sí mismo estaba basado en historias orales o en nuestros propios diseños. Si no hemos sido capaces de encontrar una fuente fiable, se indica en cada juego que es desconocida. Si usted tiene conocimiento de cuál es el origen de dichos juegos le invitamos a que lo comparta con nosotros.

De hecho, esperamos que, al conectarnos con una comunidad mayor en torno a este proyecto, añadamos más juegos, perfeccionemos toda la colección y entendamos mucho mejor la rica historia de estos juegos para futuras ediciones. Hemos abierto un foro en línea en la página <www.gogamestorm.com>, donde nos gustaría contar con su apoyo. Esperamos que pueda contribuir con juegos basados en su propio conocimiento y experiencia, que nos ayude a aclarar la historia de las ideas y prácticas y que, con sus comentarios, pueda ayudarnos a entender mejor la compleja y fascinante historia de los juegos aplicados al trabajo creativo.

Dave Gray
Saint Louis
Junio de 2010

1

¿Qué es un juego?

Los juegos y los deportes no son lo mismo

Imagínese a un niño que juega con un balón. Lo chuta contra una pared y el balón rebota hacia él. Lo detiene con el pie y vuelve a chutarlo. Al iniciar este tipo de juego, el niño aprende a asociar ciertos movimientos corporales con los del balón en el espacio. A eso podríamos llamarlo «juego asociativo».

Ahora imagine que el niño está esperando a un amigo. Éste aparece y los dos empiezan a caminar calle abajo y van pasándose el balón entre sí mientras avanzan. El juego ha adquirido entonces una dimensión social; la acción de uno de los niños genera una respuesta del otro y viceversa. Se podría pensar que esta forma de juego es una especie de conversación improvisada en la que los chicos interactúan utilizando la pelota como medio. Este tipo de juego no tiene un principio ni un fin definidos; más bien fluye suavemente de un estado a otro. A esta actividad podríamos llamarla «juego cooperativo».

Imagine ahora que los niños van a un pequeño parque y que se aburren de dar patadas al balón para pasárselo. Uno le dice al otro: «Vamos a intentar golpear a ese árbol por turnos; tienes que chutar la pelota desde esta línea». El niño dibuja una raya en el suelo con el talón. «Chutaremos por turnos. Cada vez que le des al árbol ganarás un punto, y el primero que consiga cinco puntos, habrá ganado.» El otro niño asiente y empiezan a jugar. Ahora la actividad se ha convertido en un juego; un tipo de juego esencialmente diferente.

¿Qué hace que un juego sea distinto? Podemos desmenuzar este tan sencillo en algunos componentes básicos que lo distinguen de otras actividades.

Espacio del juego. Entrar en un juego es internarse en otro espacio en el que las reglas de la vida cotidiana se suspenden temporalmente y se reemplazan por las del juego. En efecto, un juego crea un mundo alternativo, un mundo modélico. Para entrar en este espacio, los jugadores deben estar de acuerdo en acatar sus normas y entrar por voluntad propia. Si se vieran forzados a participar, entonces no sería un juego. Este acuerdo entre partes —que consiste en interrumpir la realidad temporalmente— crea un lugar seguro donde los jugadores pueden intervenir con un comportamiento que podría entrañar un riesgo, ser incómodo o incluso soez en la vida normal. Al aceptar un conjunto de reglas (no rebasar la línea, chutar la pelota por turnos...), los niños entran en un mundo compartido. Sin ese acuerdo, el juego no sería posible.

Límites. Un juego tiene límites en el espacio y en el tiempo. Hay un momento en el que empieza —cuando los jugadores entran en el espacio del juego— y otro en el que abandonan este espacio, lo cual supone que termine. El espacio del juego puede detenerse y reactivarse por acuerdo de los jugadores. Podemos imaginar que éstos acceden a hacer una pausa para comer o para que uno pueda ir al baño. Por lo general, el juego tendrá un límite de espacio, fuera del cual no se aplicarán las normas. Imagine, por ejemplo, que algunos espectadores se reúnen para observar el concurso de chutes. Es fácil saber que no se interpondrían entre el jugador y el árbol ni distraerían a los jugadores sin que ello arruinara o, al menos, alterara el juego.

Normas de interacción. Dentro del espacio del juego, los jugadores acuerdan seguir unas reglas que definen su funcionamiento. Éstas definen los límites de ese espacio, igual que las leyes físicas como la gravedad restringen el mundo real. Según las normas del juego, uno de los niños no podría chutar la pelota desde el lado incorrecto de la línea, al menos no sin violar el espacio del juego, es decir, haciendo trampa.

Componentes. La mayoría de los juegos utilizan componentes físicos o piezas; objetos que poseen información sobre el juego, ya sea intrínsecamente o por la posición que ocupan. La pelota y el árbol a los que nos referimos son un ejemplo. Cuando la pelota toca el árbol, se marca un punto. Eso es información. Los componentes se pueden emplear para controlar el progreso y para conservar una imagen del estado actual del juego. Podemos imaginarnos fácilmente, por ejemplo, que cada vez que se anota un punto, los niños colocan una piedra en algún lugar o hacen una marca en forma de signo numérico en el suelo que les ayude a controlar la puntuación (otro tipo de elemento de información). Los jugadores también son componentes, pues su posición puede aportar información sobre el estado del juego. Compare la posición de los jugadores en una pista deportiva con las piezas de un tablero de ajedrez.

Meta. Los jugadores deben tener un modo de saber que el juego ha terminado; un resultado en el que todos están poniendo su esfuerzo, que es comprendido y acordado por ellos. A veces, los juegos tienen un límite de tiempo, como ocurre en muchos deportes, por ejemplo, el fútbol. En nuestro caso, se alcanza un objetivo cada vez que un jugador golpea el árbol con el balón, y la actividad termina cuando el primer jugador consigue cinco puntos.

Podemos encontrar todos estos elementos conocidos en cualquier juego, ya se trate de ajedrez, tenis, póquer, un corrillo o los que encontrará en ese libro.

La evolución del mundo del juego

Cada juego es un mundo que evoluciona en etapas, tal como se explica a continuación: imaginar el mundo, crearlo, abrirlo, explorarlo y cerrarlo. Así es como funciona:

Imaginar el mundo. Antes de que el juego empiece, se debe imaginar un mundo posible; un espacio temporal en el que los jugadores puedan explorar una serie de ideas o posibilidades.

Crear el mundo. El mundo de un juego se forma gracias a los límites, las normas y los componentes. Los límites son las barreras espaciales y temporales del mundo; su principio y su final, y sus límites. Las normas son las leyes que gobiernan el mundo, y los componentes los objetos que lo pueblan.

21

Abrir el mundo. Sólo se puede acceder al mundo de un juego si existe un acuerdo entre los jugadores. Para ello, deben entender los límites del mismo, sus normas y componentes; lo que representan, cómo funcionan, y así sucesivamente.

Explorar el mundo. Las metas constituyen las fuerzas vivas que dirigen la exploración; aportan la tensión necesaria entre la condición inicial del mundo y el estado deseado. Los objetivos pueden estar definidos por adelantado o bien los jugadores los irán determinando en el contexto del juego. Una vez éstos han entrado en el mundo, intentan lograr sus metas dentro de los límites del sistema del juego. Interactúan con los componentes, evalúan ideas, prueban varias estrategias y se adaptan a las condiciones cambiantes a medida que el juego avanza en su camino para conseguir las metas.

Cerrar el mundo. Un juego termina cuando se han alcanzado los objetivos. Pese a que éstos aportan al jugador una sensación gratificante y de haber cumplido, en realidad la meta no es el punto del juego, sino un tipo de marca para cerrar ceremonialmente el espacio de juego. El punto del juego es este último en sí mismo, la exploración de un espacio imaginario que ocurre durante su desarrollo y las ideas que resultan de dicha exploración.

Imaginar el mundo, crearlo, abrirlo, explorarlo y cerrarlo. Las primeras dos fases son el diseño del juego y las tres restantes son el juego propiamente dicho.

Podrá ver que un juego, una vez diseñado, se puede poner en práctica infinidad de veces. Así pues, si está jugando a uno diseñado previamente, tendrá sólo tres fases: abrir el mundo, explorarlo y cerrarlo.

Gamestorming trata sobre la creación del mundo para juegos específicos con el fin de explorar y examinar retos empresariales, mejorar la colaboración y generar nuevos enfoques acerca de la manera en la que funciona el mundo y qué tipo de posibilidades podrían encontrarse en él. Los mundos de los juegos son realidades alternativas, universos paralelos que podemos crear y explorar, limitados únicamente por nuestra imaginación. Un juego puede estar diseñado con cuidado y tiempo suficiente, o también puede ser creado en un instante, con elementos reciclados o encontrados. Esta tarea puede durar quince minutos o varios días. El número de juegos posibles, así como el de mundos posibles, es infinito. Al imaginar, crear y explorar los posibles mundos, abrirá la puerta al pensamiento avanzado y a la verdadera innovación.

El juego empresarial

Vamos a empezar desmenuzando el «juego empresarial» en sus componentes más básicos.

El mundo empresarial, como cualquier otra actividad humana, está construido en torno a metas. Los objetivos son la forma en que nos movemos de A a B; desde donde estamos hacia donde queremos estar. Una meta genera una tensión entre un estado actual A (una condición inicial) y un estado futuro deseado B (la meta). Entre A y B hay algo que llamamos «el espacio de reto»; el terreno que necesitamos recorrer para llegar allí.

A ESPACIO DE RETO B

Condiciones
iniciales

Estado
deseado
(meta)

En el trabajo industrial, queremos dirigir el trabajo para obtener resultados consistentes, repetibles y predecibles. Las metas industriales son mejores cuando son específicas y se pueden cuantificar. En dichos casos, queremos asegurarnos de que nuestras metas son tan claras e inequívocas como sea posible. Cuanto más específica y medible sea la meta, tanto mejor será. Cuando tenemos una meta industrial precisa y clara, el mejor modo de dirigir el espacio del reto es mediante un proceso empresarial, un conjunto de pasos que, si se siguen con precisión, crearán una cadena de causa y efecto que conducirá consecuentemente al mismo resultado.

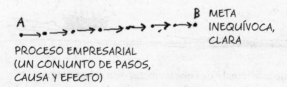

A → B META
INEQUÍVOCA,
CLARA

PROCESO EMPRESARIAL
(UN CONJUNTO DE PASOS,
CAUSA Y EFECTO)

Sin embargo, en el trabajo intelectual se necesita dirigir para la creatividad; de hecho, no deseamos que las cosas sean previsibles, sino ideas rompedoras, que son

23

inherentemente impredecibles. En cualquier esfuerzo creativo, la meta no existe para mejorar el pasado de forma creciente, sino para generar algo nuevo.

Nuevo, por definición, significa «nunca visto antes». De esa manera, si un equipo quiere crear de verdad, no hay forma de definir la meta con precisión y por adelantado porque hay demasiadas incógnitas. Embarcarse en este tipo de proyectos es similar a un viaje de descubrimiento: como Colón, es posible que usted empiece su travesía en busca de una ruta hacia la India, pero encuentre algo parecido a América; completamente diferente, pero quizá más valioso.

Metas difusas

Como Colón, para moverse hacia un futuro incierto es preciso señalar en una dirección. Pero ¿cómo hacerlo cuando el destino es desconocido? En este punto es cuando resulta necesario imaginarse un mundo; un mundo futuro que sea diferente al nuestro. De alguna forma, es necesario imaginar uno que todavía no podamos concebir total ni realmente, que sólo podamos verlo de forma sutil, como a través de la niebla.

El trabajo intelectual exige que las metas sean difusas, vagas.

Las *gamestorming* son una alternativa a los procesos empresariales comunes y corrientes. En ellas, las metas no son precisas, de manera que la forma en que enfocamos el espacio del reto no puede diseñarse por anticipado ni se puede predecir completamente.

Mientras que un proceso empresarial crea una cadena de causa y efecto sólida y segura, las *gamestorming* crean algo diferente: no es una cadena, sino un marco de trabajo propicio para explorar, experimentar, probar y equivocarse. El camino de la meta no es claro y, de hecho, es posible que ésta varíe.

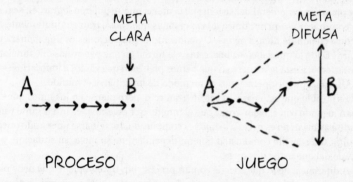

Esto es cierto tanto a pequeña como a gran escala. Crear un producto industrial complejo requiere la estrecha integración de muchos procesos. Cuando se coordina un conjunto de éstos, puede verse una estructura ramificada con muchas conexiones. Mientras cada paso sea dado con precisión y nada cambie durante el proceso, usted siempre podrá alcanzar su meta con confianza y previsibilidad. El reto de dirigir tiene que ser preciso, correcto y consistente.

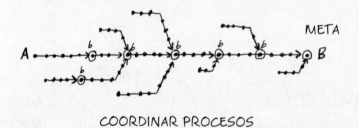

COORDINAR PROCESOS

Dirigir el trabajo creativo requiere un enfoque distinto. Puesto que la meta no puede determinarse con precisión por avanzado, el proyecto deberá seguir un procedimiento basado en la intuición, la hipótesis y las conjeturas. Este tipo de enfoque es muy típico del mundo militar, donde los ambientes volátiles, ambiguos e inciertos son la norma.

Todos sabemos que en el ámbito militar se emplean juegos y simuladores como una forma de práctica para la guerra. Pero también utilizan una estrategia llamada concepto de operaciones o CONOPS, cuyos objetivos son: en primer lugar, crear una panorámica general del sistema y las metas que se quieren lograr; en segundo, comunicar esa panorámica a las personas que trabajarán conjuntamente en la consecución de dichas metas. Un concepto de operaciones es una manera de decir: «Dado lo que sabemos hoy, ésta es la forma en que pensamos que funciona este sistema, y ésta la manera en que hemos planeado que vamos a enfocarlo».

Un concepto de operaciones es un modo de imaginarse el mundo.

Es posible que esto parezca ser un gran reto, pero piense en los niños que estaban jugando con el balón: para que el mundo que creamos sea interesante y nos ayude a avanzar, no es necesario que sea complicado. Imaginarse un mundo puede resultar tan sencillo como usted quiera; dependerá de su meta, su situación, y el tiempo del que usted disponga.

A diferencia de lo que sucede con un proceso largo y complejo, que debe planificarse por adelantado, un concepto de operaciones sufre revisiones y ajustes constantes, basados en lo que se aprende mientras se avanza. Así pues, sí es necesario tener una meta, pero también es cierto que, puesto que lo que se sabe sobre el espacio de reto es muy poco, resulta muy probable que la meta varíe conforme se vayan poniendo a prueba ideas y se conozca más qué funciona y qué no.

En las *gamestorming* estos ajustes no son eslabones de una cadena, sino como batallas en una campaña.

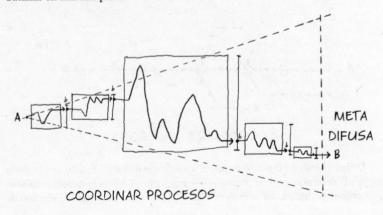

COORDINAR PROCESOS

En un informe titulado «Innovación radical: cruzar límites con equipos interdisciplinares», el investigador de Cambridge Alan Blackwell y sus colaboradores identificaron las metas difusas (ellos lo llamaron «visión de objetivo») como un elemento esencial de innovación exitosa. Una meta difusa es la que «encauza la dirección general del trabajo, sin cegar al equipo ante las oportunidades que se les presenten durante el viaje». Un líder describió este enfoque como «gestión lateral». Entre los factores importantes identificados por la investigación de Cambridge están el equilibrio entre el objetivo y la casualidad favorable, así como la coordinación de las metas de los equipos de trabajo y las de los colaboradores individuales.

Las metas difusas comparten el espacio entre dos criterios contradictorios. En un extremo está la meta clara, específica, la que se puede cuantificar, en forma de mil unidades o mil dólares norteamericanos, por poner un caso. En el otro está la meta que es demasiado vaga como para que, en la práctica, se vuelva imposible de conseguir; por ejemplo, la paz en el mundo o una teoría sobre cualquier cosa. Si bien estas metas pueden ser nobles, e incluso teóricamente alcanzables, les falta suficiente definición para centrar la actividad creativa. Las difusas aportan a un equipo un sentido de dirección y propósito y a la vez permiten que sus miembros se sientan libres de seguir su intuición.

¿Cuál es el nivel de imprecisión y vaguedad óptimo? Para definir una meta difusa es necesaria cierta cantidad de ESP, porque este tipo de metas son emocionales, sensoriales y progresivas.

Emocional. Las metas difusas deben estar en consonancia con la pasión y la energía de las personas con respecto al proyecto. Son estos dos factores los que aportan su empuje a los proyectos creativos; por ese motivo, estas metas deben tener un componente emocional convincente.

Sensorial. Cuanto más tangible pueda ser un objetivo, tanto más fácil será compartirlo con los demás. Los borradores y los modelos físicos básicos son útiles para dar forma a ideas que, de otro modo, serían demasiado imprecisas para comprenderlas. Usted podrá visualizar la finalidad en sí o el efecto que ésta produzca, como si se tratara de la experiencia de un consumidor. De cualquier manera, antes de que una meta pueda ser compartida, es necesario hacerla explícita de alguna forma.

Progresiva. Las metas difusas no son estáticas; cambian con el paso del tiempo. Esto sucede porque, cuando uno empieza a moverse hacia una meta difusa, no se tiene conocimiento de lo que no se sabe. El proceso de movimiento hacia ella es también una etapa de aprendizaje que a veces recibe el nombre de «aproximación sucesiva». A medida que el equipo aprende, los objetivos pueden cambiar, por lo que es importante detenerse una vez cada cierto tiempo para analizar el estado de la cuestión. Las metas difusas pueden ajustarse (y a veces variar completamente) en función de lo que se aprende mientras se avanza.

CARACTERÍSTICAS DE LAS METAS DIFUSAS

EL MOVIMIENTO HACIA LAS METAS DIFUSAS ES **PROGRESIVO**

EMOCIONAL
LA PASIÓN GENERA EMPUJE

SENSORIAL
LOS COMPONENTES TANGIBLES HACEN QUE LAS IDEAS PUEDAN COMPARTIRSE

Los equipos innovadores necesitan navegar en espacios de información ambiguos, inciertos y, a menudo, complejos. Por lo general, lo desconocido supera con creces a lo que es conocido. En muchos sentidos, se trata de un viaje entre la niebla, en el que los casos de estudio todavía no se han escrito y, por lo tanto, no existen ejemplos anteriores en los que se haya alcanzado el éxito. Los viajes de descubrimiento implican muchos riesgos y más fracasos durante el trayecto que otros intentos. Sin embargo, los resultados suponen que valga la pena el esfuerzo.

Cómo crear un juego

Si quiere empezar con una *gamestorming* ahora mismo, puede dirigirse directamente a la colección que empieza en el capítulo 5 y hacer que las cosas comiencen a funcionar en su lugar de trabajo. Sin embargo, si lo que de verdad quiere es dominar el arte de las *gamestorming*, deberá aprender a crear las suyas, basadas en sus metas y, más específicamente, en lo que usted quiera cumplir.

Empecemos con esta idea. Todo juego tiene una forma, algo parecido a un lápiz grueso afilado por ambos extremos. Su objetivo es ir de A, el estado inicial, a B, el estado objetivo o meta del juego. Entre A y B está el grueso lápiz. Ésos son el espacio y la forma que necesita rellenar con la creación de su juego.

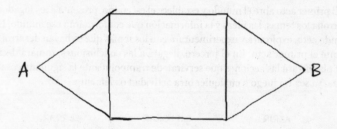

Estado objetivo. Para crear un juego es necesario tener en mente el final: esto es, saber cuál es la meta del juego. ¿Qué quiere que se haya cumplido, una vez terminado éste? ¿Qué aspecto tiene el triunfo? ¿Cuál es el punto significativo o sobresaliente? Ése es el resultado del juego, el estado objetivo. A nosotros nos gusta pensar en el estado objetivo como si se tratara de algún objeto tangible, que puede ser desde un prototipo hasta un plan de proyecto, pasando por una lista de ideas para una exploración posterior. Recuerde, si la meta es algo tangible, eso es algo útil, porque da a las personas algo con significado por lo que aspirar y también un sentimiento de cumplimiento cuando han terminado. Al finalizar, serán capaces de observar algo que han creado juntos.

Estado inicial. También es necesario saber qué aspecto tiene el estado inicial. ¿Qué sabemos ahora? ¿Qué no sabemos? ¿Quién está en el equipo? ¿Qué recursos tenemos disponibles?

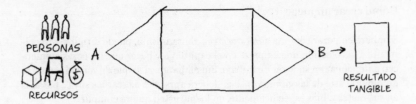

PERSONAS
RECURSOS
A
B →
RESULTADO
TANGIBLE

Una vez comprendamos de la mejor manera posible en qué consisten los estados inicial y objetivo (¡recuerde que muchas metas son difusas!), habrá llegado el momento de rellenar el espacio del juego. Un juego, como cualquier buena película, se desarrolla en tres actos.

El primer acto abre el mundo y establece el escenario, presenta a los jugadores y desarrolla los temas, las ideas y la información que conformarán ese mundo. En el segundo acto, explorará y experimentará con los temas que se hayan desarrollado durante el primer acto. En el tercero, llegará a las conclusiones, tomará decisiones y planificará las acciones que servirán de trampolín ante la siguiente cosa que ocurra, ya sea un juego o cualquier otra actividad o elemento.

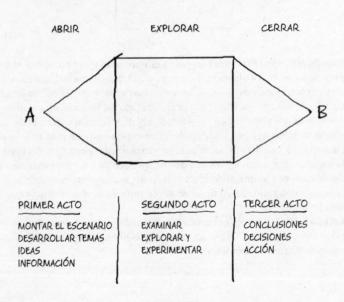

ABRIR   EXPLORAR   CERRAR

A

B

PRIMER ACTO

MONTAR EL ESCENARIO
DESARROLLAR TEMAS
IDEAS
INFORMACIÓN

SEGUNDO ACTO

EXAMINAR
EXPLORAR Y
EXPERIMENTAR

TERCER ACTO

CONCLUSIONES
DECISIONES
ACCIÓN

Cada una de las tres etapas del juego tiene un propósito diferente.

APERTURA
(DIVERGENTE)

Apertura. El primer acto es el de apertura, y se trata de abrir la mente de las personas que intervienen, de desarrollar las posibilidades. Este acto consiste en reunir a los participantes en la sala, poner las cartas sobre la mesa y dejar que las ideas y la información fluyan. Se puede pensar en esta etapa como en el *big bang*, como si fuera una explosión de ideas y oportunidades.

Cuantas más ideas surjan durante esta etapa, tanto más se tendrá que trabajar en la siguiente. La apertura no es un momento para desarrollar un pensamiento crítico ni escéptico, sino uno imaginativo —una *gamestorming*— lleno de energía y optimismo. La palabra clave para la apertura es «divergente»: usted querrá el más amplio despliegue de perspectivas posible; pretenderá poblar su mundo con el mayor y más diverso conjunto de ideas que pueda.

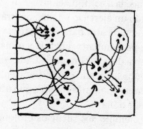

EXPLORACIÓN
(EMERGENTE)

Exploración. Una vez tenga la energía y las ideas fluyendo en la sala, necesitará llevar a cabo alguna exploración y experimentación. Este punto es la piedra de toque, cuando usted buscará patrones y analogías, intentará ver los elementos antiguos de nuevas formas, tamizará y clasificará las ideas, construirá y pondrá a prueba los elementos, y así sucesivamente. La palabra clave de la fase de exploración es «emergente»: usted querrá crear las condiciones que permitirán que emerjan los elementos inesperados, sorprendentes y agradables.

CIERRE
(CONVERGENTE)

Cierre. En el último acto usted querrá avanzar hacia las conclusiones, decisiones, acciones y siguientes pasos. Éste es el momento de evaluar las ideas, de observarlas desde un punto de vista más crítico y realista. No todo se puede llevar a cabo ni es posible dedicarlo a todas las oportunidades. ¿Cuáles son las más prometedoras? ¿En qué quiere invertir su tiempo y sus energías? La palabra clave para el acto de cierre es «convergente»: usted querrá acotar el terreno a fin de seleccionar los elementos más prometedores para cualquier situación futura que suceda a continuación.

Cuando esté creando un ejercicio o taller, querrá pensar como un compositor que orquesta las actividades para conseguir la armonía adecuada entre creatividad, reflexión, pensamiento, energía y toma de decisiones. No existe una sola manera correcta de crear un juego. Cada empresa y cada país poseen una cultura propia y única, y cada grupo tiene su dinámica característica. Algunos necesitan moverse con más rapidez que otros, y hay quien requiere de más tiempo para reflexionar.

En Finlandia, por ejemplo, los silencios prolongados durante los cuales las personas consideran y reflexionan acerca de una pregunta antes de responder son comunes. Esto puede resultar muy incómodo si uno no está acostumbrado a esa cultura. Usted deberá hacer los deberes y generar un movimiento adecuado para el grupo con el que esté trabajando y de acuerdo con la situación en la que se halle.

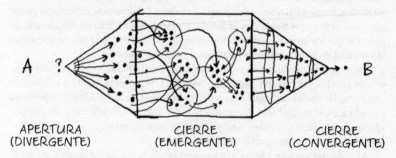

APERTURA
(DIVERGENTE)

CIERRE
(EMERGENTE)

CIERRE
(CONVERGENTE)

Abrir, explorar y cerrar son los principios clave que le ayudarán a instrumentar dicho movimiento y obtener los mejores resultados posibles de cualquier grupo. Un taller típico que dure todo el día podrá estar compuesto por muchos juegos concatenados entre sí en infinidad de formas. Éstos pueden jugarse en series, en las que los resultados de cada uno den lugar a las condiciones iniciales para el siguiente.

A continuación presentamos una serie en la que se practican tres juegos seguidos. Cada uno tiene bien definidas sus etapas de apertura, exploración y cierre. El resultado de cada juego sirve como aportación para el siguiente. Esta forma de diseñarlos es muy sencilla, clara y fácil de entender para cualquier persona del grupo.

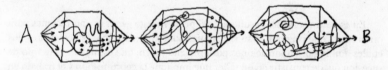

En las siguientes series, tres juegos más largos e intensos aparecen intercalados con más cortos. Estos últimos pueden dar a los grupos la oportunidad de relajarse un poco entre actividades más intensas.

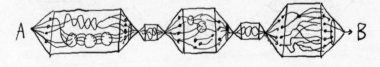

A veces, sobre todo con un grupo grande, tiene sentido perseguir varias metas. Un concepto clave al crear juegos es una variación en la apertura y en el cierre llamada «salida/vuelta a la base», en la que un grupo grande se divide en varios pequeños, llevan a cabo un par de juegos y vuelven a unirse para informar al grupo grande acerca de los resultados obtenidos con su esfuerzo. Ésta es una manera de permitir que los grupos sigan siendo pequeños y dinámicos, además de aumentar la variedad de ideas al practicar múltiples juegos en paralelo.

Las personas también necesitan tiempo para reflexionar sobre sus ideas, y las salidas pueden ser un buen momento para hacerlo. «Salida/vuelta a la base» es una forma de equilibrar lo que se comparte y aquello acerca de lo que se reflexiona, y ayuda a crear un ambiente tranquilo. Por ejemplo, puede pedirse a los componentes de un grupo que pasen cierto tiempo trabajando en un ejercicio individual que después podrán compartir con el resto del grupo.

A continuación mostramos una serie en la que la sesión de inicio o apertura revela tres metas diferentes que pueden conseguirse en grupos de salida paralelos. Al final de la serie, los resultados de los tres grupos se comparten en una sesión informativa en el grupo grande.

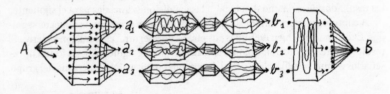

En esta otra serie, los resultados del primer juego generan aportaciones para otros cinco, que originan, a su vez, aportaciones para dos juegos posteriores, los cuales dan lugar a aportaciones para un solo juego, que es mayor. Este tipo de sucesión puede consistir en un taller que implique la coordinación y el trabajo en paralelo de muchas ideas y órdenes del día.

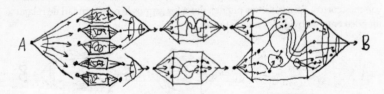

Éste es un juego que puede durar todo el día, en el que buena parte de la mañana se dedica a actividades divergentes, lo cual genera muchas ideas e información, y la fase de exploración se divide en dos partes, con una pausa para almorzar, seguida de una tarde con actividades convergentes que derivan en un único resultado. El almuerzo se lleva a cabo en una misma sala y el grupo se reparte en cuatro mesas, en las que los participantes mantienen conversaciones informales y reflexionan sobre las actividades de la mañana antes de volver a la sesión de tarde. Este tipo de coordinación puede ser apropiado para un grupo en el que todos tienen el mismo nivel de interés en cada parte del día, y donde nadie quiere sentirse excluido en ningún momento del juego.

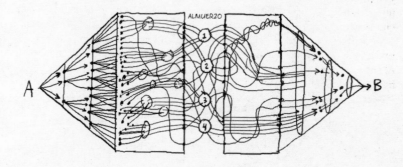

A veces se descubren cosas en mitad de un juego, lo cual requiere un cambio de dirección. En las siguientes series, la apertura inicial y la exploración dieron lugar a una nueva meta que el grupo no había previsto. Éste accedió a dividirse en dos subgrupos; uno de ellos continuó con el objetivo original y el segundo trabajó en la nueva finalidad.

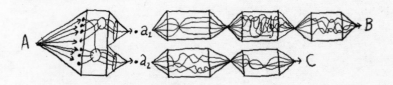

Bien, pues ha llegado el momento de crear un juego, o quizá una serie de ellos. ¿Por dónde empezará? ¿Con qué va a componerlo? Recuerde que la *gamestor-*

ming es una manera de enfocar el trabajo cuando lo que se quiere son resultados impredecibles, sorprendentes o innovadores. Es un método de exploración y descubrimiento.

Piense en quienes en su día exploraron el mundo natural: personas como Colón, Lewis y Clark, Ernest Shackleton o el almirante Byrd. Imagine qué debe de sentirse al ser uno de estos exploradores. Usted está buscando algo que puede no encontrar. Casi con toda seguridad, hallará cosas que no esperaba. Usted sólo tiene una ligera idea de aquello con lo que se encontrará durante el camino y, aun así, como una tortuga, deberá cargar a cuestas con todo lo necesario.

2

Los diez elementos imprescindibles
de la *gamestorming*

En la década de 1930, un club de montañeros desarrolló una lista que llamaron «los diez juegos imprescindibles», y estaba destinada a personas que quisieran explorar en el campo o en zonas selváticas. En ella están las cosas que seguramente usted querrá tener siempre que vaya al campo: cerillas, una manta o una linterna, entre otras. Lo importante de los diez juegos imprescindibles es tener una lista de comprobación de los objetos que necesitará para ser autosuficiente cuando explore el territorio desconocido.

Estamos entrando en una nueva era de descubrimiento durante la cual nos hallamos explorando un mundo de información. Como sucedía a los exploradores del pasado, a menudo lo único que tenemos es una vaga sensación de lo que estamos buscando y carecemos de la seguridad de hallarlo llegado el punto final. Según nuestra experiencia colectiva, hemos elaborado una lista de diez elementos imprescindibles para la *gamestorming*. No es en modo alguno una lista exhaustiva, se trata más bien de un conjunto de herramientas sólidas, fiables y básicas. Es una lista de métodos comprobados: el 20 por ciento del conjunto de herramientas lo usará el 80 por ciento de las veces.

Éstos son los métodos que empleamos más a menudo en nuestro trabajo, y también son las cosas que le resultarán más útiles si se encuentra alguna vez en una reunión difícil. Si pone en práctica estos diez elementos y empieza a sentirse a gusto con ellos, será capaz de trabajar para conseguir prácticamente cualquier reto.

1. Apertura y cierre

Ya hemos hablado de la importancia de abrir y cerrar, pero este concepto es tan importante para gestionar la energía y el movimiento, que forma parte de la lista de elementos imprescindibles. Abrir y cerrar es el modo de orquestar las actividades de su *gamestorming*. Como el respirar, está presente en cada actividad y le aporta ritmo y vida.

Piense en los argumentos expositivos iniciales y finales de un juicio. El objetivo del inicio es establecer un marco de referencia, presentar el contexto y exponer los asuntos que se analizarán durante el juicio. El argumento de cierre precede y prepara el camino para que el jurado o el juez tomen una decisión.

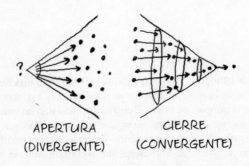

APERTURA
(DIVERGENTE)

CIERRE
(CONVERGENTE)

La apertura es simplemente lo que su nombre indica: un comienzo. Abrir es provocar que la gente se ponga a pensar y despertar su imaginación. Para hacerlo es necesario crear un ambiente agradable en el que las personas se sientan invitadas y bienvenidas, de modo que abran su mente y exploren posibilidades que podrían no haber considerado antes. El cierre consiste en llevar las cosas hacia una conclusión, moverse del modo «pensar» al modo «hacer»; también se trata de escoger y decidir. La operación «salida/vuelta a la base» es una forma de abrir y cerrar: se abre o se sale con el objeto de hallar ideas divergentes y perspectivas, y se cierra o se «vuelve a la base» para compartir las ideas y volver a reunirse con el grupo.

A continuación desarrollamos algunas advertencias que deben tenerse en cuenta:

No abra y cierre al mismo tiempo. No se puede ser creativo y crítico de manera simultánea, porque la mente humana no funciona así. Cuando esté explorando posibilidades creativas necesitará cerrar la parte crítica de su mente, y cuando esté tomando una decisión difícil, intente no ser creativo. Mantenga estas dos acciones separadas y póngalas en práctica siguiendo un orden.

Cierre todo lo que haya abierto. Si abre algo, debe cerrarlo, o de lo contrario correrá el riesgo de perder la energía del grupo. Las aperturas pueden resultar abrumadoras. Si abre y después no cierra, las personas se sentirán como si hubiera abierto la caja de Pandora: hay demasiadas oportunidades y ningún plan para abordarlas. Si los colaboradores no trabajan en una sesión de «salida», se sentirán decepcionados si no tienen la opción de compartir con los demás y es posible que desaproveche una importante oportunidad de aprendizaje.

A veces, cerrar puede ser tan sencillo como decir: «Parece que este hilo no nos lleva a ningún sitio, así que no vamos a perder más tiempo en ello».

2. Encendedores

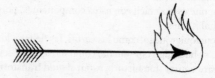

En el trabajo intelectual, las técnicas de puesta en marcha son la chispa que enciende la imaginación, una llamada a la aventura; dan pie a una búsqueda. En las zonas boscosas, es muy importante la manera en la que se prende un fuego, y en las *gamestorming* sucede lo mismo. Si empieza un fuego de forma inadecuada o en el lugar equivocado, es probable que pronto vea que las cosas están descontroladas; puede llegar a tener entre manos un incendio forestal arrasador. En el momento de iniciar una investigación, podrá inspirar los tipos de pensamiento, reflexión, emoción y sensación que con más probabilidad le lleven al resultado que usted quiere.

La puesta en marcha más común y eficaz es la pregunta. Una buena pregunta es como una flecha que podrá apuntar en cada reto. La manera en que la formule trazará un vector, una línea de investigación que apunte en una dirección concreta. Existen muchas técnicas para preguntar y exigen un estudio y una práctica cuidadosos. Podrá emplearlas para alterar el punto de vista de las personas con respecto de un problema; para indagar y sacar a la luz el origen de algo o a fin de elevar la conversación a un plano superior, entre otras muchas situaciones.

Otra forma de puesta en marcha común es la técnica de «completar el espacio en blanco», en la que usted elabora una frase corta y pide a los colaboradores que completen la oración como harían en un examen. Por ejemplo, si quiere averiguar cuáles son las necesidades de los consumidores, tenga en cuenta cuál es la forma típica en que éstos suelen expresar sus necesidades. Una muestra de esta técnica sería: «Me gustaría _____». (Rellene el espacio en blanco.)

3. Componentes

Tan pronto empiece a recopilar, seleccionar y organizar la información, podrá convertirse rápidamente en algo atosigante. ¿Cómo se mantiene todo esto al día? En arqueología, un artefacto es cualquier objeto construido por el hombre o al cual le ha dado forma un ser humano, sobre todo cuando tiene un interés arqueológico o histórico. En el trabajo intelectual, un artefacto o componente es algo tangible, un objeto portátil que contiene información. Puede ser un trozo de papel, una nota adhesiva o una ficha. Llevar a cabo el seguimiento de la información de que se dispone es más fácil con estos componentes, porque se convierten en herramientas habituales.

Las piezas de cualquier juego, como las cartas, las fichas y los dados, son componentes. Cuando se hace algo tan sencillo como mover un salero y un pimentero sobre una mesa para contar una historia están siendo transformados en componentes intelectuales que ayudan durante el relato.

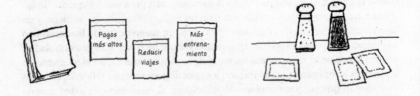

La importancia de estos componentes como una ayuda para pensar puede ilustrarse fácilmente si se imagina a usted mismo jugando al ajedrez con los ojos vendados. Es posible retener visualmente las posiciones de todas las piezas durante un tiempo —y la mayoría de ajedrecistas profesionales pueden hacerlo durante toda una partida—, pero es mucho más fácil tenerlas delante dispuestas en un tablero. La forma y el color de cada una, y su posición en relación con el tablero y el resto de las piezas, contiene un rico conjunto de información que podrá ayudarle a tomar mejores decisiones sobre el juego.

Los componentes son portadores de significado; precisamente como las piezas de ajedrez sobre el tablero, comportan que el conocimiento o la información sean explícitos, tangibles, portátiles y duraderos. Cuando escriba una idea en una nota adhesiva, estará creando un componente informativo. Cuando haya creado muchos elementos de ese tipo, podrán convertirse en más o menos útiles, dependiendo de cómo los distribuya en su entorno. Cuanta más información pueda almacenar en los objetos materiales o en el entorno de trabajo, más libres estarán las mentes de sus jugadores para conectar con la situación que les ocupe.

4. Generar nodos

Un nodo es cualquier cosa vista como parte de un sistema mayor. Como explorador intelectual, cuando usted crea componentes, por lo general está pensando en ellos como elementos que forman parte de un todo mayor. En las etapas de apertura de cualquier investigación, lo primero es generar tantos componentes —nodos— como sea posible; por lo tanto, usted querrá empezar desde el ángulo más amplio posible. A este tipo de ejercicio lo llamamos «generar nodos».

Generación de nodos

Un método para generar nodos es *La publicación* (véase la descripción completa en el capítulo 4). Para hacerlo, se debe comenzar con algún tipo de «encendedor» para establecer los parámetros que definirán su lista. Para empezar con un ejemplo sencillo, imagínese que tiene que ir al supermercado y necesita elaborar una lista de lo que necesita. Podría empezar con una pregunta fácil: «¿Qué necesito comprar en la tienda?». En vez de plantear una típica *gamestorming*, en la que las personas proponen ideas y un facilitador elabora una lista que todos pueden ver, deberá pedir a sus colaboradores que escriban en silencio, con notas adhesivas en las que haya una nota para cada idea.

La publicación

Al hacer esto se cumplen dos metas. La primera, y puesto que se trata de un ejercicio de apertura, es que usted obtendrá un conjunto de ideas más variado si les pide que guarden silencio. En segundo lugar, que al pedirles que utilicen una nota para cada idea, estará creando una serie de componentes modulares y portátiles que después podrá mezclar, clasificar y reorganizar.

Cuando sus colaboradores hayan terminado de generar ideas, pídales que, por turno, se levanten para poner por escrito sus ideas en una pizarra blanca y así compartirlas con el grupo, pero de la siguiente manera: que lean el contenido de cada nota adhesiva en voz alta y la coloquen en la pizarra donde todos puedan verla. Dese cuenta de que este proceso de publicación es una versión de «salida/vuelta a la base». La salida empieza cuando pide a los miembros del grupo que empiecen a escribir ideas, y la vuelta a la base habrá concluido cuando todos hayan terminado de compartir sus ideas y la pizarra esté llena de notas adhesivas.

5. Espacio de entendimiento

Blancas juegan y dan mate en dos jugadas

Imagine que está intentando jugar al ajedrez sin tablero. Un juego como éste consiste no sólo en el significado de las piezas, sino también en las relaciones siempre cambiantes que tienen unas con otras en el espacio en que se mueven. La cuadrícula del tablero de ajedrez crea un espacio de entendimiento tan limpio y seguro como el de cualquier mapa. Tanto la rejilla como las piezas son parte íntegra y esencial del juego.

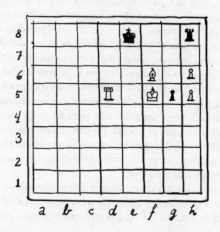

Tal como sucede con cualquier otro juego, el ajedrez crea un mundo que los jugadores pueden explorar juntos. El tablero (el espacio de entendimiento) establece los límites del mundo, y las piezas (los componentes) pueblan ese mundo.

Las normas del juego estipulan lo que es posible y lo que no puede hacerse en ese mundo. Los ajedrecistas acceden a entrar él para explorar las posibles variantes y combinaciones, e intentan alcanzar sus metas, las cuales, en el caso del ajedrez, se cumplen a expensas del rival. Sin embargo, en las *gamestorming*, es más común que los jugadores compartan sus metas.

Para el explorador intelectual, el espacio de entendimiento puede crearse en cualquier sitio: en una pizarra blanca o un trozo de papel; en una mesa o una sala. Es un modo de enmarcar cualquier espacio para establecer relaciones en él que tengan más sentido. La cuadrícula, como la del tablero de ajedrez, es una de las formas más útiles y comunes de organizar el espacio. Si se fija, verá que están por todas partes; las utilizamos para todo, para los planos de las ciudades o para gestionar las cifras en nuestras hojas de cálculo.

La creación de mapas de afinidad es un método corriente que emplea el espacio de entendimiento para seleccionar grandes conjuntos de nodos de entre unos cuantos temas comunes. Es una forma ágil de poner en sintonía a un grupo numeroso de personas para que sepan en qué están trabajando juntos. En primer lugar, genere un conjunto de nodos utilizando el juego *La publicación* o algún otro método para originarlos (véase el capítulo 4).

A continuación, cree un espacio de entendimiento dividiendo en tres columnas la pizarra blanca o un objeto similar. Pida a sus colaboradores que clasifiquen las notas adhesivas en las tres columnas «de acuerdo con el parecido de sus características», pero sin intentar poner título a aquéllas. Este último detalle es importante, porque si lo hicieran se estarían viendo inducidos a adaptar un patrón cómodo y conocido. Recuerde que en el trabajo creativo se intenta ayudar a las personas a que generen y conozcan nuevos patrones. Mientras sus colaboradores terminan de clasificar las notas, pídales que intenten eliminar las que son repetitivas pegando unas encima de otras. A veces, las notas adhesivas no se ajustan a la perfección a ninguna de las tres columnas, por lo que pueden crearse más columnas para colocar las que son diferentes. No obstante, no abuse de este último recurso, porque si establece muchas categorías podría provocar el efecto contrario al deseado, que es encontrar algunos temas comunes.

Las tres columnas (o más) sirven de espacio de entendimiento, un conjunto de «cubetas vacías» que pueden utilizarse para ordenar las ideas, una especie de cajonera o una de esas máquinas que dan cambio que a veces se ven en las ferias.

MAPAS DE AFINIDAD

Celebrar un reunión de negocios sin componentes ni un espacio de entendimiento es como ir con los ojos vendados y maniatado. Sí, podría, pero ¿por qué iba a querer hacerlo?

6. Hacer borradores y modelos

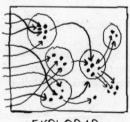

EXPLORAR

Los modelos y borradores son un tipo de componente. Un borrador puede ser un dibujo, como un esbozo hecho a lápiz, o una escenificación breve, como una escena de comedia; también un perfil descrito en términos generales, como decir «él ha hecho un borrador de un plan» o «ella ha dado una idea rápida de los detalles». ¿Qué tiene todo esto en común? ¿Cuál es la naturaleza de un borrador?

Las características que lo definen son la informalidad, la laxitud y la brevedad. Un borrador es una actividad preliminar que puede o no conducir a una versión más definida y terminada. Es un estudio rápido, una exploración. Un artista puede efectuar cientos de bocetos antes de fijarse en una idea y examinarla más a fondo. Realizar borradores es una manera rápida de explorar ideas, porque las convierte en más tangibles y concretas.

Un buen borrador tiene, simplemente, información suficiente para comunicar una idea, y nada más. Sin embargo, esbozar ideas no es una técnica exclusiva del ámbito de los artistas, escultores o actores. La mayoría de nosotros transmitimos nuestros pensamientos verbalmente o por escrito, pero es sólo un canal de comunicación, por lo que limitar nuestras ideas a un único canal es una fuerte restricción del pensamiento.

Pitágoras, Euclides, Descartes y Newton nunca habrían podido hacer sus descubrimientos sin dibujos y diagramas. Einstein solía decir que su pensamiento estaba basado en imágenes de «tipo visual y muscular».

Una breve introducción al lenguaje visual (por ejemplo, véase la referencia al alfabeto visual del capítulo 3) debería ayudar a la mayoría a romper la barrera para sentirse más cómodos cuando expresen ideas de forma visual o simbólica. Elaborar borradores también puede incluir otros tipos de ejercicios, como una escenificación improvisada, o un modelo físico realizado con plastilina, o un limpiador de pipas. La clave reside en convertir las cosas en realidad con el mínimo esfuerzo. Los prototipos rápidos en papel son una manera de hacer un borrador para interfaces de software. Los diseñadores crean maquetas de las interfaces informáticas con notas adhesivas, papel y cartón, que pueden utilizar para poner a prueba las interacciones de varios usuarios.

7. Aleatoriedad, cambio y reformulación

No todo nos llega en orden. Se cuenta que William S. Burroughs fijó el orden de las páginas de su libro *Naked Lunch*[1] después de haber lanzado al aire el manuscrito y reunirlo en el orden en que recogió los folios del suelo. El Corán fue reve-

1. Grove Press, Nueva York, 1962. Versión castellana de Martín Lendínez, *El almuerzo desnudo*, Anagrama, Barcelona, 2011.

lado a Mahoma por fragmentos y después éste determinó el orden correcto. El cerebro humano es una máquina de hacer patrones. Los buscamos y encontramos allá donde miramos. Leonardo da Vinci solía encontrar la inspiración cuando observaba manchas en la pared:

> *No puedo dejar de mencionar (...) un nuevo recurso para estudiar (...) que podría parecer trivial e incluso absurdo (...) [pero que] es extremadamente útil para despertar la mente (...) Observen la pared salpicada de manchas, o con una mezcla de piedras (...) Podrán descubrir algo parecido a paisajes, batallas con figuras en acción, rostros y vestimentas extraños, y una infinita variedad de objetos.* Leonardo da Vinci

Somos tan buenos encontrando patrones que, una vez hallamos uno, puede resultar difícil que veamos nada más.

Generar aleatoriedad es una manera de engañar a la mente para encontrar nuevos patrones en ámbitos conocidos con más facilidad. Reestructurar la mesa del despacho, alterar el orden o transformar lo que es conocido le ayudará a crear suficiente espacio para que emerjan nuevas ideas y oportunidades.

La aleatoriedad es un elemento esencial en cualquier tipo de actividad creativa. La reestructuración y recombinación de genes, por ejemplo, es un componente imprescindible en la variación y la selección que conduce al surgimiento de nuevas formas de vida. El mismo principio funciona para el pensamiento y las ideas.

Un mapa del mundo con el sur apuntando hacia arriba, por ejemplo, invita a un nuevo pensamiento sobre las relaciones entre naciones.

Una razón para utilizar componentes modulares como fichas y notas adhesivas es que promueven la aleatoriedad; se pueden barajar, reclasificar y alterar fácilmente para generar nuevos patrones e ideas.

8. Improvisación

Improvisar es hacer las cosas a medida que se avanza, arreglárselas con lo que esté al alcance, proceder sin un plan. Como un músico de jazz, usted compone y crea a la vez. Cuando se improvisa, se crea en el momento respondiendo de manera intuitiva al ambiente y a los sentimientos más profundos. Es dejarse llevar. Al soltar los prejuicios y supuestos, se abre un camino a nuevas ideas, nuevas prácticas y nuevos comportamientos. De manera consciente, uno olvida lo que sabe para originar espontaneidad, imprevisión y sorpresa.

La improvisación es una manera de pensar con el cuerpo. Al interpretar un papel, se adquiere la personalidad de un personaje, se imagina la situación y se actúa tal cual creemos que lo haría él en dicha circunstancia. El ponerse en otra piel le ayudará a identificarse con los retos y las metas de esa persona, y podrá conducirle a enfoques y mejores soluciones.

Tormenta de cuerpos (véase la descripción del juego en el capítulo 4) es un tipo de improvisación en la que los jugadores construyen (esbozan) un mundo provisional utilizando cartones, sillas o cualquier cosa que tengan a mano, y luego representan escenas en ese mundo para entenderlo mejor.

A principios de los años noventa, el diseñador de la experiencia del usuario Jared Spool y varios colaboradores suyos desarrollaron un juego en el que los participantes trabajaban juntos para crear un prototipo de una cabina interactiva empleando cartón y papel. El objetivo del juego era ayudar a los diseñadores a aprender cómo los modelos en papel podrían acelerar su proceso de diseño.

Debido a la naturaleza fugaz y transitoria de las ideas generadas por estos ejercicios, puede resultar muy útil tener un equipo de grabación cerca, como una cámara, un pequeño trípode y quizá un micrófono. Si tiene planeado poner en práctica muchos de estos ejercicios, tal vez quiera invertir en un equipo más profesional. Existe un equilibrio que debe encontrarse: si bien grabar las sesiones es una forma de tener componentes tangibles que representen las experiencias temporales, también puede eliminar algo de la espontaneidad de la improvisación. Podrá leer más sobre esta última en el capítulo 3.

9. Selección

No se puede hacer todo, así que habrá ocasiones en las que necesitará reducir un gran número de ideas u opciones a un conjunto más pequeño y manejable.

Votar puede ser un buen método para esto. Todos estamos familiarizados con los sistemas de votación a mano alzada o mediante un voto secreto, pero cuando hay que seleccionar una gran cantidad de información existen maneras mejores y más rápidas. Por ejemplo, puede repartir a cada colaborador diez adhesivos redondos y pequeños y pedirles que los peguen en los elementos que más le interesen. Cuando se hayan quedado sin etiquetas, se habrán quedado sin votos.

Votar con adhesivos (como en el juego *Votación con puntos* del capítulo 4) es un ejemplo de una forma de divisa. Las pegatinas circulares son como dinero que los jugadores pueden distribuir entre un grupo de cosas para ayudarles a decidir qué les importa más. Imagine una vez más la lista de la compra, pero que ésta tiene muchos productos y dispone de una cantidad de dinero limitada. Si tuviera fondos ilimitados, podría comprar todo lo que quisiera, pero si éstos son limitados, la situación le obligará a llevar a cabo elecciones, a veces difíciles.

Las personas tenemos una tendencia natural a abarcar más de lo que podemos. Somos, por naturaleza, optimistas. Pero cuando esto ocurre, es fácil que nos sintamos desbordados y, finalmente, no se cumpla ninguna meta. Los votos y el dinero ayudan a la gente a efectuar elecciones difíciles sobre lo que le importa. Si usted reparte pegatinas entre sus colaboradores o les pide que hagan marcas que representen sus votos podrá convertir en visibles y explícitas las preferencias de un grupo, de manera que todos puedan ver qué piensan los demás y se muevan con más rapidez hacia las decisiones.

Otra forma de reducir un conjunto de ideas es clasificar la información por orden de prioridad. *Clasificación obligatoria* (véase el capítulo 4) establece la prioridad de una lista de elementos después de haberlos «forzado» a ocupar su puesto en una clasificación lineal: de mayor a menor importancia, del primero al último, y así sucesivamente. Por ejemplo, imagine una vez más la lista de la compra. Podría forzar la situación para crear un escalafón si organizara los artículos por coste, de más caro a más barato. También podría desarrollarlo por orden de prioridad, de mayor a menor importancia. Si el dinero disponible es limitado, puede comparar ambas listas para fijar la mejor forma de gastar el dinero.

10. Pruebe algo nuevo

La mejor manera de perfeccionar su conocimiento al explorar sus habilidades es ser honesto consigo mismo. No descubrirá ni inventará nada si no se acostumbra a arriesgarse y a intentar cosas nuevas con frecuencia. Convierta en práctica el probar al menos una cosa nueva cada vez que convoque una *gamestorming*. Le permitirá seguir siendo honesto, le forzará a idear y mejorar continuamente, y a mantenerlo todo fresco y vivo a su alrededor. No servirá de inspiración a los demás si no es capaz de avivar sus propios fuegos.

Piense en las *gamestorming* como en un conjunto de herramientas que le permite conectar piezas de diferentes formas, dependiendo de la dirección que esté tomando la acción. El juego lo es hasta que cambia. Un explorador intelectual experimentado abandonará rápidamente un juego si no funciona ni evoluciona suavemente en otro. Piense que cada uno de ellos es una escena de una obra de teatro, una interpretación. Es necesario que los jugadores se concentren en el juego para que el progreso sea real y tenga sentido.

En un ambiente de *gamestorming* puede pasar de un juego de caracterización de personajes a uno de mesa, y de éste a uno de construcción en una sucesión rápida. Los juegos no son fines en sí mismos, sino bloques de construcción que le ayudarán a moverse de un punto a otro. Como un grupo de soldados que construye un puente flotante para cruzar un río, usted creará un juego cuando lo necesite, lo usará mientras sea útil, y luego lo descartará cuando ya no lo necesite. Es como construir una escalera peldaño a peldaño porque no se está seguro de adónde se está yendo; como un personaje de dibujos animados que construye una escalera hacia ninguna parte.

Viva el presente. Mire a su alrededor y capte algo, únalo, cree un juego con las herramientas más sencillas. El juego le hará avanzar. No es necesario que sepa cuál es el destino final, sino sólo el siguiente paso del viaje. Bastará con que mantenga la vista puesta en la meta difusa —la cima de la montaña, el objeto imaginado sobre el horizonte— y el siguiente paso, el próximo juego, que le hará dar un paso adelante en la dirección más o menos correcta.

3

Habilidades básicas para las *gamestorming*

Llegado a este punto, si se siente preparado, quizá quiera pasar a la sección de juegos del libro y leer algunos de ellos, o tal vez probar algunos con sus amigos o colegas. Si no es ése el caso, y le gustaría aprender más sobre las habilidades propias de la *gamestorming*, siga leyendo. En este capítulo trataremos con más detalle algunos elementos imprescindibles y sabremos cómo funcionan:

Preguntas. La habilidad básica para encender la chispa inicial.
Componentes y espacio de entendimiento. Los tableros y las piezas que conforman el esqueleto de la mayoría de los juegos.
Lenguaje visual. La capacidad de convertir su imaginación y sus ideas en algo más tangible y que se pueda compartir.
Improvisación. La capacidad de explorar experiencias con todo su ser, es decir, con su corazón, su cuerpo y su mente.

Si está preparado, adelante.

Formular preguntas

Es posible que no haya nada más importante en la fase de exploración y descubrimiento que el arte de formular buenas preguntas. Éstas son como encendedores: prenden la chispa de la pasión y la energía de las personas; generan calor y arrojan luz sobre la oscuridad.

En la vida como en el trabajo, a menudo nos encontramos en una posición en la que pretendemos ir desde el punto A hasta el B. Cuando el camino entre ambos está despejado, podemos dibujar una línea recta y conseguir nuestro objetivo. Si el camino es fácil o difícil, ya es otra cuestión.

Una pregunta es la mitad de una ecuación en la que, por lo general, la otra mitad se desconoce. Si queremos saber «¿Cómo vamos de aquí hasta allí?» y se conoce la contestación, la ecuación estará resuelta y nos habremos respondido. Se podrá dibujar una línea recta entre A y B. Éste es el proceso de respuesta mediante el cual describimos un trayecto entre A y B como una serie de pasos.

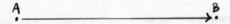

Cuando el camino entre A y B sea confuso, tendremos ante nosotros un reto distinto. Si formulamos la misma pregunta «¿Cómo vamos de aquí hasta allí?», necesitaremos afrontar el hecho de que no sepamos la respuesta. De hecho, ésta puede no sólo ser desconocida, sino que tal vez no sea posible conocerla, porque no todas las preguntas tienen respuesta.

Cruzar este espacio de reto es un viaje hacia lo desconocido, como atravesar un desierto o surcar aguas inexploradas. Cuando se empieza, es imposible saber lo cerca o lejos que estará la respuesta (si es que existe). Hay cinco tipos de preguntas para encontrar su camino en espacios de reto complejos: de apertura, navegación, inspección, experimento y cierre.

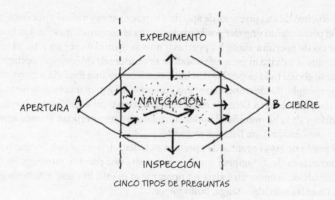

CINCO TIPOS DE PREGUNTAS

Como hemos visto, en cualquier juego intelectual usted deberá abrir el mundo, explorarlo y cerrarlo. Entre los puntos A y B tendrá que navegar lo mejor que pueda para asegurarse de que está consiguiendo el progreso que quiere.

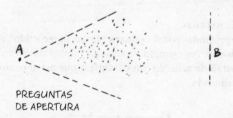

PREGUNTAS
DE APERTURA

PREGUNTAS DE APERTURA

Con este tipo de preguntas se pretende abrir una puerta al mundo del juego. Esta fase de apertura es el primer acto, en el que los jugadores se conocen y usted, junto con ellos, identifica los asuntos principales que quiere explorar en la siguiente fase. El truco de abrir es que las personas que participan se sientan cómodas con el proceso de trabajar juntas mientras generan tantas ideas como sea posible. Si se conocen demasiado bien tendrán problemas para saltarse los límites tradicionales de su cultura colectiva y sus ideas serán demasiado parecidas. En cambio, si no se conocen en absoluto, producirán gran cantidad de ideas diversas, pero podría ser que tuvieran problemas para trabajar en equipo.

El objetivo de una pregunta de apertura es que aparezcan ideas y opciones, provocar el pensamiento y revelar posibilidades, poner el cerebro en marcha. Las buenas preguntas de apertura abren las puertas a nuevas formas de ver un reto. El sentimiento que se origina al estar esforzándose es una mezcla de energía y optimismo, mediante el cual todo es posible. Un buen comienzo es una llamada a la aventura.

Por ejemplo, puede empezar con una *gamestorming* para una lista de preguntas sobre el espacio del reto. Céntrese en la cantidad, no en la calidad. Niéguele la entrada a la crítica y dé la bienvenida a las ideas inusuales o controvertidas. Intente agregar ideas y combinarlas para hacerlas mejores.

El punto de las preguntas de apertura es hallar elementos con los que pueda trabajar más tarde. Imagínese con una gran cesta que pueda contener gran cantidad de ideas. Si encuentra algo, no pregunte si es útil; limítese a meterlo en la cesta. Cuantas más ideas tenga, tanto mejor.

Éstos son algunos ejemplos de preguntas de apertura:

- «¿Cómo definiría el problema al que nos estamos enfrentando?»
- «¿Qué tipo de cosas queremos explorar?»
- «¿Cuáles son los ámbitos más problemáticos?»

PREGUNTAS PARA NAVEGAR
Con este tipo de preguntas podrá evaluar y ajustar su recorrido mientras el juego se esté desarrollando. Por ejemplo, resuma los puntos clave y confirme que sus colaboradores están de acuerdo con garantizar que usted comprenda y que el grupo esté bien alineado.

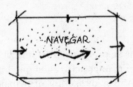

¿Los miembros del equipo están cansados? ¿Están frustrados o se les está agotando la energía? Proponga una pausa y compruébelo. Hágales preguntas que les ayuden a ver lo difícil que es el problema o lo lejos que han llegado.

¿Está obteniendo lo que necesita para continuar? ¿Ha progresado tanto como esperaba? ¿Nota que sus colaboradores se sienten todavía conectados al proyecto? ¡Averígüelo!

Antes de formular demasiadas preguntas de esta clase tenga en cuenta que es posible que usted tenga más experiencia navegando en espacios de reto complejos que algunas personas de la sala. Quizá tenga una mejor sensación de lo lejos que está de ellos. Si usted es el capitán del barco y expresa demasiadas dudas, puede que esto siembre el nerviosismo en su equipo.

Las preguntas de navegación fijan el rumbo, marcan el camino y se ajustan frente a los errores. Éstos son algunos ejemplos:

- «¿Vamos por el buen camino?»
- «¿Lo he entendido bien?»
- «¿Esto nos está ayudando a llegar donde queremos ir?»
- «¿Este tema de discusión es útil?»
- «¿Deberíamos posponer este asunto por el momento y ponerlo en una lista para discutirlo más tarde?»
- «¿Sigue teniendo sentido la meta que hemos establecido esta mañana? ¿O deberíamos hacer algunos ajustes basados en lo que hemos aprendido hasta ahora?»

Hay dos grandes preguntas que merece la pena plantearse siempre que se encuentre ante algo nuevo. Primero, ¿qué es? Y segundo, ¿qué puedo hacer con ello? La primera está relacionada con la fase de inspección, mientras que la segunda tiene que ver con la experimentación.

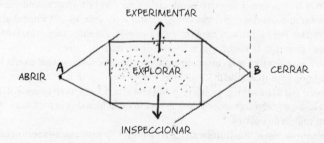

PREGUNTAS PARA INSPECCIONAR

La observación y el análisis son el resultado de este tipo de preguntas. ¿Qué es esto? ¿De qué está hecho o cuál es su naturaleza? Cuando más de cerca observe algo, mejor será la inspección. Las preguntas para revisar cercan su investigación para centrarse en los detalles, en lo específico y en las características observables. Comportan que las ideas abstractas se vuelvan más concretas porque nos las cuantifican y cualifican. Imagine que la pregunta de inspección es como una lente de aumento que le permite aplicar un zoom sobre un tema y observar los detalles. Por lo general, es bueno empezar una exploración inspeccionando y poniendo a prueba sus supuestos fundamentales.

Si su idea fuera una roca, las preguntas de inspección le ayudarían a entender cosas como el peso, el color, el tamaño, la forma y la composición química de aquélla.

A continuación le mostramos algunas preguntas de ejemplo:

- «¿De qué está hecho?»
- «¿Cómo funciona?»
- «¿Cuáles son sus piezas y partes?»
- «¿Puede decirme un ejemplo?»
- «¿Qué aspecto tiene?»
- «¿Puede describirlo como si estuviera en una escena de la vida real?»

PREGUNTAS EXPERIMENTALES

Las preguntas experimentales despiertan la imaginación. Están relacionadas con la posibilidad. ¿Qué podemos hacer con ello? ¿Qué oportunidades crea? Estas preguntas tienen como objetivo conducirle a un nivel de abstracción superior para hallar similitudes con otras cosas, a establecer conexiones improbables e inesperadas. Sea lo que sea, experimente con ello. Intente romperlo, lanzarlo, hacer que gire, dele la vuelta, y tantas otras cosas más.

Si su idea fuera una roca, una pregunta experimental sería: «¿Qué puedo hacer con esto que vaya más allá de lo obvio?». Por ejemplo, podría usarla para clavar un clavo, o para lanzarla, para hacer ruido con ella, y así sucesivamente. Un día alguien se hizo preguntas como éstas, se le ocurrió la idea de «la roca mascota» y ganó un millón de dólares.

A continuación le mostramos algunos ejemplos de preguntas experimentales:

- «¿Qué más funciona como esto?»
- «Si esto fuera un animal (o una planta, una máquina...), ¿qué tipo de animal sería y por qué?»
- «¿Qué nos estamos perdiendo?»

- «¿Qué pasaría si desaparecieran todos los obstáculos?»
- «¿Cómo manejaríamos esto si tuviéramos un restaurante? ¿Y si fuera un hospital?»
- «¿Y qué ocurriría si nos estuviéramos equivocando?»

Piense en esto como si fuera una cuestión de altitud. Cuando los miembros del equipo estén demasiado inmersos en los detalles encienda la imaginación y condúzcalos a un nivel superior con algunas preguntas experimentales. Si están en las nubes y necesitan poner los pies en el suelo bájelos con algunas preguntas de inspección.

PREGUNTAS DE CIERRE

Estas preguntas tienen la función contraria que las de apertura. Cuando esté abriendo, querrá crear tanta divergencia y variación como sea posible. Cuando esté cerrando, deseará centrarse en la convergencia y la selección. En esta fase su meta es moverse hacia el compromiso, las decisiones y la acción. Apertura es sinónimo de oportunidades, mientras que el cierre implica seleccionar cuáles entre éstas quiere seguir. Eso significa eliminar líneas de investigación que no parezcan prometedoras y asignar prioridades, entre otras cosas. Es el turno del pensamiento crítico.

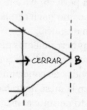

Cerrar es como volver a casa. Está cansado, pero quiere concluir el día con la sensación de haber cumplido. ¿Qué ha conseguido? ¿Qué ha cumplido? La necesidad natural de sentir que se ha cumplido es una de las razones por las que los resultados tangibles son tan importantes en las *gamestorming*. El hecho de que los miembros de un equipo hayan creado algo tangible —aunque sea un simple informe o una lista de tareas pendientes— es útil para el grupo porque conserva el impulso y genera energía para la siguiente fase de actividad.

La gente quiere saber: ¿dónde está el componente? ¿Qué está terminado? ¿Qué viene ahora? ¿Qué aspecto tendrá mañana?

Éstos son algunos ejemplos de preguntas de cierre:

- «¿Cómo podemos dar prioridad a estas opciones?»
- «¿Qué es viable?»
- «¿Qué podemos hacer en las próximas dos semanas?»
- «¿Cómo vamos a repartirnos las tareas?»

Crear componentes y un espacio de entendimiento

En 1968, el doctor Spencer Silver, un científico de la empresa 3M, desarrolló un adhesivo de poca fijación y reutilizable. Estuvo promoviendo su uso en la empresa donde trabajaba durante años, con la esperanza de que algún día se convirtiera en un producto. El adhesivo era suficientemente fuerte para sujetar papeles, pero permitía ser despegado sin romperlos. Fomentó su uso en forma de aerosol y como una superficie para tablones de anuncios donde los papeles podrían colgarse y quitarse sin necesidad de usar chinchetas. Silver no estaba teniendo mucha suerte con la promoción de su invento hasta que habló con Arthur Fry, que cantaba en el coro de su parroquia y estaba molesto porque los pequeños trozos de papel que utilizaba como punto de libro se caían de su cantoral de misa. Fry advirtió que el adhesivo era perfecto para dejar pegados sus marcapáginas sin estropear el libro, y así fue como nacieron las notas adhesivas de *post-it* y todos los productos que llegaron después.

La nota adhesiva es una de las herramientas más útiles para el trabajo intelectual porque permite fragmentar cualquier tema complejo en componentes pequeños y portátiles —en átomos o nodos de conocimiento— que pueden distribuirse en el espacio físico pegándolos en la mesa de trabajo, en las paredes y las puertas sin sembrar el caos. A su vez, esto permite al usuario explorar todos los tipos de relaciones entre los átomos de forma sencilla y rápida, y conservar estas alternativas variadas en su campo visual mientras está trabajando.

Es fácil identificar el valor que presenta para cada cual la posibilidad de distribuir la información en su ambiente de esta forma si observamos todas las maneras en que las personas utilizan las notas adhesivas en su vida diaria. ¿Quiere acordarse usted de llevar algo al trabajo? Deje una nota en la puerta de casa a modo de recordatorio. ¿Necesita recordar qué debe recoger antes de volver a casa? Pegue una nota en su teléfono. ¿Tiene que acordarse de cómo llegar a un sitio? Escriba las direcciones en una nota adhesiva y péguela en el volante del coche. ¿Quiere dejarle un mensaje a alguien del trabajo? Déjele una nota en la pantalla del ordenador.

Colocar así los componentes en el ambiente es una forma dinámica de poner las ideas en contexto. Las combinaciones pueden quedarse fijas tanto tiempo como usted quiera, y también pueden mezclarse y reconfigurarse en cualquier momento.

Los componentes como las notas adhesivas y las fichas tienen las mismas propiedades que una baraja de cartas. Pueden desplegarse en múltiples combinaciones, barajarse en un orden aleatorio, distribuirse en grupos. Existen infinidad de combinaciones y variantes posibles.

Nodos

A cualquier componente que creemos se le puede llamar *nodo*; es decir, cualquier cosa que forme parte de un sistema mayor.

Así pues, usted ha generado un conjunto de nodos —probablemente fichas y notas adhesivas, o alguna combinación de ambas— y quiere explorar algunas combinaciones diferentes. ¿Qué debe hacer? Puede mezclarlas, barajarlas. Puede clasificarlas por montones o grupos (un grupo es simplemente una pila que está repartida por toda la mesa, de forma que pueden verse todos los componentes de aquélla).

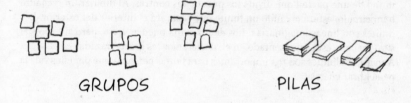

GRUPOS   PILAS

Enlazar

Otra manera de organizar los nodos es enlazarlos de varias formas, más o menos como está organizada la Red, con los enlaces que conectan las páginas y las ideas. Por ejemplo, podría conectar nodos con una cadena que representa un proceso, como un organigrama, o enlazarlos conceptualmente, como haría con un mapa mental. Con las notas adhesivas en una pizarra blanca puede empezar a crear flujos y estructuras como la siguiente:

ORGANIGRAMA

ENLACES

MAPA
MENTAL

Ahora vamos a añadir a esta ecuación el concepto de espacio de entendimiento organizado, como el que encontraría en un tablero de juegos, en una pista de tenis o en un campo de golf. Piense en lo que estos espacios organizados hacen posible: permiten que las posiciones de los componentes tengan un significado preciso que depende de su posición.

Límites

Los límites son líneas que dan forma a un espacio. Crean un contorno que separa una cosa de otra. Un límite puede ser simplemente una línea de arriba abajo en mitad de una página que divide los pros de los contras. Al dibujar un recuadro o un círculo, estará creando un límite que separará el interior del exterior. Los límites son líneas imaginarias. Los de un mapa pueden verse, pero si vamos al sitio real que está representado en él, no veremos las líneas trazadas en el suelo. Aun así, los límites son tan importantes para tantas personas que por ellos vale la pena librar guerras.

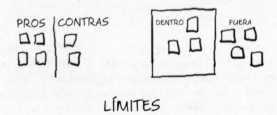

PROS CONTRAS

DENTRO FUERA

LÍMITES

Ejes

Un eje da sentido a la dirección dentro de un espacio. Un ejemplo corriente es el de los puntos cardinales de un mapa. Por convención, el norte suele estar arriba, a menos que se demuestre lo contrario. Ahora, además de los límites que separan los países, tenemos un lenguaje común para navegar en el espacio.

A diferencia de un límite, que simplemente separa una cosa de otra, un eje es una línea de fuerza. Tiene dirección. El norte puede estar señalado con una pequeña flecha en la esquina del mapa, pero, pese a todo, la idea influye sobre todo el mapa. El norte está «arriba» no sólo en la esquina, sino en todo el mapa.

Como la flecha del norte en un mapa, muchos ejes no están representados explícitamente, sino que son implícitos por convención. Por ejemplo, en los países occidentales se lee de izquierda a derecha; por lo tanto, si coloca una serie de notas adhesivas de izquierda a derecha, muchas personas asumirán que usted pretende que las lean como una secuencia, en ese orden. Igualmente, si organiza las cosas de arriba abajo, muchas personas entenderán que las ha clasificado por orden de importancia (en Occidente, al menos, se pensaría así).

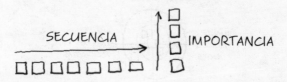

Muchos métodos para organizar las ideas implican ejes que no están trazados de forma explícita. El organigrama, por ejemplo, tiene un eje implícito en el que mirar de abajo arriba significa «trabaja para» y a la inversa quiere decir «es el superior de»; y los cuadros de torneos deportivos tienen un eje temporal implícito que va de izquierda a derecha.

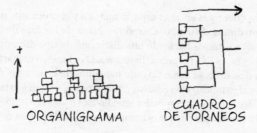

ORGANIGRAMA   CUADROS DE TORNEOS

Círculos y dianas

Los círculos y dianas pueden ser útiles cuando se quiere tener una idea aproximada de si se está cerca del objetivo estipulado. Como un arquero que dispara flechas a una idea, puede calcular la cercanía o lejanía de cierto componente con respecto del centro que intenta alcanzar. Puede emplear círculos concéntricos y ejes combinados para trazar los grados y las líneas de fuerza.

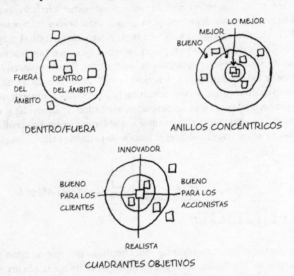

DENTRO/FUERA

ANILLOS CONCÉNTRICOS

CUADRANTES OBJETIVOS

Espacio métrico frente a espacio ordenado

Para ilustrar la diferencia entre el espacio métrico y el ordenado, piense el lector en cómo medimos el tiempo. Cuando se habla de los días de la semana o los meses del año, estamos haciendo una distinción de tipo disyuntivo «o... o». «¿Qué día es hoy?», es una pregunta disyuntiva. O es lunes, o es martes, y así con el resto de los días de la semana. Cuando hablamos de la hora del día, estamos refiriéndonos a algo mucho más relativo y que depende de quién esté preguntando y del contexto. Podríamos responder «mediodía» o «las 12:01:36», según cuál sea el contexto. Eso sucede porque el tiempo en el calendario está ordenado (nos importa más la secuencia que la precisión) y en el reloj el tiempo se mide (nos preocupa más la precisión que la secuencia).

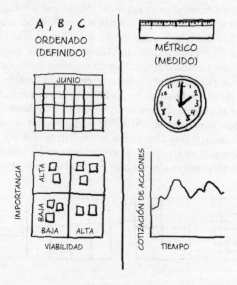

El espacio métrico es el que medimos con más o menos precisión. El espacio ordenado es aquel en el que nos preocupamos más por el orden de las cosas que por su posición exacta. Por ejemplo, en una carrera suele ser muy importante quiénes han llegado en primer, segundo y tercer puesto. Los tiempos exactos también pueden ser importantes, pero probablemente menos. Si el primer corredor llegó una hora antes que el segundo, y éste llegó tan sólo unos minutos antes que el tercero, el orden de llegada es el mismo que si han terminado con algunos segundos de diferencia. En el espacio de entendimiento métrico nos preocupamos por las cosas que son absolutas, como la altura, el peso, la longitud, la distancia, la velocidad o la temperatura, por mencionar algunos aspectos. En el espacio de entendimiento ordenado nos preocupamos más por las categorías y las relaciones: ¿es más alto o más bajo? ¿Es más ligero o más pesado? ¿Es más largo o más corto?

Cuadrículas

La cuadrícula es simplemente lo que se ve al mirar un tablero de ajedrez, un plano en damero, una hoja de cálculo o un grupo de soldados en un desfile. Filas y columnas. La columna es la línea vertical. Cuando las personas hacen una única cola, significa que se han alineado en una columna, como las que se ven en las tiendas o en los bancos. La fila es la línea horizontal. Combinadas, estas líneas conforman la cuadrícula, uno de los métodos más útiles para organizar la información.

Las cuadrículas pueden adoptar todas las formas y tamaños. Se pueden utilizar para organizar el espacio físico, como las líneas de un mapa; para efectuar una búsqueda, como en el juego de *Hundir la flota*; para estructurar una página web o la de una revista; para llevar la contabilidad u organizar cualquier conjunto de números en columnas y filas. Una forma de cuadrícula muy útil es dividirla en cuadrantes para organizar la información estableciendo dos criterios. Otro método práctico es emplear una cuadrícula para clasificar las cosas en columnas o filas.

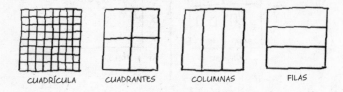

CUADRÍCULA   CUADRANTES   COLUMNAS   FILAS

Paisajes y mapas

A veces tiene sentido pensar en la información como si se tratara de un paisaje. Todas las empresas están inmersas en un viaje de algún tipo, van de un sitio a otro, y cada mercado es un panorama con sus propios peligros, desafíos y oportunidades. ¿En qué viaje está su empresa? ¿Cómo se presenta el camino que queda por recorrer? ¿Qué obstáculos hay en un futuro inmediato? ¿Qué está más lejos en la carretera? ¿Qué fuerzas le impulsan para ir hacia adelante? ¿Qué fuerzas le respaldan?

David Sibbet, de la compañía The Grove Consultants International, usa una herramienta que él llama *Plan de juego gráfico* para ayudar a los equipos a reflexionar sobre sus retos. El *Plan de juego gráfico* utiliza un conjunto de espacios de entendimiento diseñados con precisión para organizar el pensamiento de los miembros de un equipo y moverse de las ideas a la acción. Los retos se representan como un paisaje irregular, las acciones como una flecha, los factores de éxito como ruedas, las metas como una diana, y así sucesivamente.

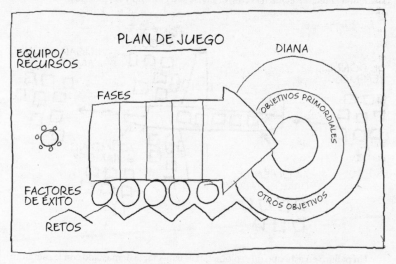

PLAN DE JUEGO GRÁFICO DISEÑADO POR DAVID SIBBET

El Plan de juego gráfico *es una de las muchas plantillas de Graphic Guide® diseñadas por David Sibbet, de The Grove Consultants International. Podrá adquirir sus plantillas en la página web <http://www.grove.com/site/index.html>.*

Metáfora

Otro modo de organizar la información es formular analogías y enlaces conceptuales con otras cosas. Su espacio de información puede representarse mediante una casa, un avión, un edificio, un animal, un barco, un restaurante o cualquier otro elemento que le ayude a romper con los patrones de pensamiento habituales. Una buena metáfora surge con un conjunto de asociaciones que cambiarán su perspectiva y le ayudarán a pensar de forma diferente con respecto de un tema. Una estructura metafórica le ayudará a formular nuevas preguntas que induzcan el pensamiento y que no había tenido en cuenta antes.

Por ejemplo, una casa es una metáfora corriente que desemboca en preguntas como: ¿qué son los cimientos? ¿Qué representan las columnas y las vigas que sostienen el techo? ¿Qué nos cubre? ¿Qué son el techo y las paredes?

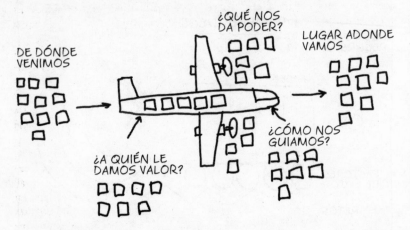

Un peligro en este tipo de exploración es conectarse demasiado con la metáfora o ser riguroso en exceso: no todo tiene que encajar necesariamente con la metáfora.

A modo de ejemplo, contaré que una vez trabajé con una empresa de selección de personal y estábamos usando la pesca como metáfora para la selección. Es una metáfora que tiene fuerza y es útil, siempre y cuando genere preguntas que induzcan a pensar. Sin embargo, se estará descendiendo demasiado si las preguntas empiezan a ser como éstas: «¿Quiere decir esto que nosotros vemos como comida a las personas que estamos seleccionando? ¿Que estamos mostrándoles un cebo y que ellos terminarán siendo los perjudicados?». No, no significa eso. Es una metáfora, una herramienta para pensar. No permita que las personas piensen de más, o se estará metiendo en un berenjenal.

Emplear el lenguaje visual

En el colegio nos enseñan que las cosas fundamentales que necesitamos aprender para tener éxito en nuestra sociedad son leer, escribir y sumar. Los primeros años de enseñanza se centran básicamente en estas bases. En un mundo industrial, en el que cada trabajador funciona como una pieza estándar dentro del engranaje de una empresa, esto quizá tenga sentido.

Sin embargo, los retos actuales no son estándares. Como ya hemos mencionado, el trabajo actual debe estar dirigido a menudo hacia lo desconocido, la incertidumbre y los espacios de reto ambiguos, en los que las soluciones no son claras ni corrientes, y la capacidad de crear y descubrir es más importante que ajustarse al molde de lo estándar.

Nuestro mundo tiene una rica historia de creación y descubrimiento. Hemos descubierto la forma del mundo, los elementos de la materia y las leyes que gobiernan los movimientos de las estrellas. Hemos desarrollado tecnologías que nos permiten, hablar y ver a otra persona desde cualquier lugar del mundo, y enviar y recibir información a la velocidad de la luz. Así pues, no nos resulta difícil ver a estas personas que han descubierto y creado estos milagros y preguntarnos: «¿Qué métodos utilizaron?».

Sí, leer, escribir y sumar fueron herramientas en muchos de estos monumentales logros. La palabra escrita y las matemáticas son ambas herramientas poderosas, lenguajes que podemos emplear para crear modelos conceptuales, pensar sobre el mundo y transmitirnos ideas complejas. Pero existe otro lenguaje tan poderoso como éstos, que no se enseña en las escuelas, al menos, no de forma sistemática ni demasiado bien. Es el lenguaje visual, el que empleamos para conseguir que las ideas sean visuales y explícitas.

Los grandes viajes de Colón, Magallanes y James Cook no se habrían podido llevar a cabo sin capacidades avanzadas de elaboración y trazado de mapas. Los avances matemáticos de Euclides, Descartes y Newton habrían sido impensables sin el uso de ilustraciones. Los inventos de Leonardo da Vinci, Thomas Edison y Tim Berners-Lee —el hombre que inventó internet— fueron posibles únicamente porque estas personas tenían la capacidad de visualizar y dibujar sus ideas. Cuando son examinadas, prácticamente todas las empresas humanas revelan la importancia del lenguaje visual. En los procesos judiciales, la ayuda visual es de utilidad a los jurados que deben decidir en casos difíciles. Los cineastas crean guiones gráficos que les ayudan a dar vida a sus guiones escritos. La fotografía y la ilustración médica son útiles para los cirujanos y otros profesionales del mundo de la medicina durante su aprendizaje. Las señales de tráfico gracias a las cuales nos movemos, las interfaces en las pantallas de nuestros ordenadores y los logotipos que nos ayudan a encontrar las tiendas y las marcas que nos gustan son buenos ejemplos del lenguaje visual en acción. Incluso su permiso de conducir sería inútil sin la imagen que le representa y confirma que sí, la persona de la fotografía es de hecho la misma a la que ese carnet identifica.

Hemos añadido los borradores a la lista de los diez elementos imprescindibles porque es importante para el pensamiento creativo y todo el mundo puede hacerlo. No es necesario tener habilidades especiales. Puede empezar con un bolígrafo y un papel. Eso no significa que sea fácil, como tampoco lo son leer, escribir y hacer cuentas. Tendrá que aplicarse. Sin embargo, sí hemos advertido de que el mayor obstáculo para la mayoría de la gente es la confianza. Si puede lanzarse y empezar a dibujar, el resto llegará por sí solo. Por lo tanto, con eso en mente, le presentamos a continuación unos cuantos conceptos y ejercicios que podrá utilizar para empezar a construir algunas habilidades de dibujo básicas. Cuando se haya familiarizado con estos conceptos podrá emplear los mismos ejercicios para activar a sus colaboradores y otros grupos.

Ahora, coja un bolígrafo y un trozo de papel y practique unos cuantos ejercicios.

EL ALFABETO VISUAL
Vamos a empezar con el alfabeto visual, una especie de protoalfabeto de figuras que podrá usar para construir cualquier objeto visual. Está formado por doce figuras —las «letras» del alfabeto visual— llamadas glifos. Si es capaz de dibujarlas, podrá dibujar todo lo que se imagine.

Los seis primeros glifos son lineales. Pueden enlazarse entre sí en cadena; son figuras abiertas que fluyen juntas naturalmente, por eso los llamamos flujos. Sus nombres son: punto, línea, ángulo, arco, espiral y rizo. Ahora, intente dibujarlos.

$$\cdot \quad | \quad \wedge \quad \cap \quad \mathcal{O} \quad \ell$$

Los próximos seis glifos son figuras cerradas. Cuando una línea se cierra sobre sí misma da la sensación de ser un objeto sólido, porque el margen de una figura cerrada la separa del fondo, como una isla. Las figuras cerradas se distinguen de lo que las rodea, lo cual les da el aspecto ilusorio de una forma; por eso las llamamos figuras. Sus nombres son: óvalo, ojo, triángulo, rectángulo, casa y nube. Intente dibujarlas.

$$\bigcirc \quad \varnothing \quad \triangle \quad \square \quad \pentagon \quad \mathcal{C}$$

Con estos doce glifos podrá dibujarlo todo. El número de combinaciones posible es infinito. ¿Le cuesta creerlo? Vamos a probarlo en unos cuantos pasos. En primer lugar, vea si puede escribir las letras del abecedario utilizando únicamente las doce figuras del alfabeto visual:

A B C D E F G H I J K L M N O P Q R S T U V W X Y Z

¿Satisfecho? De doce han pasado a ser veintiséis. Y ahora, los números:

1 2 3 4 5 6 7 8 9 0

A continuación, intentaremos algo más difícil. Mire a su alrededor, esté donde esté. Coja algunos objetos simples y compruebe si es capaz de dibujarlos empleando las figuras y formas del alfabeto visual:

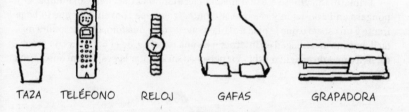

TAZA   TELÉFONO   RELOJ   GAFAS   GRAPADORA

Dese cuenta de que las imágenes anteriores están etiquetadas. Las imágenes no tienen por qué cargar con todo el peso semántico de lo que usted esté intentando transmitir. Ésta es una diferencia clave entre el dibujo y el lenguaje visual. Dibujar en un sentido artístico consiste en engañar a la vista, hacer que las cosas adquieran una apariencia como la que tienen en la realidad. El lenguaje visual pretende transmitir significado. Al etiquetar las cosas que, de otra manera, serían ambiguas o confusas, facilitará a las personas que puedan entender que usted está «dibujando algo».

DIBUJAR PERSONAS

Ahora vamos a intentar algo un poco más difícil. Una de las cosas más comunes que necesitará dibujar son personas, porque estará comunicándose con ellas. En uno u otro momento, lo que quiera comunicar visualmente exigirá que las dibuje.

La mayoría de nosotros podemos utilizar los glifos del alfabeto visual para dibujar una sencilla figura de palo como ésta:

El problema surge cuando se intenta dibujar algo más complejo, como alguien que está haciendo algo más que estar de pie. Por lo general, cuando se quiere dibujar una persona es porque se pretende mostrar una acción: por ejemplo, alguien comiendo, usando una máquina expendedora, conduciendo un coche o montando en bicicleta.

Empecemos dibujando a alguien que echa una carta al buzón.

Primero, imagínese a usted mismo ejecutando esa acción. Coja un papel y póngase en la posición y vea qué se siente. Quizá sea conveniente que lo haga frente a un espejo o que le pida a alguien que le tome una foto. O, si le resulta más fácil, busque una imagen en internet o en una revista. Con el tiempo y con práctica, será capaz de imaginar y dibujar personas sin adoptar la posición ni buscar una referencia.

Preste especial atención al ángulo del cuerpo; transmite la esencia de la acción. Piense en lo primero que percibe cuando ve a una persona a cierta distancia. La posición del cuerpo es, más que cualquier otra cosa, lo que transmite la actitud de esa persona. La mayoría de gente empieza a dibujar a un ser humano por la cabeza y después añade el cuerpo. Esta manera de dibujar casi siempre dará como resultado una figura cabezona y almidonada.

Cuando se dibuja a una persona, conseguirá un mejor efecto si empieza con el centro de gravedad y trabaja hacia el exterior. Dibuje un rectángulo para representar el tronco del cuerpo, intentando mantenerlo aproximadamente en el mismo ángulo.

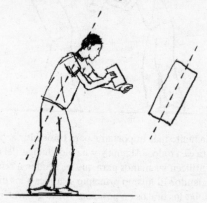

En sus cuadernos, Leonardo da Vinci hacía anotaciones cuidadosas sobre la importancia de la actitud del cuerpo y acerca de cómo podía emplearse para transmitir significado:

Un dibujo o representación de un ser humano debe hacerse de manera que el espectador pueda reconocerlo con facilidad, a través de su actitud, el propósito de su mente. Así pues, si tiene que representar a un hombre de carácter noble mientras habla, deje que sus gestos acompañen de manera natural a sus buenas palabras; del mismo modo, si quiere plasmar a un hombre de naturaleza brutal, dele fuerza a sus movimientos; como si sus brazos salieran despedidos hacia su interlocutor, y con la cabeza y el pecho en posición adelantada con respecto a los pies, como si siguieran a las manos del hablante. Como si una persona sorda y tonta que, cuando observase a dos hombres conversando —pese a que esté privada de oído— pudiera deducir, de las actitudes y los gestos de los hablantes, la naturaleza de su discusión. Leonardo da Vinci.

La siguiente característica más prominente son las piernas; éstas conectan a la persona con el suelo y reciben la mayor parte del impacto de la posición del cuerpo.

Dibuje una línea para representar el suelo y añada las líneas de las piernas y los pies para unir el cuerpo al suelo.

El siguiente elemento más importante para transmitir actitud son las manos. Las utilizamos para casi todo. ¿Alguna vez ha oído hablar del consejo que se da a los oradores: que utilicen las manos para que les ayuden a reforzar el significado de lo que estén diciendo? El mismo principio se aplica a los dibujos de personas. Ahora intente dibujar los brazos en posición. Por lo general, un pequeño círculo es suficiente para representar las manos. No olvide añadir la carta; de lo contrario, nuestro viaje al buzón será en vano.

A continuación, observe el ángulo del cuello y la cabeza en relación con el resto del cuerpo. Fíjese en que están en ángulos distintos. A menos que usted sea un soldado en posición de firmes, casi siempre será así. Los humanos estamos moviendo y volviendo la cabeza constantemente para ver mejor, para escuchar con atención o para cualquier acción similar. Compruebe si puede dibujar la cabeza y unirla al cuerpo con una simple línea en el ángulo correcto.

Ahora que hemos terminado de dibujar el cuerpo podemos pensar en la cara. Piense en la variedad de caritas sonrientes y *emoticonos* que puede hacer con un teclado de ordenador. Esas mismas combinaciones bastarán para cualquier expresión facial que quiera representar. Si añade una línea corta a modo de nariz estará mostrando la dirección en la que está apuntando la cabeza. Esto puede ser especialmente importante cuando pretenda mostrar a dos personas interactuando entre sí.

Puede utilizar los mismos principios que ha aprendido anteriormente para dibujar el buzón de correos, combinando las figuras básicas del alfabeto visual. Vivo en Estados Unidos, donde los buzones se parecen al robot R2-D2 de *La guerra de las galaxias*. Según donde viva usted, los suyos serán diferentes.

Espero que esta pequeña demostración le haya convencido de que las habilidades para esbozar no están fuera de su alcance. Una vez se sienta cómodo con los ejercicios anteriores, podrá usarlos para ayudar a sus colaboradores a intentar que esbocen sus ideas. En muchos talleres, he podido comprobar que estos ejercicios se pueden enseñar a todo un grupo en unos diez o quince minutos. En el mismo tiempo que se emplea para una pausa y tomar café, podrá ayudar a su grupo con estos conceptos y lograr que se sientan lo suficientemente cómodos para empezar a esbozar sus ideas.

PERSPECTIVA

Por lo general, algo que suele intimidar a la gente es la noción de perspectiva. Me parece que es útil describir los tres métodos primarios que se han utilizado para crear una sensación de espacio visual en la historia del arte. El primero y más conocido es la perspectiva lineal, desarrollada durante el Renacimiento italiano. La invención —o quizá debería decir «descubrimiento»— de la perspectiva se la debemos al artista y arquitecto Filippo Brunelleschi, quien habló de ella hacia 1425.

La perspectiva lineal crea la ilusión de espacio al imitar la vista observada por el ojo desde una ubicación panorámica particular. El artista dibuja una línea que representa el horizonte al nivel de los ojos y luego establece unos puntos de fuga a lo largo de ese horizonte. Puede utilizar estos puntos para construir casi cualquier escena y darle un efecto de profundidad que sumerja al espectador en ella.

PUNTO
DE FUGA

PUNTO
DE FUGA

LÍNEA DEL HORIZONTE

LÍNEAS DE
CONSTRUCCIÓN

Sin embargo, la perspectiva lineal es sólo uno de los tres métodos principales que los artistas han empleado durante siglos.

La perspectiva paralela es otra forma de la gramática pictórica que tuvo su origen en China y es cientos de años anterior a la perspectiva lineal. En la perspectiva paralela, las líneas de construcción no convergen en puntos en el horizonte, sino que se dibujan en paralelo, de manera que la escena parece prolongarse de forma indefinida en todas direcciones. Ésta es una forma de mostrar una escena como si se estuviera viendo desde arriba, y tiene la ventaja de que todo lo que aparece en la imagen puede ser dibujado a escala. A menudo, esta técnica recibe el nombre de «perspectiva de Dios», por la vista aérea que se puede extender infinitamente en todas las direcciones.

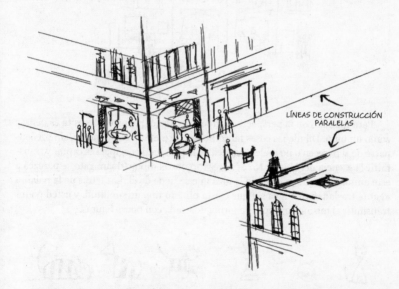

LÍNEAS DE CONSTRUCCIÓN PARALELAS

Una forma pictórica de espacio, aún más temprana que las perspectivas lineal y paralela, emergió miles de años antes. Este modo de organizar las imágenes era más similar al lenguaje escrito y quizá encontró su expresión más pura en el arte del antiguo Egipto; por eso me gusta darle el nombre de «perspectiva egipcia». En vez de dibujar las cosas tal como las vemos, se trataba de trazarlas en su forma ideal, como podrían ser vistas por la mente. Si algo era mucho más reconocible desde el lateral, se dibujaba de perfil; si se reconocía mejor desde arriba, se mostraba desde esa perspectiva. Esta modalidad de perspectiva egipcia es, de lejos, la más común de todas las sociedades y culturas desde el principio de los tiempos. Los niños, de manera natural, dibujan las cosas así, a menos que se les enseñe un método diferente. Para muchos usos, es el modo más claro y fácil de entender, y para la mayoría de las personas es la forma más sencilla de aprender con rapidez.

Para dibujar con la perspectiva egipcia, lo único que usted necesita es pensar como un niño. Dibuje las cosas tal como se representan en su mente, sin preocuparse de si parecen o no reales. La idea de la perspectiva egipcia es captar y transmitir la esencia del objeto. No es necesario que el dibujo de un gato se parezca a este animal, porque ya difunde la idea que se tiene de él. Las letras de la palabra «gato» trasladan una idea sin que exista ningún tipo de similitud, y usted podrá transmitir el mismo concepto de forma ilustrada con pocas figuras.

¡HAY MUCHAS FORMAS DE ESBOZAR UN GATO!

¿Cuántos esbozos de un gato es capaz de hacer?

Cuando empiece a desarrollar sus habilidades de lenguaje visual, no olvide llevar una libreta siempre a mano, como hacía Leonardo da Vinci, para plasmar sus observaciones y reflexiones. Le presentamos un consejo al respecto:

Transita por la vida y, de manera constante, mientras transitas, observa, toma nota y considera las circunstancias y el comportamiento de los hombres cuando hablan, discuten, se ríen o se pelean entre ellos; la acción de los hombres y las de sus espectadores, que los separan o los miran. Y toma nota de lo que hacen con ligeras pinceladas en un pequeño cuaderno que deberás llevar siempre contigo... Porque las formas y las posiciones de los objetos son tan infinitas que la memoria es incapaz de retenerlas, ten estos [esbozos] como guía. Leonardo da Vinci.

Improvisación

Si hay algo que pueda recordar más a la *gamestorming* en su forma más pura, con toda seguridad es la improvisación. Como grupo, los jugadores trabajan juntos para crear un mundo y explorarlo con su intuición y sus cuerpos.

Improvisación es una gran palabra con muchos significados porque éstos varían según la persona y el contexto.

Cuando uno se enfrenta a lo inesperado, improvisar es actuar en el momento, proceder sin un plan. Implica arreglárselas con lo que se tenga a mano, usar el ingenio para desarrollar soluciones provisionales frente a problemas adversos. Así pues, las habilidades de improvisación son destrezas de supervivencia. Esto es algo corriente para cualquier explorador: cuando no se sabe qué esperar y es necesario anticiparlo todo, ¿qué se puede aportar?

En los mundos del jazz y el teatro, la improvisación implica desplegar una estructura básica y luego crear composiciones espontáneas que se entretejen con esa estructura para crear escenas y sonidos armoniosos, bonitos y, a veces, complejos. En este contexto, la belleza de la improvisación reside en su espontaneidad y variedad.

Para los exploradores intelectuales, la improvisación es importante en ambos sentidos: la capacidad de responder rápidamente a situaciones de emergencia no previstas, y desarrollar composiciones espontáneas en torno a una estructura o ritmo que sirven de base. Trataremos ambos asuntos por separado.

Respuesta ante lo inesperado. Los diez imprescindibles son un buen conjunto de métodos que pueden aplicarse prácticamente en cualquier situación inesperada. Si tiene el material importante a mano (pizarra, rotuladores, notas adhesivas, puntos para votar, papel, fichas), y ya domina las habilidades básicas (preguntas, cómo usar los componentes y el espacio de entendimiento, borradores e improvisación), sería raro que algo fallara. Saber que se tienen las herramientas, las habilidades y que se está preparado para afrontar cualquier situación, es algo que genera calma y confianza.

Variaciones sobre un tema. Como sucede con casi todo el conjunto de herramientas para las *gamestorming*, la improvisación es la combinación de unas cuantas habilidades básicas y mucha práctica. El objetivo de esta sección es presentar algunos principios y ejercicios prácticos básicos que le ayuden a crear estructuras sencillas y flexibles y guiar a su equipo a través del proceso de explorarlas de manera improvisada, es decir, con la espontaneidad y libertad que envuelven las sensaciones físicas en un proceso de descubrimiento, y que desarrollan y perfeccionan la intuición.

La idea de introducir la improvisación en el contexto empresarial quizá parezca intimidante, pero la mayor parte de los retos están en su cabeza. Usted ya está improvisando en su trabajo. En el libro *GameChangers: Improvisation for Business in the Networked World*, el experto en improvisación Mike Bonifer nos recuerda que todo en la vida es improvisación, desde una conversación durante un almuerzo hasta la manera de responder ante situaciones inesperadas, la improvisación es algo natural, que hacemos de modo constante.

Para lograr que sus colaboradores empiecen a calentar motores, Bonifer recomienda un juego que él llama *Galimatías*. Funciona así: hay que dividir a un grupo en equipos de dos o tres personas; dar al primero de ellos una tira de papel con una escena escrita —con un papel y una meta para cada jugador— y pedirles que la representen mientras los demás miran. Pero hay una dificultad: no pueden utilizar palabras, sino únicamente sonidos, lenguaje corporal y ajustar el tono de voz para transmitir el significado. La ronda termina cuando el público adivina de qué trata la escena. Haga lo mismo con cada equipo (con diferentes escenas, claro) hasta que todos hayan participado.

Lo importante de este juego es romper con lo que Bonifer denomina los *estratos de significación superficiales* —lo que se habla y los datos en torno a los que giran muchas conversaciones empresariales— para que salgan a la superficie los estratos de la comunicación más profundos, que siempre están ahí, pero que a menudo pasan inadvertidos, como el tono de voz, el lenguaje corporal y la acción.

En esencia, un juego de improvisación no es diferente de cualquier otra actividad de *gamestorming*; se trata de abrir el mundo, explorarlo y cerrarlo. En este sentido, es lo mismo. Sin embargo, sí se distingue en un aspecto: la improvisación no se centra en los resultados, sino en la experiencia que, es de esperar, conducirá a un enfoque o resultado.

La estructura subyacente es tan importante en la improvisación como lo son los huesos para los músculos o los árboles para las enredaderas; para relajarse y dejarse llevar es necesario contar con algo alrededor de lo cual se pueda innovar, pues de lo contrario, lo único que se generará será caótico.

Los músicos de jazz improvisan su música en torno a un ritmo o una pulsación constante. Los jugadores de baloncesto improvisan en los límites del campo y las normas del juego. La belleza y el éxito de estas actividades de improvisación no serían posibles sin la estructura subyacente que las sostiene y preserva.

El tema es lo que usted quiera explorar, y la escena es lo que le aporta a usted la estructura en torno a la cual improvisará. Hay cuatro elementos en una escena: el escenario, los personajes, los objetivos de éstos y los materiales.

Por ejemplo, supongamos que usted está buscando una forma de mejorar el sistema de transporte público de su ciudad, y quiere emplear la improvisación como método para obtener algunas posibilidades. Ése es su tema: desplazarse utilizando el transporte público.

Antes de empezar a improvisar, necesitará personajes, metas, escenarios y materiales. Empecemos por los objetivos. Podría hacer una *gamestorming* para elaborar una lista de situaciones en las que la gente necesitaría el transporte público; una persona tiene que ir al supermercado para hacer la compra, otra querrá visitar a un amigo, otra irá al cine o se dirigirá a trabajar. A continuación, deberá hacer una *gamestorming* para tener una lista de personajes. Una de las personas está jubilada, otra es un cirujano, y así sucesivamente. Ahora, los escenarios: un personaje está en casa, otro en un parque. Y para terminar, los materiales: hay quien tiene un teléfono móvil y quien no.

Ahora, imagine que utiliza un código de color para los cuatro grupos de fichas, de forma que las metas son de un color, los personajes de otro, y así con las otras dos categorías. Podría mezclar las cartas y pedir a sus colaboradores que escojan una de cada color. Una vez cada cual tenga su objetivo, deberán interpretar su escena por turnos. Después de cada una de éstas, podrá organizar un debate breve sobre las repercusiones que tengan.

Un reto con la improvisación es que, dado que su naturaleza está tan basada en la experiencia, el aprendizaje reside en lo que se hace. Una experiencia de improvisación no genera de modo natural un componente tangible como resultado. Pero eso no es un obstáculo insuperable. Puede asignar a una persona la tarea de grabar en vídeo las escenas de la improvisación, o pedirle a alguien que tome nota, o incluso elaborar unos borradores a modo de guión para captar la esencia de las cosas que ha descubierto.

Práctica

Podemos considerar la práctica desde dos puntos de vista diferentes. El primero, como una profesión o habilidad, como en una consultora, o una práctica legal o médica. Esto puede referirse a una habilidad básica o empresarial, como en una esfera de actividad; por ejemplo: «Practico la medicina» o «Mi labor la desempeño en la especialidad de urología». El segundo punto de vista puede entenderse como una práctica en el sentido de un compromiso permanente que implica no sólo el estudio, sino también una actividad para desarrollar, perfeccionar y conservar las habilidades necesarias para una disciplina determinada. Un cirujano en activo es alguien que trabaja continuamente no sólo con el cerebro, sino también con las manos. Éste es el tipo de práctica a la que nos referimos cuando hablamos de práctica zen o de baloncesto.

Estos dos sentidos de la práctica que acabamos de mencionar son importantes y mutuamente interdependientes. Pensamos en la práctica como en algo que requiere mucho estudio y actividad permanente, a través de los cuales, siempre que haya suficiente cantidad de ambos componentes, una persona puede adquirir un buen dominio de una tarea determinada. Sin embargo, lograr dominar la práctica no consiste únicamente en estudiar un libro o asistir a un taller, y las *gamestorming* no son una excepción a la regla. Quienes esperan que «el sabor del mes» salga al rescate de su empresa en quiebra o produzca una recuperación rápida, deberán buscarlo en otro sitio. Pero los que se acercan a las *gamestorming* como una práctica, merecedora de un estudio cuidadoso y de trabajo permanente para perfeccionar sus habilidades, encontrarán en esta obra el camino para hallar las recompensas y el enriquecimiento personal en el trabajo.

En esta primera parte del libro queríamos centrarnos en los cimientos de la *gamestorming* y en los principios que hacen que funcione. No queríamos limitarnos a escribir un libro de recetas para personas que las siguen a ciegas sin entenderlas. Eso sería contrario a nuestro propósito, que es animar a cambiar la forma en la que se trabaja, de un modelo centrado en el proceso que tiene que ver con la previsibilidad y la coherencia, a un modelo centrado en el juego, que reconoce la complejidad e imprevisibilidad de un mundo digital.

En la siguiente parte del libro se encuentra recogida una lista de los mejores juegos que conocemos. Esperamos que los lea detenidamente, los pruebe en su lugar de trabajo y siga modificándolos y mejorándolos. Si tiene ideas, comentarios o preguntas que hacernos, le animamos a que se una al debate abierto en la página <http://www.gogaestorm.com>.

4

Juegos de base

UNA VEZ EMPIECE A PRACTICAR Y A CREAR SUS PROPIOS JUEGOS es probable que encuentre una breve lista de actividades que funcionen bien en cualquier situación. Éstas son las técnicas fiables que nunca le fallarán. Son lo suficientemente sencillas para mostrarse como «movimientos» en otros juegos, y hará de ellas un buen comienzo.

El marco de las siete pes

Al prepararme para la batalla, siempre he pensado que los planes son inútiles; aunque planificar es algo indispensable. Dwight D. Eisenhower

OBJETIVO DEL JUEGO

Todas las reuniones merecen un plan, porque a pesar de que no puede garantizar un buen resultado aunque sea bueno, sí ayuda a sentar los cimientos desde los cuales usted podrá empezar a trabajar y adaptarse. Haga un borrador de estos fundamentos utilizando *El marco de las siete pes*.

NÚMERO DE JUGADORES

Individual.

DURACIÓN

Entre veinte minutos y dos horas.

CÓMO JUGAR

Use estos puntos como lista de comprobación. Cuando vaya a preparar una reunión, pensar en las siete pes puede ayudarle a obtener una orientación más centrada y mejores resultados, aunque sólo disponga de unos momentos para hacerlo.

Propósito. ¿Por qué va a celebrar esta reunión? Como líder, debe ser capaz de exponer el motivo de forma clara y sucinta. Tenga en cuenta la urgencia de la reunión: ¿qué está pasando y qué se está quemando? Si esta pregunta es difícil de responder, pregúntese usted mismo si la reunión es realmente necesaria.

Producto. ¿Qué componente específico produciremos a partir de la reunión? ¿Qué hará y cómo ayudará al propósito? Si le parece que todas las reuniones son «únicamente charla y ninguna conclusión», considere cómo un producto podría cambiar las cosas.

Personas. ¿Quién es necesario que esté y cuál será su cometido? Una manera de orientar su lista de asistentes es pensar en términos de preguntas y respuestas. ¿A qué preguntas estamos respondiendo con esta reunión? ¿Quiénes son las personas adecuadas para contestarlas?

Proceso. ¿Qué agenda usarán esas personas para crear el producto? De todas las siete pes, en la agenda es donde usted tendrá mayor oportunidad de colaborar por adelantado con los asistentes. Elaboren una agenda en conjunto para garantizar que hagan sus aportaciones y permanezcan atentos.

Problemas. ¿Qué riesgos implica esta reunión y cómo nos enfrentaremos a ellos? Esto podría ser tan sencillo como poner unas reglas básicas del tipo «no se permiten portátiles» o temas específicos que son «ajenos al ámbito de la reunión».

Preparación. ¿Qué sería útil preparar de forma anticipada? Podría tratarse de lecturas previas, realizar una investigación o asignar «deberes» a los asistentes.

Preocupaciones prácticas. Los aspectos logísticos de la reunión son cuándo y dónde se celebrará y, algo importante, quién llevará la comida.

- Cada una de las siete pes puede influir o variar alguna de las otras, y desarrollar un buen plan deberá tener en cuenta este aspecto. Por ejemplo, si algunos participantes sólo estarán durante una parte de la reunión, esto cambiará el proceso.

- Haga que los demás se involucren en la organización de la reunión. Su participación es la ruta más corta hacia la eficacia.
- Las reuniones periódicas pueden adquirir vida propia y alejarse del propósito original. Preguntarse por qué se está celebrando el encuentro es un ejercicio sano y que debe llevarse a cabo con regularidad.
- Durante la reunión, mantenga las siete pes en un punto visible. Los puntos de referencia pueden ayudar a centrar y reubicar a un grupo siempre que sea necesario.
- Elabore un plan y tenga en cuenta que éste puede cambiar. Las siete pes le proporcionarán un marco a fin de trabajar para organizar una reunión, pero no pueden realizar el trabajo por usted. Los imprevistos suceden, y como líder, usted deberá adaptarse a la nueva situación.

El marco de las siete pes *es una creación de James Macanufo.*

Mapa de afinidad

Objetivo del juego

La mayoría de nosotros estamos familiarizados con las *gamestorming*, un método mediante el cual un grupo genera tantas ideas en torno a un tema como sea posible, en un tiempo límite. Las *gamestorming* funcionan para tener una gran cantidad de información sobre la mesa. Sin embargo, suscita una pregunta de seguimiento acerca de cómo captar el significado de todos los datos obtenidos. Usar una sencilla técnica de diagrama de afinidad puede ayudar a descubrir patrones de pensamiento ocultos (y a veces a romper con los antiguos) al seleccionar y clasificar en relaciones la información basada en el lenguaje. También puede aportarnos una idea de en qué punto está centrado el pensamiento de la mayoría. Utilice un diagrama de afinidad cuando quiera encontrar categorías y metacategorías dentro de un cúmulo de ideas y cuando desee saber qué ideas son las más comunes en el seno de un grupo.

Número de jugadores
No más de 20.

Duración
Dependerá del número de jugadores, pero no debe exceder la hora y media.

Cómo jugar
1. En un papel o en una pizarra, escriba una pregunta a la que responderán los jugadores junto con una imagen como complemento. Ponga en práctica este juego únicamente cuando tenga una pregunta para los jugadores y sepa que generará, como mínimo, veinte elementos de información para clasificar.

2. Pida a cada jugador que se tome diez minutos para escribir su respuesta en notas adhesivas. Utilice fichas y una mesa si el grupo es de cuatro participantes o menos. Dirija esta parte del proceso en silencio.

3. Recoja todas las ideas del grupo y péguelas en una superficie lisa que esté a la vista de todos los participantes. Deberá quedar como en la siguiente ilustración.

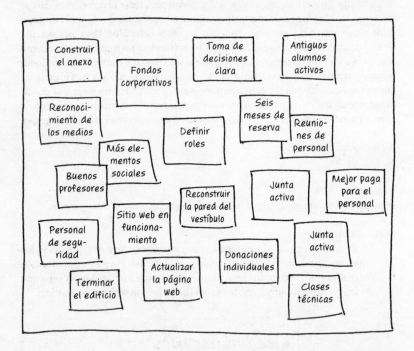

4. Siguiendo la orientación de los participantes, clasifique las ideas por columnas (o pilas) teniendo en cuenta las relaciones. Haga que el grupo se involucre en el proceso tanto como sea posible. Deje que la gente se acerque a la pared para pegar sus notas —así ahorrará tiempo— y permítale que efectúe una clasificación inicial en columnas o pilas.

5. Cree un «aparcamiento» de notas adhesivas cercano al despliegue de ideas para todas las que no entran de forma natural en ninguna categoría. Las repeticiones en las ideas están bien; no descarte las notas adhesivas porque

ya estén representadas. Es útil dejar pegadas las ideas repetidas, porque eso sirve como indicador para saber cuántas personas piensan de igual modo. En este punto, pida a los jugadores que eviten buscar categorías superiores y que se centren en agrupar la información según las afinidades.

6. Una vez el contenido esté clasificado, pida al grupo que sugiera categorías que representen las columnas que usted ha creado y escriba las que se han decidido por consenso en la parte superior de cada columna (o cerca de una pila, si lo ha organizado así). No les permita emplear demasiado tiempo para esto. Si hay desacuerdo en palabras como «instalaciones» o «infraestructura», anote las dos. Si los participantes generan categorías significativamente diferentes, preste atención a cuál de ellas recibe la mayor aprobación del grupo y escríbala. Su pizarra debería verse como la de la ilustración anterior.

ESTRATEGIA

El valor del juego del diagrama de afinidad se incrementa cuando se dan dos condiciones. La primera es que los jugadores generen muchos datos, y lo ideal es que contengan buena información. La segunda está relacionada con la calidad de la clasificación. Cuanto más claros sean los puntos de vista de los jugadores al relacionar los contenidos, tanto mejores serán las categorías.

Actividad opcional divertida: juegue al mapa de afinidad una vez y termine con categorizaciones. Luego pida a los miembros del equipo que mezclen las notas adhesivas y vuelvan a combinar las ideas basándose en las afinidades que no han advertido en la primera ronda.

A veces, las afinidades entre contenidos son claras como el cristal, así que la clasificación se vuelve menos fundamental; sin embargo, cuando las relaciones tienen más matices, es más importante que el proceso de clasificación se haga bien. En una situación en la que existen muchas formas de crear afinidad entre los datos obtenidos, asuma un papel facilitador más potente. Haga preguntas sobre las columnas o las pilas para aclarar el pensamiento del grupo y condúzcalo a una cantidad de categorías adecuada. Si hay demasiadas, los datos se terminarán diluyendo. Si hay muy pocas, el análisis se desdibujará. Ayude a los participantes a encontrar el punto intermedio.

El Mapa de afinidad *fue ideado por Jiro Kawakita en la década de 1960. También recibe el nombre de* Método KJ.

Tormenta de cuerpos

La tormenta de cuerpos es como la *gamestorming*, pero con el cuerpo. Podrá parecer diferente según los preparativos y el lugar donde se juegue, pero al final, todas las tormentas de cuerpos se resumen en un punto: hacer que los participantes comprendan las cosas después de haberlas probado.

El grupo podrá experimentar con cualquiera de las técnicas descritas a continuación para empaparse del tema de la tormenta de cuerpos. Pueden probarlas en orden, desde la observación y el aprendizaje hasta el surgimiento de ideas y la creación de prototipos, aunque esta secuencia no es obligatoria. Cada nivel del juego les ayudará a romper con el patrón de analizar ideas en torno a la mesa de reunión y a conseguir que su equipo desarrolle cosas que funcionarán en el mundo real.

CÓMO JUGAR

La tormenta de cuerpos se desarrolla en tres fases.

Nivel 1: Observar

Vaya al lugar donde trabajará. Si está desarrollando una idea para un café, un centro comercial o un hospital, vaya allí y realice su trabajo como lo haría normalmente. El ambiente le mostrará las ideas y la información auténtica que, en una sala de reuniones y con una *gamestorming*, no aflorarían nunca.

Por ejemplo, digamos que un grupo es el encargado de mejorar la experiencia de los estudiantes en el campus universitario. Aunque podrían hacer entrevistas y otro tipo de investigación, estaría bien que empezaran yendo a diferentes campus y «se mezclaran» con el ambiente mientras desempeñan su trabajo habitual. Es importante que el grupo no dirija la atención hacia un análisis específico y que, en cambio, se muestre abierto hacia las señales que el entorno les presentará.

Nivel 2: Probar

Utilice las caracterizaciones y los accesorios de decorado para desarrollar una idea. En este ejercicio, un grupo representará físicamente una experiencia utilizando cualquier elemento que tenga a mano o que pueda adquirir. El grupo se centra en cómo debe interactuar entre sí, con su entorno y los componentes improvisados, probando las ideas existentes y descubriendo otras nuevas.

Por ejemplo, digamos que un pequeño grupo debe «reimaginar las noticias de la noche». Empleando a los demás como actores, al público, a los nuevos presentadores y la televisión en sí misma, sus miembros improvisan un guión que representará la experiencia como ellos conciben que podría ser.

1. Identifique y asigne los papeles protagonistas. En cualquier experiencia, identificar el papel de «cliente» o «usuario» es una buena forma de empezar. Este participante (o grupo de participantes) se convierte en el punto central o personaje principal de la tormenta de cuerpos.

   Los demás papeles principales se representarán de igual modo. «¿Quién quiere ser internet?» será una pregunta frecuente.

2. Improvise la experiencia. La tormenta de cuerpos es física y progresiva: a medida que el grupo empieza a poner sus pensamientos en acción, efectuará preguntas simples e importantes de forma natural, las representará y, a menudo, derivarán en cosas inesperadas. Por ejemplo, en el escenario de las noticias de la noche:

   • «Bien, entonces, ¿cómo ves las noticias de la noche?»
   • «No tengo tele. Además, normalmente salgo a correr.»
   • «Ah. ¿Te llevas el móvil?»
   • «Siempre, porque con él escucho música.»
   • «Bien, pues qué pasaría si sucediera esto... ¿Quién quiere hacer de teléfono?»
   • En un escenario completamente improvisado, el grupo debería tener en mente la norma principal del juego: basarse en las aportaciones de los demás. «Sí, y...» generará más progreso de pensamiento que una frase como «Sí, pero...».

En algunas sesiones de tormenta de cuerpos el grupo podría actuar de acuerdo con un guión preparado con antelación. En estos casos, planificar un número equitativo de accesorios para construir un ambiente es un aspecto crucial. Por ejemplo, si se trata de una cafetería, tenga un mostrador y unas cuantas sillas. Si es una zona de aparcamiento o de exterior, no dude en acudir a un espacio real.

Nivel 3: Reflexionar sobre lo que sucede y por qué
Al representar la experiencia, los participantes explorarán nuevas posibilidades de manera natural, y descubrirán defectos o presupuestos sobre cómo podría funcionar una idea. Este aspecto es valioso, tanto por el proceso en sí mismo como por lo que se deriva: al grabar el ejercicio en vídeo, los participantes podrán rebobinar para debatir sobre los puntos clave.

ESTRATEGIA

Escoja el nivel adecuado para la tormenta de cuerpos y el momento justo para el grupo. Puesto que este juego exige que los participantes den un gran paso más allá de la típica sala de reuniones y de su forma de pensar, primero necesitarán sentirse cómodos con sesiones más estructuradas, con guiones y personajes bien identificados, antes de lanzarse de lleno a la improvisación. En cualquier caso, el ejercicio en sí será más fácil de recordar que la habitual sesión de resolución de problemas, y ayudará a generar una empatía que surgirá de la experiencia «de personificación».

El término Tormenta de cuerpos *fue acuñado por Colin Burns en el CHI '94 en Boston, Massachusetts.*

Clasificación de tarjetas

OBJETIVO DEL JUEGO
Clasificar tarjetas es una práctica frecuente entre los arquitectos de información y los diseñadores. La emplean para recopilar y estructurar las entradas para una variedad de usos. Por ejemplo, al escribir en tarjetas la información de un sitio web, clasificarlas ayuda a crear categorías para la navegación y la arquitectura de conjunto. El método funciona tan bien para la creación de dispositivas destinadas a presentaciones como para cualquier punto en que se necesite clasificar y organizar la información de forma sensata.

Las aplicaciones de este método son numerosas, y en la práctica funcionan de manera similar a *La publicación* y al *Mapa de afinidad*. Sin embargo, la clasificación en tarjetas puede distinguirse de estos métodos. En primer lugar, éstas suelen prepararse con antelación, aunque los participantes quizá prefieran crear las suyas mientras clasifican. En segundo lugar, las tarjetas son componentes semipermanentes y pueden utilizarse como control para varios ejercicios con diferentes personas, con el objeto de encontrar patrones entre ellas.

NÚMERO DE JUGADORES
Se puede jugar en grupos pequeños o individualmente.

DURACIÓN
Treinta minutos o más, según el número de cartas y de participantes.

CÓMO JUGAR
Utilice fichas de 7,5 × 12,5 centímetros. Para un ejercicio de clasificación corriente, necesitará entre treinta y cien tarjetas en total; si emplea más, es posible que sobrecargue a los participantes, y con menos no aportarían la información adecuada, por lo que no merecería la pena el esfuerzo.

En cada tarjeta deberá haber una pequeña porción de información, la suficiente para que todos sepan de qué se trata, y nada más. Anotar demasiada información en una tarjeta supondrá que la clasificación se vuelva lenta, y en caso contrario, la falta de aquélla creará confusión y lentificará aún más el proceso.

Dé al grupo el mazo de tarjetas barajado y un montón de tarjetas en blanco. Describa a los miembros de cada uno el reto de la organización y pídales que clasifiquen las tarjetas por grupos. Si creen que hay algo que no está claro o que falta, podrán modificar la tarjeta o cambiarla por una nueva. Una vez hayan formado los conjuntos de clasificación, dígales que les pongan un título y los describan.

Hay variantes de clasificación: desde pedir al grupo que ordene los elementos de más a menos deseables u organizar las tarjetas en dos categorías como «se debe tener» o «sería bueno tener». También podría sugerir a los participantes que clasifiquen las tarjetas en un conjunto de categorías predefinidas, para que pongan a prueba su validez.

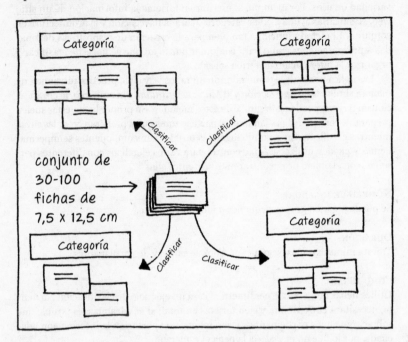

ESTRATEGIA

Aunque este juego no le revelará todo lo que necesita saber sobre un conjunto de información, sí le ayudará a descubrir cuál es el proceso de pensamiento de los participantes. En este sentido, está más centrado en las personas que en la información. Los patrones sólo aparecerán después de varios ejercicios de clasificación con varios grupos.

La clasificación de tarjetas es una práctica común entre los diseñadores y arquitectos de información y los diseñadores de sistemas complejos. Se desconoce su fuente actual.

Votación con puntos

En cualquier sesión de *gamestorming* llegará un punto en el que haya demasiadas ideas buenas, conceptos de sobra y excesivas posibilidades para avanzar. Cuando esto ocurra, la votación con puntos es una de las maneras más sencillas para establecer prioridades y llegar a una solución consensuada.

NÚMERO DE JUGADORES

Por lo menos tres participantes; en grupos grandes, el recuento de votos requerirá más tiempo.

DURACIÓN

Corta.

CÓMO JUGAR

Primero, el grupo necesita un conjunto de cosas sobre las que votar. Podría ser algo que haya desarrollado poco tiempo antes, como una pared llena de notas adhesivas, o tal vez una lista anotada en una pizarra que concentre las ideas en un sitio. Pida al grupo que emita sus votos colocando un punto junto a los elementos con los que se sienta más identificado. Pueden usarse adhesivos o rotuladores. Como regla de oro, cinco votos por cada participante es la cifra que funciona mejor.

1. Hackrónimos: Acrónimos comunes modificados por la comunidad. Ejemplo: BCE: Before the Common Error (antes del error común).

Los participantes votan a la vez y pueden elegir un elemento más de una vez si se sienten muy identificados con éste. Una vez emitidos todos los votos, haga un recuento y, si es necesario, elabore una lista de los elementos de acuerdo con el número de votos obtenidos.

Esta lista con orden de prioridad se convierte en el objeto de debate y toma de decisiones. En algunos casos puede ser útil reflexionar sobre las ideas que no han obtenido votos para verificar que no se han dejado atrás sin motivo.

ESTRATEGIA

Esta técnica se utiliza para dar prioridad a un conjunto de elementos en colaboración con los participantes. También podría emplearse para perfilar una lista de características, ponerse de acuerdo sobre los temas de debate o escoger entre estrategias y conceptos. Dar cinco votos a cada participante es suficiente para que el ejercicio tenga sentido, así como pedirles que establezcan sus prioridades de manera individual; no obstante, esta norma no es fundamental.

La fuente original del juego Votación con puntos *se desconoce.*

Mapa de empatía

OBJETIVO DEL JUEGO
El propósito de este juego es desarrollar un perfil de cliente o usuario con rapidez.

NÚMERO DE JUGADORES
De tres a diez participantes.

DURACIÓN
Entre diez y quince minutos.

CÓMO JUGAR
Los personajes ayudan a centrar la atención del grupo en las personas que forman parte de un proyecto, por lo general, el cliente o el usuario final. Pese a que la creación de un mapa de empatía no es un proceso riguroso y basado en la investigación que se requiere para desarrollar personajes, puede ayudar a conseguir con rapidez que el grupo se centre en el elemento más importante: las personas.

En este ejercicio, usted estará creando el estudio de una persona con el grupo. Empiece dibujando un gran círculo en cuyo interior haya espacio para escribir. Añádale ojos y orejas para que sea una gran «cabeza».

1. Pida al grupo que ponga un nombre a esa persona.
2. Etiquete las zonas que están alrededor de la cabeza con los verbos siguientes: escuchar, pensar, ver, decir, sentir y hacer.

3. Pida al grupo que describa —desde el punto de vista de esta persona— cuál es la experiencia de esta persona, utilizando las categorías de los verbos añadidos previamente.
4. El objetivo del ejercicio es crear un grado de empatía por la persona. No debería llevarles más de quince minutos. Pida al grupo que sintetice: ¿qué quiere esta persona? ¿Qué fuerzas le sirven de motivación? ¿Qué podemos hacer por ella?

ESTRATEGIA

Los participantes deberían tener soltura al «comprobar» el trabajo de los demás cuando se refieren al mapa de empatía. Cuando esto ocurre, deberían pensar: «¿Qué opinarán fulano y mengano?». Es bueno mantener el mapa de empatía a la vista durante el tiempo que dure el trabajo para utilizarlo como mecanismo de enfoque.

El juego Mapa de empatía *fue desarrollado por Scott Matthews, de XPLANE.*

Clasificación obligatoria

Objetivo del juego

A la hora de establecer prioridades es posible que un grupo necesite ponerse de acuerdo en una sola lista de elementos organizados. La clasificación obligatoria empuja al grupo a tomar decisiones, y cada elemento se ordena en función del resto. Éste es un paso importante al decidir sobre cuestiones como inversiones, prioridades empresariales y características o requisitos, y siempre que se necesite una lista clara y por orden de prioridad.

Número de jugadores

Grupos pequeños de entre tres y diez participantes.

Duración

Media a larga; de treinta minutos a una hora, según la longitud de la lista, los criterios y el tamaño del grupo.

Cómo jugar

Para empezar el juego es necesario que los participantes tengan dos cosas: una lista de elementos no clasificados y los criterios para ordenarlos. Puesto que la clasificación obligatoria comporta que el grupo juzgue los elementos con detenimiento, los criterios deberían ser lo más claros posible. Por ejemplo, al clasificar las características de un producto, los criterios podrían ser: «Características más importantes para el usuario X». En caso de desarrollar prioridades empresariales, el más adecuado sería: «El impacto más probable para el año próximo».

Dado que hay muchas formas de clasificar, es mejor hacerlo siguiendo los criterios separadamente y luego combinar las puntuaciones a fin de fijar la clasificación final. Para los participantes, resulta difícil considerar más de un criterio a la vez, como ocurre con la confusa frase: «El impacto más potencial del próximo año y la menor cantidad de esfuerzo durante los próximos seis meses». En este caso, es mejor clasificar estos aspectos en dos veces: una por impacto y la otra por esfuerzo.

A pesar de que no existe un límite estricto de elementos que deban clasificarse, en un grupo pequeño lo ideal es que sean unos diez. Esto permite a quienes intervienen que los juzguen uno por uno sin agobiarse. Al poner la lista completa en una pizarra blanca o en un papel a la vista de todos, los participantes tendrán más facilidad para clasificar una lista más larga.

Para jugar, cree una matriz de elementos y establezca los criterios. Cada participante clasificará los elementos asignándoles un número, en cuya lista el más importante empezará por el 1, el segundo en importancia recibirá el 2, y así sucesivamente, hasta llegar al menos importante. Puesto que la clasificación es «obligada», los elementos no pueden tener el mismo número.

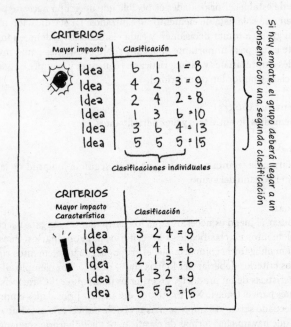

Una vez clasificados los elementos, haga un recuento y hable sobre la lista de prioridades y los pasos que seguirán a continuación.

ESTRATEGIA

Crear una clasificación obligada puede ser difícil para los participantes, pues requiere que efectúen evaluaciones clarísimas sobre un conjunto de elementos. En muchos casos, ésta no es la manera normal de operar para los grupos, ya que les resulta más fácil añadir elementos a las listas para coordinar tanto los puntos en los que están de acuerdo como aquellos en los que se ayudarán unos a otros. Conseguir que los participantes evalúen guiados por unos criterios claros es el objetivo de la clasificación obligatoria.

El origen del juego Clasificación obligatoria *es desconocido.*

La publicación

OBJETIVO DEL JUEGO

La meta de este juego es generar ideas y apuntarlas en silencio en notas adhesivas.

NÚMERO DE JUGADORES

Desde uno hasta cincuenta.

DURACIÓN

Desde diez minutos hasta una hora.

CÓMO JUGAR

Existen muchas formas de trabajar con las ideas utilizando notas adhesivas. Generar ideas es el juego más básico, y empieza con una pregunta ante la cual su grupo responderá con una *gamestorming*. Por ejemplo: «¿Cuáles son los posibles usos del producto X?».

Escriba la pregunta o el tema en una pizarra blanca. Pida al grupo que desarrolle una *gamestorming* individual, en silencio y escribiendo cada idea en una nota adhesiva. El silencio les permitirá pensar sin interrupciones, y poner los elementos en diferentes notas garantizará que luego se puedan mezclar y clasificar como pensamientos distintos. Después de cierto tiempo, pídales que peguen sus notas en la pizarra blanca y que las presenten rápidamente.

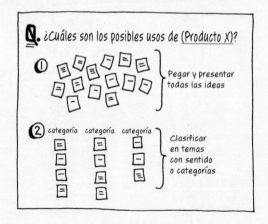

Si el elemento de algún miembro inspira a los demás para que escriban más, también podrán pegarlas en la pizarra, pero después de que todos hayan presentado sus ideas.

Estrategia

Generar ideas es una actividad de apertura, además de un primer paso. A partir de aquí, podrá crear un mapa de afinidad u organizar y establecer prioridades sobre los pensamientos.

El juego La publicación *está basado en los ejercicios que aparecen en* Rapid Problem-Solving with Post-it®, *de David Straker.*

Guión gráfico

OBJETIVO DEL JUEGO

Este juego exige que los jugadores prevean un futuro ideal en una secuencia, utilizando palabras e imágenes. La técnica de los guiones gráficos es tan versátil que puede emplearse para mostrar cualquier tema, no sólo un futuro ideal; pero es particularmente potente como ejercicio de pronóstico, pues permite a los jugadores que se imaginen y creen posibilidades. Éstos relatan una historia con un final feliz y plantan pequeñas semillas para un futuro diferente. También puede emplear los guiones gráficos para permitir a los empleados que describan su experiencia con respecto a un proyecto, mostrar enfoques en la resolución de un problema u orientar a los nuevos trabajadores sobre las políticas y los procedimientos. Sus usos están limitados únicamente por la imaginación.

NÚMERO DE JUGADORES

De ocho a veinte participantes.

DURACIÓN

Desde cuarenta y cinco minutos hasta una hora y media.

CÓMO JUGAR

Antes de reunirse, determine cuál será el tema en torno al que los jugadores modelarán su historia *ideal*. Una vez haya empezado la reunión, divídalos por parejas o en pequeños grupos de tres o cuatro personas, según el tamaño del conjunto. Deles rotuladores, cuadernos con anillado superior y atriles.

1. Explíqueles que el propósito del juego es contar a los demás jugadores una historia que les haga sentirse bien. El tema de la historia es: «El futuro ideal de [espacio en blanco]», y sirve para un equipo, un producto, la empresa o cualquier otra cosa que decidan de antemano. La labor de los jugadores consiste en describir visualmente el tema y narrarlo al grupo.

2. Después de que los grupos estén formados, deles entre veinte y veinticinco minutos para ponerse de acuerdo en un estado ideal; fijar los pasos que deberán seguir para llegar a ese estado, y dibujar cada uno de ellos como una secuencia de largas imágenes o escenas, una por página.

3. Dé a los jugadores un tiempo de dos minutos y una vez superado el tiempo, vuelva a reunirlos. Pida a los voluntarios que cuenten la historia primero.

4. Después de que todos los grupos hayan presentado sus historias, pregúnteles qué les ha inspirado lo que han escuchado. Tome nota de cualquier tema recurrente y si piden observaciones, puntos de vista o muestran su aprobación ante las historias.

ESTRATEGIA

Como líder de este juego, sea delicado con el hecho de que muchos asistentes a la reunión se extrañarán cuando les diga que la actividad incluye tener que hacer grandes dibujos. Tranquilícelos diciéndoles que la historia es lo importante del ejercicio y que las imágenes sirven de apoyo. Podrán utilizar las palabras como lemas para dar claridad a las imágenes y también podrán seleccionar al «artista» del grupo, para que así no todos tengan que dibujar (aunque es más divertido si se hace). Por último, recuérdeles que el tiempo asignado tampoco les permitirá crear a la manera de Da Vinci, por lo que las figuras sencillas funcionarán perfectamente.

Para el formato de presentación existen varias opciones. Los grupos de trabajo pueden colgar cada página de papel del atril en una fila alrededor de la sala y caminar junto a ésta mientras relatan la historia. También pueden pasar una a una las páginas del atril a medida que narran la historia. Otra opción sería colgar las páginas en filas y cubrirlas, y que uno de los miembros del grupo actuara como un asistente o una azafata de televisión para crear una serie de momentos de sorpresa. Recomiéndeles que lo hagan divertido, ya que no van a recibir ninguna nota por sus historias (aunque usted podría convertirlo en un concurso, si son personas competitivas). El proceso de crear y compartir las historias es lo que importa.

Walt Disney es el inspirador de esta actividad. Su necesidad de animar el cortometraje Steamboat Willie *en 1928 le condujo al proceso de crear guiones gráficos: una historia contada en forma de secuencia sobre una pared cubierta con un tipo de tabla especial. Descubrió que es una manera eficaz de hacer seguimiento a los progresos y mejorar las historias.*

Quién hace qué

La meta de este juego es generar una *gamestorming*, planificar y establecer prioridades para las acciones.

NÚMERO DE JUGADORES
De uno a diez participantes.

DURACIÓN
Entre veinte y cuarenta y cinco minutos.

CÓMO JUGAR
¿Quién quiere que haga alguna cosa? Casi cualquier esfuerzo de impacto sustancial requiere buscar la ayuda de los demás. Desarrollar una lista de QUIÉN + QUÉ es una manera sencilla de elaborar el proyecto.

1. Empiece por la visión. Escriba o visualice el gran objetivo.
2. Dibuje una rejilla con doble columna y escriba «QUIÉN» en la izquierda y «HACER» en la derecha.
3. Pregunte: ¿quién está trabajando para que esto vaya adelante? ¿Quiénes toman las decisiones? ¿Quién ha necesitado recursos? ¿Quién podría ser un obstáculo? ¿De quién necesitamos apoyo? Estos individuos o grupos conformarán su lista de QUIÉNES.
4. A menudo, completar la lista de HACER es más difícil. Para cada QUIÉN, pregunte: ¿qué necesitan hacer o hacer de forma diferente? ¿Qué acciones se darán para llegar al gran objetivo? Afine cada elemento de los QUIÉNES de la lista hasta que encuentre una acción deseada y medible para cada uno.

QUIÉN + HACER	
Patrocinadores	Donar 5.000 dólares por programa
Miembros de la junta	Recomendar tres nuevos patrocinadores
Vicepresidente de Desarrollo	Firmar la estructura de cada evento
↓...	↓...

Una vez hallados todos los elementos posibles de ambas listas, pregúntese cuáles son los más importantes. ¿Quién va primero?

ESTRATEGIA

Dirija su enfoque hacia la acción. Cuando se está realizando la *gamestorming* sobre los elementos de la columna HACER, la tendencia es acomodarse en la postura fácil que dice «sólo queremos que ellos entiendan». La mayoría de las veces, cuando uno quiere que las personas entiendan algo, es porque deseamos que cambien algo concreto o aprendan alguna cosa que ellas pueden «HACER». Pregúntese usted mismo, o a su grupo, «¿Qué ocurrirá cuando ya lo hayan entendido?». No desperdicie lo que en realidad está buscando: la acción.

El juego Quién hace qué *ha sido creado por Dave Gray.*

5

Juegos de apertura

Abrir es dar el primer paso hacia un espacio vacío. Los juegos de apertura están centrados en formar y describir los límites de ese espacio para después saltar de cabeza dentro de él. En algunos casos, encienden la chispa que genera un conjunto de ideas variado. En otros, definen con rapidez el espacio que debe ser explorado en tiempo y alcance.

Algunos son ejercicios completos independientes, y otros son bloques de construcción que pueden formar estructuras mayores.

Cuando uno se enfrenta a un espacio en blanco, la marca más difícil de hacer es la primera. Los juegos de apertura dejan esa huella y presentan el aluvión que llegará después.

Gamestorming 3-12-3

Este formato de *gamestorming* comprime lo esencial de una sesión de generación de ideas en un formato breve. Los números 3-12-3 hacen referencia al tiempo que se da a cada una de las tres actividades: tres minutos para generar un conjunto de observaciones, doce para combinarlas y convertirlas en conceptos amplios, y otros tres para presentarlos al resto del grupo.

Lo fundamental en este formato es respetar los tiempos asignados. El cronómetro fuerza la toma de decisiones espontáneas y en ráfaga, al tiempo que impide que se piense demasiado. Con esto en mente, un grupo que se entretiene normalmente en el proceso de pensar se beneficiará de este ejercicio, aunque le costará realizarlo.

Dada su corta duración (treinta minutos en total para un grupo de diez participantes), la *gamestorming* 3-12-3 puede utilizarse como actividad para proporcionar energía antes de iniciar un ejercicio más largo o como prueba independiente y que no funciona como actividad preparatoria. Tan bien funciona para generar nuevas ideas como para mejorar las que ya se tengan.

Número de jugadores

Éste es un ejercicio rápido que se vuelve más lento si se añaden más participantes. Con un máximo de diez jugadores trabajando como compañeros, la velocidad comportará que la actividad funcione como un generador de energía. Si son más de diez, es probable que sea necesario dividir el grupo en tríos, en vez de hacerlo por parejas, para evitar que se lentifique el ritmo.

Duración

Entre veintiún y treinta minutos, según el número de participantes.

Cómo jugar

Necesitará un tema sobre el cual quiera generar ideas, que se reduzca a dos palabras. Podría ser un problema existente, como «eficacia energética», o estar centrado en crear algo nuevo, como «televisión futura».

Aunque sería posible presentar las dos palabras como una pregunta de reto en toda regla; por ejemplo: «¿Cómo será la televisión del mañana?», es mejor evitarlo. Al centrar el tema en dos palabras que le den significado primero ayudará a originar un pensamiento sobre los aspectos que lo definen, antes de moverse hacia nuevos conceptos o proponer soluciones.

Para empezar el juego distribuya entre los jugadores fichas y rotuladores. Todos deberían tener un número de éstas a su alcance. El juego tendría que comenzar inmediatamente después de la explicación de las normas.

Tres minutos: generar un conjunto de aspectos. Durante los tres primeros minutos del ejercicio, los participantes deberán pensar en las características del tema y escribir tantas como puedan, aunque no más de una por ficha. Si los jugadores piensan en nombres y verbos que les vengan a la mente cuando piensen en el tema, o efectúan asociaciones libres, esto puede acelerar el proceso de pensamiento del grupo. Como en todas las *gamestorming*, no debe ponerse ningún filtro en esta fase, cuyo objetivo es obtener un amplio conjunto de aspectos en un breve espacio de tres minutos.

Doce minutos: desarrollar conceptos. En este punto, el grupo se dividirá en parejas. Cada equipo escogerá tres cartas del conjunto al azar. Con ellas, los equipos tendrán doce minutos para desarrollar un concepto y presentarlo al resto del grupo.

Si las dos palabras del tema son suficiente para explicar el reto, el reloj comenzará a correr y el equipo empezará a actuar. Si hay alguna duda, proponga una versión más detallada del objeto del tema, del tipo: «¿Cómo vamos a conseguir más eficacia energética durante el siguiente trimestre?».

Al desarrollar los conceptos presentados, los equipos pueden crear borradores, prototipos o cualquier otro elemento similar; la clave está en preparar algo para una presentación breve (de tres minutos como máximo) de su concepto.

Tres minutos: efectuar las presentaciones. Cuando se presente ante un grupo numeroso, los equipos podrán descubrir las tarjetas escogidas y cómo han influido en su forma de pensar. Una vez más, es importante respetar los tiempos: cada equipo tendrá un máximo de tres minutos para presentar su concepto. Una vez terminadas las presentaciones, el grupo al completo podrá reflexionar sobre las fichas que no se han dejado al descubierto.

ESTRATEGIA

La velocidad es la clave. Muchas técnicas de *gamestorming* corrientes pueden volverse lentas o echarse a perder por completo si el tiempo no es un elemento esencial, pese a que los participantes tengan las mejores intenciones. Además, la velocidad ayuda a probar el valor de lo que puede cumplirse en pequeñas sesiones; a veces, los aspectos importantes de las buenas ideas pueden captarse rápidamente y no requieren un debate farragoso previo.

Después de haber presentado los conceptos ante el resto de equipos, éstos deberán dar varios pasos. Tendrán que ahondar en un concepto individual o intentar integrar las ideas unas dentro de otras. Podrían votar o clasificar los conceptos para decidir en cuál emplear más tiempo de desarrollo. A menudo, los conceptos que surgen de este ejercicio son más fáciles de recordar para los participantes, que están sometidos al estrés del tiempo que corre para crear juntos.

El juego Gamestorming 3-12-3 *ha sido creado por James Macanufo.*

El antiproblema

Objetivo del juego

El juego del antiproblema ayuda a que los participantes arranquen cuando están perdidos. Es más útil cuando un equipo ya ha estado trabajando en un problema, pero se está quedando sin ideas para hallar soluciones. Si se pide a los jugadores que identifiquen las formas de solventar una dificultad contraria a la que les afecta en la actualidad, es más fácil ver dónde podría estar perdiéndose la solución actual o en qué se está aplicando una que resulta obvia.

Número de jugadores

De cinco a veinte participantes.

Duración

Entre treinta y cuarenta y cinco minutos.

Cómo jugar

1. Antes de la reunión, encuentre una situación que necesite ser resuelta o un problema que exija una solución.
2. Proporcione a los jugadores el material necesario: notas adhesivas, rotuladores, fichas, limpiadores de pipa, plastilina... Cualquier objeto que tenga en la oficina y que pueda servir para diseñar y describir soluciones.
3. Divida los grupos grandes en otros más pequeños de tres o cuatro personas y explíqueles qué deberán afrontar juntos: el antiproblema o el contrario al problema actual. (Por ejemplo, si el problema es la conversión de ventas, los jugadores podrían organizar una *gamestorming* para encontrar formas de conseguir que los clientes eviten comprar el producto.) Cuanto más extremo sea el asunto opuesto al problema, tanto mejor.

Actividad opcional: lleve una lista de problemas menores y reduzca el tiempo permitido para resolverlos. Que sea una competición en la que el grupo pueda obtener el mayor número de soluciones, aunque sean extravagantes.

4. Dé a los jugadores entre quince y veinte minutos para generar y presentar varias formas de resolver el antiproblema. Fomente las respuestas rápidas y un buen volumen de ideas. No hay soluciones erróneas.
5. Cuando se haya agotado el tiempo, pida a cada grupo que comparta sus soluciones al antiproblema. Deberán ponerse de pie y enseñar cualquier

creación visual que hayan elaborado en ese tiempo o pedir a los demás que se acerquen a su mesa para ver las soluciones.

6. Abra un debate para cualquier enfoque o descubrimiento que presenten los jugadores.

ESTRATEGIA

El objetivo de este juego es ayudar a los equipos a evaluar una dificultad de forma distinta y a romper con los patrones existentes; así pues, procure que el antiproblema sea más extremo de lo que realmente es, simplemente para que sus colaboradores se pongan a pensar, y no se preocupe si los jugadores no generan muchas soluciones viables o prácticas, o ninguna. Obviamente, éstas serían un regalo para el juego, pero la intención no es eliminar un problema complejo en media hora, sino proporcionarles un nuevo enfoque capaz de conducirles a una solución cuando tengan tiempo de pensar una vez terminada la reunión. O, puesto que este juego tiende naturalmente a adentrarse en una conversación sobre el problema real, usted podría emplear cualquier tiempo sobrante para iniciar esa conversación mientras se desarrollan las ideas de los jugadores. Nota: es probable que se produzcan algunos comentarios de sorpresa inesperados, ya que tal vez ciertas personas descubran que la solución que están aplicando en realidad está contribuyendo a empeorar el problema actual. ¡Ay, ay, ay...!

El juego Anti-Problem *está basado en la actividad* Reverse It, *de la página web de creación de juegos de Donna Spencer, <http://www.designgames.com.au>.*

Tormenta de escritos

Algunas de las mejores ideas surgen de la compilación de las de varios participantes. Este juego es una forma sencilla de generar ideas, compartirlas y, seguidamente, trabajar con ellas dentro de un grupo. El acceso a varias manos, varios pares de ojos y diversas mentes puede dar resultados especialmente interesantes.

NÚMERO DE JUGADORES
De cinco a quince participantes.

DURACIÓN
Entre treinta y cuarenta y cinco minutos.

CÓMO JUGAR
1. En un espacio visible para los jugadores, escriba un tema en torno al cual necesite que se generen ideas y dibújelo. Un ejemplo podría ser: «Programa de reconocimiento de empleados».
2. Distribuya unas cuantas fichas entre los jugadores y pídales que generen ideas relacionadas con el tema, siempre en silencio, y que las anoten.
3. A medida que completen cada idea, pida a los jugadores que pasen la tarjeta a la persona que esté a su derecha.
4. Cada jugador deberá leer la tarjeta que haya recibido y pensar en ella como si fuera una tarjeta de «simulación de ideas». Pídales que añadan una idea inspirada por la que acaban de leer o que mejoren la idea y la pasen al compañero de la derecha.
5. Siga este proceso de «tormenta de escritos» y de pase de tarjetas hasta que haya varias ideas en cada ficha.

Actividad opcional: pida a los jugadores que escriban una idea en un trozo de papel, que lo conviertan luego en un avión de papel y lo envíen volando a otro participante. El juego deberá seguir funcionando así hasta que cada avión contenga varias ideas. Concluya la actividad con los pasos 6 y 7.

6. Una vez los participantes hayan terminado de escribir, recoja todas las fichas y pida la colaboración de un ayudante para pegarlas en la pizarra, alrededor del tema y el dibujo correspondiente.

7. Pida al grupo que se acerque para revisar las ideas y dibujar estrellas junto a las que crean que son más convincentes. Inicie un debate.

Actividad opcional: cree una galería de ideas en la sala utilizando tablones y pizarras. Pida a los jugadores que escriban todas las ideas que puedan en el papel, que permanezcan en la sala y añadan otras a las aportadas por sus compañeros. Prolongue esta actividad hasta que cada hoja tenga una buena cantidad de ideas.

ESTRATEGIA

En un grupo promedio, los participantes extrovertidos tienden a dominar las intervenciones orales y, aunque sus aportaciones son en realidad importantes, puede dificultar la participación de los colaboradores más tímidos, que también tendrán algo valioso que ofrecer. Explique a los asistentes que existe una razón para que este juego deba practicarse en silencio. Ello brinda una oportunidad a los tímidos para que generen ideas sin tener que presentarlas oralmente ante el resto del grupo, y a usted le garantiza que conocerá la opinión de todos y cada uno de sus colaboradores. La tormenta de escritos también permite que las ideas afloren antes de ser criticadas, plantea un espacio para la creación conjunta, a fin de mostrarlas todas, y, por lo tanto, existen más opciones de continuar.

El juego Tormenta de escritos *está basado en la actividad del mismo nombre del libro* Thinkertoys, *de Michael Michalko. Horst Geschke y sus asociados del Instituto Batelle de Frankfurt, Alemania, desarrollaron una variedad de estas técnicas de pensamiento creativo a las que se refirieron como «tormenta de escritos».*

Mapa de contexto

Hasta que no tenemos un contexto más amplio de la situación, no somos capaces de captarla bien. El mapa de contexto, por lo tanto, está diseñado para mostrarnos los factores externos, las tendencias y las fuerzas que rodean a la empresa, porque, una vez tengamos una visión sistémica del ambiente exterior en el que nos movemos, estaremos mejor equipados para responder de forma proactiva ante dicha situación.

Número de jugadores
De cinco a veinticinco participantes.

Duración
Entre cuarenta y cinco minutos y una hora y media.

Cómo jugar

1. Cuelgue seis hojas de papel en una pared en dos filas y formando tres columnas.
2. En la segunda lámina de la primera fila dibuje la empresa que será objeto del debate. Puede ser algo tan sencillo como una imagen del edificio de oficinas de la empresa o la imagen de un globo terráqueo que represente el mercado global. Ponga una etiqueta al dibujo o a la escena.
3. En la misma lámina, en la parte superior izquierda, escriba las palabras «FACTORES POLÍTICOS». En el lado superior contrario escriba «CLIMA ECONÓMICO».
4. A continuación, en la lámina de la izquierda de la primera fila dibuje varias flechas que apunten a la primera lámina esbozada. Etiquétela con el título «TENDENCIAS». Deje un espacio en blanco detrás del título, de modo que pueda añadir un calificativo más adelante.
5. Ahora, en la lámina de la derecha de la fila superior, dibuje otras flechas que apunten a la lámina central (hacia la izquierda). El título de esta última también será «TENDENCIAS». Una vez más, deje un espacio en blanco tras el título para añadir un calificativo más adelante.
6. En la fila inferior, en la lámina de la izquierda, dibuje de nuevo unas flechas que apunten hacia arriba y a la derecha. El título de esta lámina debe ser «FACTORES TECNOLÓGICOS».
7. En la lámina central dibuje una imagen que represente a sus clientes y titúlela «NECESIDADES DE LOS CLIENTES».

8. En la lámina inferior derecha, dibuje una nube con un rayo o una persona con un par de signos interrogantes sobre la cabeza. El título de esta lámina debe ser «INCERTIDUMBRES».

9. Presente el mapa de contexto al grupo. Explíqueles que el objetivo de rellenar el mapa es hallar sentido a la gran panorámica en la que opera su empresa. Pregunte a los participantes qué categoría del mapa les gustaría debatir primero, pero que no sea «TENDENCIAS». Inicie el debate seleccionado para empezar a recoger comentarios y puntos de vista. Anote todo lo que se diga en el espacio creado para esa categoría.

10. A partir de las indicaciones de su grupo o guiado por su propio sentido de dirección, proponga pasar a otra categoría y pida al grupo que aporte sus ideas. Siga rellenando el mapa de contenido hasta que cada categoría esté completa (excepto «TENDENCIAS»).

11. Las dos categorías de «TENDENCIAS» pueden ser calificadas por el grupo, por lo que deberá organizar una pequeña encuesta para determinar el tipo de tendencias sobre las que les gustaría debatir. Éstas podrían ser *online*, demográficas o de crecimiento, entre otras. Mientras ayuda a que los jugadores lleguen a un acuerdo sobre las calificaciones de las tendencias (dirija una votación con puntos o a mano alzada, si es necesario), anótelas en el espacio en blanco tras los títulos «TENDENCIAS». Después, continúe con el proceso de recabar contenidos y escríbalos en el espacio indicado para tal fin.

12. Con el grupo, resuma todas las ideas aportadas y pídales que lleven a cabo sus observaciones, indiquen cuál es su enfoque, den su aprobación a las ideas aportadas y muestren sus preocupaciones en relación con el mapa de contexto.

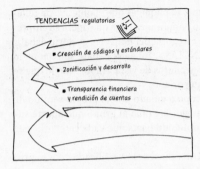

TENDENCIAS regulatorias

- Creación de códigos y estándares
- Zonificación y desarrollo
- Transparencia financiera y rendición de cuentas

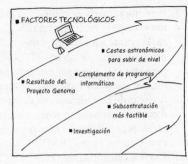

FACTORES TECNOLÓGICOS

- Costes astronómicos para subir de nivel
- Complemento de programas informáticos
- Resultado del Proyecto Genoma
- Subcontratación más factible
- Investigación

NECESIDADES DEL CLIENTE

2 se espera seguir en el camino de crecimiento

Control de contaminación   transporte público

se quiere más por menos 14

7 servicios y operaciones mejorados

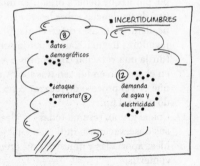

INCERTIDUMBRES

8 datos demográficos

¿ataque terrorista? 3

12 demanda de agua y electricidad

Estrategia

Cada jugador tendrá que decidir si elabora una panorámica del ambiente en el que se siente. Sin embargo, usted, como líder de la reunión, puede ayudarles a generar contenidos al formularles preguntas inteligentes y que les induzcan a pensar. Si es necesario, dirija una investigación o convoque a los empleados para una entrevista. La idea es representar un contexto tan rico y preciso como sea posible, de manera que los participantes adquieran información sobre su entorno y, en consecuencia, puedan moverse en él de forma proactiva en vez de reactiva. Los jugadores pueden rellenar las categorías —excepto las de «TENDENCIAS»— del mapa en cualquier orden, por lo que le resultará interesante anotar cuál es su punto de partida y prestar atención al aspecto en el que se centran o sobre el cual generan más contenido; ambos pueden indicar dónde reside su energía. No obstante, tenga en cuenta que esta actividad se dirige a generar una visualización del ambiente externo, no del interno. Por lo tanto, si nota que el debate se desvía hacia el análisis del contexto interno, recondúzcalo al exterior. Existen otros juegos para las dinámicas internas. Éste debería dar como resultado una panorámica holística del paisaje empresarial externo y mostrar al grupo dónde puede concentrar sus esfuerzos para obtener resultados estratégicos.

Este juego está basado en la Leader's Guide to Accompany the Context Map Graphic Guide® *©1996-2010 The Grove, de The Grove Consultants International.*

La historia de la portada

OBJETIVO DEL JUEGO

Éste es un juego sobre imaginación en estado puro. El objetivo es pensar de forma expansiva sobre un estado de futuro ideal para la empresa; es un ejercicio para crear visión. La meta del juego es interrumpir cualquier sombra de escepticismo e imaginar un estado futuro tan estelar que comportara que el nombre de su empresa aterrizara en la portada de una conocida revista. Los jugadores tendrán que actuar como si el futuro ya estuviera sucediendo y los principales medios de comunicación hubieran informado de él. Merece la pena jugar a esta actividad porque no sólo anima a los participantes a «pensar a lo grande», sino que en realidad planta las semillas para un futuro que quizá sería imposible antes del juego.

NÚMERO DE JUGADORES

No hay límite.

DURACIÓN

Depende del número de jugadores, pero el máximo debería ser de noventa minutos.

CÓMO JUGAR

1. Antes de la reunión, dibuje unas plantillas a gran escala que incluyan las categorías que se muestran en la siguiente imagen. No es necesario que su plantilla sea idéntica a la de este libro, puede ser creativo con la imagen central y la composición. Asegúrese simplemente de mantener todas las categorías. El número de plantillas que cree dependerá del tamaño del grupo. Permita que sean entre cuatro y seis personas las que trabajen juntas con una misma plantilla.

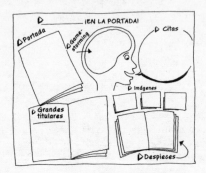

2. Explique el objetivo del juego a los participantes y defina cada categoría de la plantilla:

- La «portada» explica la GRAN historia de su éxito.
- Los «titulares» transmiten la sustancia de la historia de la portada.
- Los «despieces» revelan facetas interesantes de la historia de la portada.
- Las «citas» pueden ser de cualquiera, siempre que estén relacionadas con la historia.
- La *gamestorming* es para documentar las ideas iniciales de la historia de la portada.
- Las «imágenes» son para dar soporte al contenido con ilustraciones.

3. Divida a los jugadores en grupos de entre cuatro y seis personas y asegúrese de que tienen rotuladores y una plantilla por grupo. Dígales que para rellenarla puede escribir un miembro del grupo o hacerlo entre todos.
4. Pida a los jugadores que imaginen el escenario más optimista para su empresa y que lo lleven un paso más allá. Indíqueles que pasen cinco minutos imaginando sus propias historias antes de trabajar en conjunto para escoger una. Los equipos dispondrán de entre treinta y cuarenta y cinco minutos para generar su «historia del año» y representarla en su propia plantilla.
5. Reúna de nuevo a todos los participantes y pida a los voluntarios que representen en primer lugar sus visiones. Cada equipo tendrá entre cinco y diez minutos para compartir lo que ellos imaginaron que aparecería en los medios.
6. Anote todos los temas de visión comunes y los puntos en los que estén de acuerdo. Pida a los participantes que aporten sus observaciones, enfoques y preocupaciones sobre ese estado futuro.

Actividad opcional: pida a dos jugadores que interpreten una entrevista basada en el contenido de su propia «Portada», como si la revista hubiera enviado a un reportero a entrevistar a algún personaje importante de la historia.

ESTRATEGIA

Este juego trata sobre el sueño más salvaje de una empresa, ¡cosa que en realidad ha ocurrido! Así pues, cuando lo organice, como líder de la reunión, hable con entusiasmo sobre sus «éxitos» utilizando los tiempos verbales del pasado. Anime a los jugadores a que empleen el pasado en la *gamestorming* y en la creación de la historia, y no permita que el grupo se plantee el modo de análisis. En este juego no intervienen la lógica, ni el pragmatismo, ni los parámetros. Es un ejercicio abierto, de pensamiento creativo, así que advierta a los jugadores que no se fíen de ningún «control de la realidad» que provenga de otro jugador. Mientras los pequeños grupos presenten sus visiones al resto de éstos, anote y debata sobre cualquier tema común que pudiera surgir. Estos asuntos, por muy fantasiosos que parezcan, son muy representativos, porque los puntos comunes ponen de relieve los anhelos compartidos y también plantan las semillas para las posibilidades reales. Si este juego forma parte de un proceso grupal más largo, cuelgue las visiones en las paredes de la sala para que sirvan de puntos de referencia para continuas ideas e inspiración.

Este juego está basado en la Leader's Guide to Accompany the Cover Story Vision Graphic Guide® ©*1996-2010 The Grove, de The Grove Consultants International.*

Dibuja el problema

OBJETIVO DEL JUEGO

En un día cualquiera, damos prioridad a los problemas que acaparan nuestra atención. Los que son vagos o mal entendidos resultan más difíciles de digerir desde el punto de vista de las pruebas internas que evalúan lo que sucede y, como resultado, se quedan sin resolver. A menudo, las reuniones que se convocan para solucionar problemas pasan por alto este paso fundamental: defender éstos de manera que no sólo sea clara, sino lo suficientemente convincente para que los colaboradores se preocupen por resolverlo.

Poner en práctica este breve ejercicio de dibujo al principio de una reunión conseguirá que se cierren los portátiles y los participantes cooperen con sus aportaciones.

NÚMERO DE JUGADORES

Funciona mejor con grupos pequeños de entre seis y diez participantes.

DURACIÓN

De veinte a treinta minutos.

CÓMO JUGAR

Cada participante debería tener una ficha grande o dos láminas de tamaño A3. Después de mencionar el tema de la reunión, pida a los jugadores que piensen en lo que tienen que resolver. Mientras lo hacen, indíqueles que escriban una lista de elementos que ayuden a explicar el problema. Por ejemplo, quizá podrían pensar en «un día en la vida» de aquél o en un elemento que lo represente como un todo.

El problema:
el canal de distribución
está siendo maltratado.

1. La población de servicios crece exponencialmente
2. También su poder de compra
3. La infraestructura está cambiando la forma
4. Demandas de los consumidores respetuosos con el medio ambiente
5. Aumento en los micromercados

(cara frontal de la ficha)

Después de unos cuantos minutos pensando y reflexionando, pida a los participantes que dibujen el problema en el dorso de la ficha, tal como ellos lo explicarían a un compañero. Pueden esbozar un sencillo diagrama o algo más metafórico; no hay premios ni castigos por los buenos o malos dibujos. Éstos deberían ayudar sólo a explicar el problema.

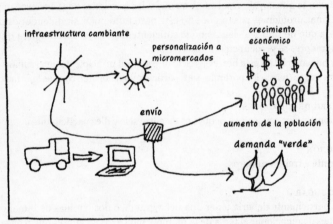

(dorso de la ficha)

Cuando todos hayan terminado, indique a los participantes que cuelguen sus dibujos en la pizarra y se los expliquen entre sí. Mientras el grupo realiza esta parte del ejercicio anote todos los elementos comunes. Al concluir este cometido, el grupo debería reflexionar sobre las similitudes y diferencias, y trabajar juntos hacia un entendimiento compartido acerca de cómo ve el problema cada uno de sus miembros.

ESTRATEGIA

Este ejercicio de calentamiento no consiste en hallar una definición del problema que satisfaga a un ingeniero, sino que más bien se trata de conseguir que los participantes definan el reto de forma simplificada. Es un primer paso para reunir a un grupo a fin de que trabaje hacia un objetivo común para elevar el problema a un nivel superior en el que se preocupen por solucionarlo.

El juego Dibuja el problema *ha sido creado por James Macanufo.*

La pecera

OBJETIVO DEL JUEGO

A veces, en las reuniones se dan cita interlocutores que no están familiarizados con los puntos de vista de los demás asistentes o que no están acostumbrados a escuchar sin ofrecer una respuesta inmediata. En algunos casos, es posible incluso que estén acudiendo a una reunión por primera vez. En situaciones como éstas, no es sorprendente que para algunas personas resulte difícil adaptarse a una conversación rica y con sentido. El juego de *La pecera* es una forma eficaz de captar la atención y de aplicar nuestras habilidades naturales para escuchar y observar, de manera que pueda desarrollarse un diálogo trascendente.

NÚMERO DE JUGADORES

Para grupos medianos y grandes.

DURACIÓN

Entre cuarenta y cuarenta y cinco minutos.

CÓMO JUGAR

1. Antes de la reunión piense en un tema que pueda utilizarse para un debate en grupo y anote posibles preguntas que estén relacionadas con aquél.
2. Encuentre una sala con bastante espacio abierto y despeje el sitio, dejando únicamente las sillas.
3. Cree un folleto parecido a éste:

Para el OBSERVADOR : 👂 + 🗣 + ✋	
Punto 1	Pruebas
Punto 2	Pruebas
Punto 3	Pruebas
Punto 4	Pruebas

4. Coloque las sillas de modo que formen dos círculos concéntricos, como en el dibujo mostrado a continuación. En el círculo interior deben sentarse los participantes que intervengan en la conversación, mientras que los del círculo exterior actuarán como observadores.

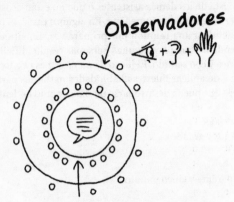

Observadores

Jugadores que intervienen en la conversación

5. Presente el juego y asigne los papeles de «observador» y «jugador» a cada persona. Reparta a cada participante un bolígrafo y un folleto (pero no olvide mencionar que el folleto sólo lo utilizarán quienes actúen como observadores). Pídales que se sienten en el círculo correspondiente al papel que les haya sido asignado.
6. Anuncie el tema del juego y pídales que empleen quince minutos en debatir acerca de él. Utilice las preguntas que haya anotado antes de la reunión para iniciar la conversación y mantenga el ritmo. Asegúrese de que los jugadores sepan que su única responsabilidad es conversar dentro del círculo. De igual manera, compruebe que los observadores saben que su papel consiste en prestar atención y anotar en los folletos todos los puntos de la discusión y las pruebas que surjan de la conversación.
7. Una vez transcurridos los quince minutos, indique a todos los participantes que inviertan sus papeles y que cambien de sitio. Los observadores pasarán a ser conversadores y viceversa. Inicie otra conversación de quince minutos sobre el mismo tema o cualquier otro.

8. Cuando ambos debates hayan terminado, pida voluntarios para que compartan la información recopilada y anímeles a describir sus experiencias en ambos círculos.

ESTRATEGIA

Las personas saben muy bien cómo conversar; a lo que la mayoría de nosotros no estamos acostumbrados es a escuchar, observar y ser responsables de nuestras observaciones. El juego de *La pecera*, por lo tanto, consiste en desarrollar estas habilidades educativas que a muchos de nosotros se nos han ido oxidando. Así, pese al hecho de que puede parecer que la acción tiene lugar en la conversación de los jugadores, en realidad sucede en el círculo exterior, con los observadores. Como líder del grupo, aclare a los miembros de éste que se trata de un ejercicio para escuchar y observar. Si hubiera un sistema de calificación (cosa que no sucede), los puntos los recibirían quienes registraran con más precisión la conversación desarrollada en el círculo interior, y no los que hicieran más comentarios durante el debate. Pregunte a los miembros del grupo cuál ha sido su experiencia estando en silencio y prestando atención. ¿Qué ha sido lo más difícil? ¿Ha resultado fácil? ¿Cómo ha afectado el ejercicio a su percepción sobre el tema y los demás jugadores? Utilice este ejercicio como transición rápida hacia un intercambio intenso entre interlocutores.

El juego La pecera *está basado en las ideas de la* Facilitator's Guide to Participatory Decision-Making, *de Sam Kaner et al.*

Analogía obligatoria

OBJETIVO DEL JUEGO
Los seres humanos entendemos las cosas porque las agrupamos con otras de características y funciones similares. Un avión es parecido a un helicóptero, porque son aparatos que vuelan. Ambos tienen más similitud con un pájaro —que también vuela— que con una lombriz, un animal que repta y excava túneles en la tierra. El juego *Analogía obligatoria* rompe con estas categorías fuertemente arraigadas y nos permite ver las cosas desde un ángulo distinto, nos abre nuevas posibilidades ante la resolución de problemas y la generación de ideas.

NÚMERO DE JUGADORES
De uno a diez participantes.

DURACIÓN
Entre quince minutos y una hora.

CÓMO JUGAR
Los participantes armarán el ejercicio creando una lista aleatoria de elementos: animales, objetos o personas. Escríbalos en fichas individuales. Detalle algunas de las cualidades o atributos de cada elemento. Por ejemplo, «un avión vuela por el aire, se mueve por rutas predefinidas y tiene un piloto automático». Asimismo, un roble se distinguiría por la estructura que forman sus ramas, sus profundas raíces y su capacidad para crecer a partir de una semilla muy pequeña. Luego mezclarán las fichas y las repartirán al azar. Después las emplearán para encontrar analogías para el problema o el tema planteado, y se harán las preguntas siguientes:

- ¿En qué se parece este problema a [objeto aleatorio]?
- ¿Cómo solucionaría este problema con [objeto aleatorio]?

También pueden trabajar una analogía como grupo, por ejemplo: «¿Cómo utilizaríamos un clip para resolver nuestro problema de integración de datos?».

ESTRATEGIA
Una lista de objetos verdaderamente aleatoria derribará las fronteras de la mentalidad del grupo y creará nuevas perspectivas. Si es necesario, la lista puede elaborarla una persona ajena a los participantes e imparcial, antes de empezar el juego.
La fuente del juego Analogía obligatoria *es desconocida.*

Mermelada gráfica

Las palabras son más difíciles de visualizar cuando se vuelven menos literales. Por ejemplo, las palabras «ordenador» y «corbata» nos remiten a imágenes inmediatas. Sin embargo, las palabras «estrategia» y «justicia» son más abstractas y se prestan a interpretaciones visuales más amplias. *Mermelada gráfica* es un juego de visualización multiusos que podrá dirigir antes de presentar cualquier otro como calentamiento previo, pero también es útil en sí mismo. Visualizar conceptos abstractos sirve de apoyo para crear logotipos, diseñar presentaciones y páginas web, así como para desarrollar metáforas destinadas al aprendizaje virtual, por citar algunos ejemplos. Ayuda a ejercitar la parte visual del córtex —que alberga el 75 por ciento de nuestras neuronas sensoriales— y llega a zonas de nuestras mentes que no suelen accionarse en un típico escenario empresarial. ¿Por qué sucede esto? Porque el mundo de la empresa se está volviendo más complejo. Ser capaces de emplear nuestros ojos mentales para ver y mostrar los problemas y, por lo tanto, también las soluciones, será una habilidad codiciada.

Número de jugadores
Entre cinco y quince participantes.

Duración
Desde treinta minutos hasta una hora.

Cómo jugar
1. Disponga una superficie plana, amplia y blanca para este juego. Los participantes necesitarán notas adhesivas y fichas.
2. Pídales que, en uno o dos minutos, escriban *en las fichas* las palabras que les resulten difíciles de conceptualizar y dibujar, como «calidad» o «trabajo de equipo». En cada ficha deberá aparecer sólo una palabra.
3. Recoja todas las fichas, mézclelas y saque una del mazo. Léala en voz alta y péguela en el espacio en blanco.
4. Pida a los jugadores que reflexionen sobre la palabra y dibujen una representación visual en una nota adhesiva, de manera que pueda pegarse en la pared. Deles entre dos y tres minutos para hacerlo.
5. Permita que los jugadores se acerquen a la pizarra blanca y peguen sus notas adhesivas debajo de la ficha con la palabra relacionada.
6. Repita los pasos 3, 4 y 5 hasta que todas o la mayoría de las palabras se hayan

leído en voz alta. Si formula algunas repetidas o sinónimos de las que ya hayan aparecido, formúlelas de nuevo hasta que obtenga un concepto fresco.

7. Al final del juego, tendrá una galería de conceptos visualizados. Pida al grupo que emplee tiempo para observar cómo los demás han interpretado las palabras.

8. Refiérase a las notas adhesivas y dirija un debate grupal en el que pregunte lo que significan determinadas imágenes y cómo el artista ha relacionado esa imagen con la palabra leída en voz alta. Inste a los jugadores a que conversen sobre qué vocablos fueron más fáciles de visualizar y el motivo. Cierre el debate con la pregunta: «¿Cómo podrían aplicar las habilidades de visualización en su vida diaria y en el trabajo?».

(detalle de un resultado visual)

ESTRATEGIA

Es muy probable que las palabras aportadas por los jugadores se encuentren en el extremo opuesto a lo abstracto. Fíjese en que la cantidad de tiempo que necesitará para este juego dependerá del número de participantes, así como de cuántas palabras genere cada uno de ellos y de la complejidad de los conceptos. Utilice su juicio para determinar la duración de una sesión de *Mermelada gráfica*, y cuando haya decidido que es momento de terminarla pregunte a los miembros del grupo si hay algún concepto urgente que les gustaría visualizar. En este caso, emplee unos cuantos minutos más. Una vez concluido el juego, dé a los jugadores la oportunidad de charlar entre sí sobre los procesos creativos y las técnicas que utilizan para evocar las ideas y la imaginación.

Un apunte importante: el ritmo de este juego puede redoblarse instaurando un tiempo límite más corto para que quienes intervienen en él dibujen sus representaciones de las palabras. Para cada una, deles un tope de treinta segundos y comprobará cómo aumenta el nivel de energía en la sala. En realidad, no se trata de una competición, pero las personas responderán de ese modo, y la ronda de treinta segundos podrá concluir con resultados fuertes o, cuando menos, divertidos.

El juego Mermelada gráfica *está inspirado en la actividad del mismo nombre, creada por Leslie Salmon-Zhu, cofundadora del International Forum of Visual Practitioners.*

Técnica heurística

OBJETIVO DEL JUEGO

En este sencillo juego los participantes utilizarán una matriz para generar nuevas ideas u otros enfoques para una solución. El juego toma su nombre de tres heurísticas —o reglas de oro— para originar ideas:

- Una idea puede surgir de la nueva mezcla de los atributos de otra ya existente.
- Una nueva se entiende mejor si se describen sus dos atributos esenciales.
- Cuanto más diferente o sorprendente sea la combinación de dos atributos, más convincente será la idea.

NÚMERO DE JUGADORES

De uno a diez participantes.

DURACIÓN

Desde quince minutos hasta dos horas.

CÓMO JUGAR

Para organizar el juego, los participantes deciden entre dos categorías de atributos que definirán su matriz. Por ejemplo, un fabricante de juguetes podrá observar su línea de productos según la clase (vehículos, figuras y muñecos, puzles e instrumentos) y el tipo de juego (carreras, simuladores, construcción). Los participantes emplearán estas listas para rellenar la matriz, y crearán así una rejilla de nuevas combinaciones posibles.

IDEAS JUGUETES	Vehículos	Muñecos	Puzles	Instrumentos
Carreras	Coches teledirigidos	Con mecanismo de cuerda	Puzle de velocidad	¿? ¿? ¿?
Simuladores	Simulador de vuelo	Muñeca de vudú	¿? ¿? ¿?	«Únete a la banda»
Construcción	Modelo para montar	Para pintar	3-D	Construye un instrumento

Al jugar, los participantes recorrerán todas las celdas en busca de combinaciones sorprendentes o inusuales. Éstas serán las semillas de las nuevas ideas.

Estrategia

A veces, merece la pena examinar más de cerca algunas combinaciones que a simple vista pueden parecer absurdas: un juguete que combina piezas de puzle con un elemento de carreras podría parecer contraproducente, pero existen juegos clásicos que giran en torno a ese principio. Después de haber recorrido la matriz para hallar esas combinaciones, un grupo puede desarrollar prototipos o esbozos rápidos que exploren las posibilidades. Tenga en cuenta que los Gi-Joe cobraron vida conceptualmente como «muñecos para niños».

La técnica empleada en este juego fue documentada por Edward Tauber en su informe del año 1972, «HIT: Heuristic Ideation Technique, A Systematic Procedure for New Product Search».

Mapa histórico

Como es natural, las empresas tienen puesta su mirada en el futuro para anticipar el progreso. Sin embargo, el pasado puede aportar tanta información como el futuro. Cuando una compañía pasa por un cambio sistémico o cultural, documentar su historia se convierte en un proceso importante. Al recopilar y visualizar los componentes históricos, necesariamente descubrimos, reconocemos y apreciamos lo que nos ha llevado al punto actual. Somos capaces de ver el pasado como una luz que guía o como un camino de corrección para nuestro futuro. El juego *Mapa histórico* induce a crear un mapa de los momentos y las mediciones que dieron forma a la firma. También es una excelente manera de acercar la historia y la cultura de la empresa a los nuevos trabajadores durante los períodos de rápido crecimiento.

NÚMERO DE JUGADORES
Desde diez hasta cincuenta participantes.

DURACIÓN
Desde treinta minutos hasta una hora y media.

CÓMO JUGAR
1. Con la ayuda de papel y rotuladores dibuje una línea del tiempo en la parte inferior de varias hojas. Uniendo la línea, cuelgue los papeles bordeando las paredes. Escriba los años debajo de la línea de tiempo y añada un punto de partida adecuado; no viaje setenta y cinco años atrás a menos que sea necesario. Escoja un incremento de tiempo mayor, con ventanas de entre cinco y diez años, si su empresa tiene una larga historia, y asegúrese de dejar espacio necesario entre los años para escribir, dibujar y colgar contenido. Deje un poco más de espacio para los años que sus colaboradores conocen mejor y para los de crecimiento significativo o de cambios en la compañía.
2. Pida a cada jugador que escriba su nombre y dibuje un autorretrato en una nota adhesiva, y péguela en la pared, justo encima del año en que entraron a formar parte de la firma. Cuando los participantes se acerquen a la pared, formúleles preguntas y anímeles a contar la historia de sus primeras impresiones en la sociedad o los motivos que les llevaron a entrar en ella. Fíjese cuando los «veteranos» se acerquen a la pizarra. La riqueza de su experien-

cia puede educar al grupo, así que asegúrese de pedirles que compartan una historia. Nunca realice un mapa histórico sin los veteranos.

Actividad opcional: antes de que cuelguen su nota adhesiva, pida a los miembros del grupo que se pongan de pie y que formen una línea del tiempo en función del año en que entraron a trabajar en la empresa. Deje que descubran quién subió a bordo en qué momento y que la línea se organice a tenor de estas conversaciones de descubrimiento. Pregúnteles acerca de sus pensamientos y observaciones una vez esté formada la línea.

3. Pregunte al grupo sobre los elementos siguientes y construya el mapa histórico trazando sus respuestas mediante el uso de texto e imágenes:

- Éxitos de la empresa.
- Lecciones aprendidas.
- Cambios en el liderazgo y la visión.
- Cambios culturales.
- Tendencias en el mercado.
- Reorganizaciones estructurales.
- Fluctuaciones de las regulaciones.
- Cambios en ingresos y número de empleados.
- Grandes proyectos.

4. Si no le convence dibujar de manera improvisada, invente unos iconos antes de la reunión; con ellos podrá catalogar los acontecimientos para un reconocimiento visual fácil. Por ejemplo, puede utilizar estrellas para destacar los éxitos, flechas para los aumentos y descensos en ingresos o empleados, una caja de herramientas para los proyectos, etc. A medida que añada contenido, remítase a los elementos que esté añadiendo y formule preguntas abiertas sobre ellos para que la conversación fluya.

5. Resuma los hallazgos y pregunte a los jugadores qué han aprendido y por qué creen que la historia de la empresa es importante. Busque patrones emergentes en la vida de la compañía y relacione oralmente la historia con el futuro. Pida a los participantes que expresen sus pensamientos, sentimientos y observaciones.

Estrategia

Crear un mapa histórico debería ser una experiencia agradable para el líder de la reunión y los asistentes. Es un momento para contar cuestiones relativas a la empresa, reflexionar y apreciar la vida y la experiencia de la misma. Cuando esté ayudando al grupo a documentar la historia, emplee un tono de apoyo y fomente la camaradería, que los presentes cuenten anécdotas y sean honestos, incluso con respecto a los tiempos difíciles. Si ve que la reunión se alarga de forma relativa, deje colgado el mapa histórico para que los jugadores puedan revisarlo durante una pausa y siga teniendo vida. Deje que la historia se construya aunque usted no esté dirigiendo una sesión. A fin de que la construcción del mapa sea logísticamente más fácil para usted, como líder de la reunión, siga estos consejos:

- Sea siempre consciente del nivel de memoria institucional mientras estén desarrollando una actividad. Si está dirigiendo un juego que podría funcionar mejor con empleados experimentados, inclúyalos. En cambio, si lo que se necesita es una mirada nueva e ideas frescas, incluya a empleados noveles. Preste atención al nivel de conocimiento y experiencia de los jugadores, pues estará relacionado con el resultado deseado. Utilice en el mapa histórico en logotipo de la empresa y escriba antes de la reunión una frase que resuma la visión actual y la cultura de la entidad.

- Dibuje algunos sucesos importantes en el mapa antes de la reunión para que funcionen como motores para iniciar la conversación.
- Use notas adhesivas para los momentos en que las personas no estén seguras de las fechas o las medidas, y así usted pueda registrar información más precisa más tarde.

El juego del Mapa histórico *está basado en la* Leader's Guide to Accompany the Graphic History Graphic Guide® ©*1996–2010 The Grove, de The Grove Consultants International.*

Imagen-acción

Generar nuevas ideas sobre un tema con el que se sienta estancado.

Número de jugadores
De cinco a siete participantes por grupo.

Duración
Desde quince minutos hasta una hora.

Cómo jugar

1. Antes de la reunión, recopile unas cuantas fotografías e imágenes que no contengan palabras. Puede recortarlas en revistas, catálogos o propaganda que reciba por correo. No busque imágenes bonitas, pero intente que sean lo más variadas posible. Obtenga entre tres y cinco fotografías por persona.

2. Despliegue una cartulina grande sobre la mesa. En el centro, escriba una descripción de no más de tres palabras acerca del tema en torno al cual quiera generar un nuevo pensamiento (por ejemplo, conseguir nuevos clientes).

3. Coloque las fotografías boca abajo junto a los límites del papel. Cada persona deberá tener notas adhesivas y fichas para trabajar.

4. Explique a los participantes que el objetivo del juego es fomentar el pensamiento tanto como sea posible. La idea es ir más allá de lo que se sabe en ese momento. Esto deberá demostrarse con una imagen e indicando rápidamente de qué maneras diferentes está relacionada con el tema principal.

5. De forma aleatoria, deje que cada participante seleccione una imagen, le dé la vuelta y escriba en notas adhesivas o en fichas tantas ideas como le vengan a la mente sobre cómo aquélla se relaciona o podría enlazarse con el tema. Pida a los jugadores que escriban una idea por nota o ficha y que la peguen en el papel, alrededor del tema.

6. Deje que trabajen en silencio durante cinco minutos, que escojan otras fotografías y que repitan el proceso hasta que se hayan agotado las imágenes o el tiempo de juego.

7. Pida al grupo que recoja todas las notas y fichas con las ideas y las reúna en pilas que estén relacionadas. Para cada una de éstas, diga a los participantes que busquen una fotografía que ilustre la idea, le pongan un título corto y lo escriban debajo de la imagen.

8. Si tiene más de un grupo pequeño, indíqueles que compartan las fotos y los títulos de cada pila con los demás asistentes.

9. Hable de cómo las fotos tituladas pueden informar acerca del modo en que el grupo está pensando sobre el tema planteado. Elabore una lista de las posibles acciones que podrían emprender para responder a las ideas.

Estrategia

Las imágenes tienen la capacidad de encender la chispa de la reflexión y de crear nuevas asociaciones y conexiones posibles. Animan a las personas a asociar libremente y a descubrir nuevas ideas en potencia. En este juego se pide a los participantes que se desplacen de uno a otro lado utilizando sus habilidades visuales y orales. Cuando este cambio se lleva a cabo en una sucesión rápida, como ocurre con esta actividad, ofrece la posibilidad de obtener más ideas y enfoques.

Cuando dirija el juego, puede ocurrir que algunos participantes necesiten que se les aclare que el objetivo no es conseguir un diseño ni una respuesta específica. Mantener los tiempos cortos reducirá este impulso y requerirá que las personas permitan que las asociaciones surjan de un espacio menos analizado. A fin de cuentas, si lo que todos ya estaban pensando pudiera resolver el problema inmediatamente, el grupo no se sentiría atascado. La idea es moverse más allá de las historias que los participantes cuentan siempre y permitir que salga a la superficie algo nuevo y diferente.

Puede ser que oiga decir que algunos no encuentran las fotografías con las que quieren definir sus ideas. ¡En realidad, eso es una buena señal! Ese «problema» significa de hecho que los participantes tienen la oportunidad creativa de encontrar otro tipo de asociación.

El juego Imagen-acción *está basado en el juego* Picture This!, *adaptado de* Visual Icebreaker Kit, *uno de los juegos y herramientas basados en imágenes de VisualsSpeak. Es* © *2010 VisualsSpeak LLC.*

Red social de baja tecnología

OBJETIVO DEL JUEGO
El objetivo de este juego es que los participantes en un acto se conozcan al crear en conjunto y en un muro una red visual de sus conexiones.

NÚMERO DE JUGADORES
Grupos grandes que estén en la organización de un acto.

DURACIÓN
Veinticinco minutos para crear la primera versión de la red; ésta permanecerá visible durante todo el tiempo que dure el acto y en ella se podrá añadir o cambiar lo que se haya estudiado.

CÓMO JUGAR
Para preparar el juego, todos los participantes necesitarán una ficha de unos 12 × 20 centímetros y varios rotuladores o algo similar para dibujar su *avatar*. También necesitarán un espacio de pared suficiente cubierto con papel de embalaje para crear la red actual.

1. Un maestro de ceremonias o un director del acto dará a los participantes unas instrucciones claras: «Como grupo, vamos a crear la red social que está ahora mismo en la sala. Para ello, utilizaremos esta pared. Pero primero necesitamos crear los elementos fundamentales de la red: quiénes son ustedes. Empiecen cogiendo su ficha y dibujen el *avatar* (su imagen de perfil) que subirán a la red. Dejen espacio en la parte inferior para escribir el nombre».
2. **Crear los avatares.** Después de un breve período de tiempo (y probablemente alguna que otra risa y disculpas por la forma de dibujar), los participantes deberían tener sus *avatares* y nombres. En este punto, el maestro de ceremonias podrá añadir una variante, que consiste en pedir a los miembros del grupo que escriban dos palabras en la tarjeta a modo de etiqueta y que definan quiénes son o qué suscita su interés en ese acto.
3. **Realizar las conexiones.** A continuación, el maestro de ceremonias pedirá a los participantes que se levanten y lleven sus tarjetas hacia el papel de embalaje, así como que ellos mismos *suban* su información pegando la tarjeta en la pared.
4. La siguiente tarea es sencilla: el jugador debe encontrar a las personas que conoce y dibujar líneas para establecer las conexiones entre ellas. Si puede,

etiquetará las líneas con «amigos de», «fueron al colegio con» o «fueron a escalar una montaña con». Esta tarea continuará desarrollándose durante un tiempo y es probable que dé como resultado ciertos enlaces desconocidos hasta ese momento y nuevos amigos.

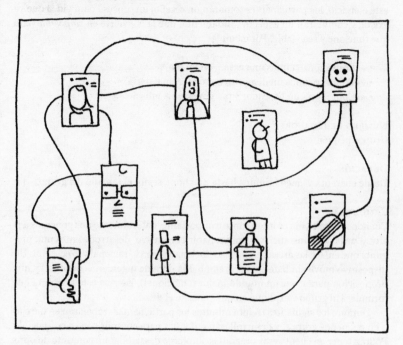

ESTRATEGIA

Al principio, la creación de la red será algo caótica y desordenada, y el resultado será un mural con cantidad de líneas largas como espaguetis. A medida que transcurra el acto, los participantes querrán explorar la red. Aníméles a hacerlo y vea qué conexiones se han establecido.

La fuente del juego Red social de baja tecnología *es desconocida.*

Misión imposible

OBJETIVO DEL JUEGO

Para crear algo verdaderamente nuevo, debemos poner a prueba los límites. En este ejercicio, los participantes tomarán un diseño, un proceso o una idea que ya exista, y cambiarán un aspecto fundamental que la convierte en *imposible* para que funcione y sea viable. Por ejemplo:

- «¿Cómo construimos una casa... en un día?»
- «¿Cómo creamos un dispositivo móvil... sin batería?»
- «¿Cómo sería un buscador sin... conexión a internet?»

NÚMERO DE JUGADORES

Grupos pequeños.

DURACIÓN

Desde cuarenta y cinco minutos hasta una hora, según el tamaño del grupo.

CÓMO JUGAR

Cuando un problema es interesante e importante, naturalmente nos ponemos a la altura de las circunstancias. Para preparar el ejercicio, desarrolle antes una pregunta que enlace las áreas cerebrales relacionadas con lo racional y lo cerebral. Un dispositivo móvil sin baterías sería como una obra de ingeniería (racional) y una proposición para crear un mundo mejor (emocional). Escriba esta pregunta que formulará al grupo y explique en qué consiste el desafío.

Durante los siguientes treinta minutos los participantes trabajarán en parejas o en pequeños grupos, y desarrollarán enfoques para cumplir con ese *imposible*. Podrán tener en cuenta esas preguntas amplias o desarrollar un conjunto de otras más específicas y en relación con el desafío:

- ¿Qué nuevos beneficios o características podrían surgir de este límite?
- ¿Por qué éste es un límite o requerimiento típico? ¿Se trata simplemente de una hipótesis habitual?
- ¿Cuáles son los elementos principales que están en conflicto?
- ¿Pueden eliminarse, reemplazarse o alterarse de alguna manera los elementos conflictivos?
- ¿Hay algo que pueda suceder antes o después para cambiar las partes en conflicto?

- ¿Pueden el tiempo, el espacio, los materiales, el movimiento o el ambiente tener un efecto?

Al final de los treinta minutos, los grupos presentarán sus conceptos a los demás. Una vez terminada esta fase, un debate reflexivo sobre los enfoques comunes y los poco habituales debería generar una lista de posibles soluciones que serán exploradas más adelante. Los pasos de cierre y siguientes deberían incluir este trabajo de seguimiento.

ESTRATEGIA

Este desafío funciona bien para el pensamiento acerca de las hipótesis y los obstáculos relacionados con un producto o un proceso. Cuando un artículo está desinflándose y necesita una reimaginación, esta técnica será útil para desafiar a las hipótesis básicas sobre su diseño. En los casos en que los procesos son lentos o están sobrecargados, la pregunta «simulacro de incendio» de «¿Cómo haríamos esto en un día?» puede ser un potente dispositivo de estructuración.

El juego Misión imposible *ha sido creado por James Macanufo.*

Gamestorming con objetos

Los objetos desempeñan un papel especial en las *gamestorming*. Un objeto tangible ayuda a exteriorizar el proceso de pensamiento, como también se consigue esbozando o interpretando un papel en una representación. La diferencia es que el objeto permite hacerlo de un modo más concreto e inmediato, porque inspirar historias sobre cómo podría utilizarse resultan un buen punto de partida para la asociación y la exploración libres.

NÚMERO DE JUGADORES
No hay límite de participantes.

DURACIÓN
Treinta minutos o más.

CÓMO JUGAR
Antes de que pueda jugar, necesitará conseguir una buena colección de objetos. Nómbrese usted mismo encargado de la compilación. Merece la pena tener en cuenta qué tipo de inversión quiere desarrollar. Aunque efectuar un viaje a una tienda de segunda mano para encontrar artículos interesantes (y baratos) es un buen comienzo, si tiene pensado realizar el ejercicio habitualmente, quizá sea conveniente emplear tiempo y buscar objetos de forma más amplia.

Pese a que encontrará su propio criterio, que aplicará a la colección, una regla de oro es reunir «cosas que hagan cosas». Los objetos funcionales pueden ofrecer más inspiración. Otros pasarán a formar parte de la colección por sus características o personalidad, o simplemente porque son *divertidos*. Éstos son algunos tipos de objetos posibles:

- Cacharros de cocina.
- Herramientas.
- Manuales de instrucciones.
- Envoltorios y dispensadores funcionales.
- Contenedores y compartimentos.
- Equipo deportivo.
- Juguetes y juegos.

Una buena colección evolucionará con el tiempo, y un buen encargado logrará que los demás participen y contribuyan al caché de los artículos.

El *Gamestorming* con objetos empieza con la pregunta: «¿Cómo funcionará la nueva generación de [complete el espacio]?». Esta pregunta instará a los participantes a que reimaginen un producto existente o a que inventen algo nuevo.

1. Indique a los miembros del grupo que exploren los objetos y se tomen un tiempo para jugar con ellos. Éstos podrán inspirarles para que piensen sobre cómo funcionaría un nuevo artículo, qué aspecto podría tener o cuál sería su tacto. La boca alargada y con bisagra de una grapadora podría inspirar una nueva forma de doblar y unir el acero. Una barra de cortina telescópica posibilitaría pensar en una bicicleta plegable. De igual modo, la personalidad de un objeto, como una caja de herramientas resistente, tal vez sugeriría la manera en que debería diseñarse un ordenador portátil. La mayoría de los productos se explican por sí solos, y los resultados pueden ser muy intuitivos; es probable que los participantes se encuentren con ideas totalmente formadas.

2. Después de un tiempo, los asistentes a la sesión compartirán sus ideas, las documentarán y decidirán los pasos que deberán seguir. Esto puede ser tan sencillo como votar una idea para entrar en más detalles o significar el inicio de otro ejercicio de *gamestorming*.

ESTRATEGIA

Una decisión que debe tomarse antes de empezar una *gamestorming* con un objeto es si resulta preferible utilizar un conjunto de artículos o uno solo. Esto cambiará la profundidad del enfoque: un grupo con una serie de objetos ramificará sus ideas en varios caminos, mientras que si sólo posee uno se verá *forzado* a llevar a cabo un estudio más profundo del objeto y de las asociaciones que deriven de él, junto con las líneas de aportaciones aleatorias o de analogías obligatorias. Intente utilizar un cúmulo de artículos para los grupos más numerosos y *gamestorming* más divergentes, y un solo objeto para conjuntos reducidos y una exploración más centrada.

La fuente del juego Gamestorming con objetos *es desconocida.*

Pecha Kucha/Ignite

OBJETIVO DEL JUEGO

Estas charlas rápidas y estructuradas permiten compartir las ideas con agilidad y la mínima distracción. Además, presiona a la persona que está transmitiendo la información para que lo haga de forma precisa y convincente.

NÚMERO DE JUGADORES

No hay un límite; puede ser desde un grupo de trabajo hasta un auditorio repleto de gente.

DURACIÓN

Puede durar entre una y cuatro horas. El tiempo total variará enormemente en función del número de presentadores.

CÓMO JUGAR

Pecha Kucha está basado en una idea sencilla: la limitación del número de diapositivas de una presentación y del tiempo que se puede emplear en cada una de ellas supone que la información se transmita a un ritmo rápido y de forma concisa. La regla de *Pecha Kucha* es 20 × 20: los presentadores pueden mostrar veinte diapositivas y pueden utilizar veinte segundos para cada una. Las imágenes pasarán automáticamente, no están controladas por el orador. Otra variante, *Ignite*, tiene un ritmo estructurado similar.

Por lo general, las noches de *Pecha Kucha* e *Ignite* son divertidas e informales, pero el concepto funcionará bien con cualquier grupo o equipo de trabajo.

ESTRATEGIA

El objetivo de estas charlas es limitar a los presentadores y que al mismo tiempo el acto sea entretenido. A veces se ofrecen bebidas y aperitivos, y un buen maestro de ceremonias puede marcar la diferencia en cuanto a la calidad de la experiencia. Si van a acudir muchas personas, emplee más tiempo en los detalles, como escoger un espacio con buenas cualidades acústicas, y hágase con un buen equipo de sonido y vídeo. ¡Asegúrese de que los presentadores no puedan controlar sus portátiles!

Pecha Kucha *(que se pronuncia «pe-chak-cha», la forma japonesa de describir el «estar de charla») empezó como un acto en Tokio en el que varios diseñadores podían compartir sus ideas. El formato de presentación* Pecha Kucha *fue ideado por Astrid Klein y Mark Dytham, de Klein Dytham Architecture. La primera noche de* Pecha Kucha *se celebró en Tokio, en su galería, sala, bar, club y cocina creativa SuperDeluxe, en febrero de 2003. Desde entonces, Pecha Kucha se ha convertido en la inspiración de actos similares con algunas variaciones menores, entre las que se incluyen* Talk20 *(presentaciones cortas de veinte diapositivas)* e Ignite *(exhibiciones breves con veinte diapositivas de quince segundos para cada una).*

Orden del día con gráfico circular

Muchas reuniones se celebran de forma expresa o se convocan para al cabo de un momento. No suelen tener un plan formal, ni un orden del día, ni trabajo de preparación, pese a lo cual pueden resultar extraordinariamente productivas. Una característica que diferencia a este tipo de encuentros es la conciencia clara de los límites de tiempo; por ejemplo: «Disponemos de treinta minutos, ¿cómo deberíamos emplear este tiempo?».

Un borrador del orden del día empleando un gráfico circular responderá a esta pregunta con rapidez y claridad. En algunos casos, lleva menos de un minuto, y en el proceso ayuda a centrar el orden y la significación de los temas cuando una simple lista se quedaría corta. Aunque el gráfico circular carece de formalidad, lo compensa con rapidez y flexibilidad.

NÚMERO DE JUGADORES
Para grupos pequeños.

DURACIÓN
Entre sesenta y noventa segundos.

CÓMO JUGAR
1. Dibuje un círculo que represente el *pastel* del tiempo de que se dispone. Puede hacerlo en una pizarra blanca o incluso en un trozo de papel. El círculo representa el tiempo total que el grupo podrá emplear en lograr el objetivo.
2. Escriba el objetivo en mitad del círculo. Por ejemplo, podría ser: «*Gamestorming* para encontrar enfoques a fin de tratar el problema X».
3. Entonces el grupo pensará en cómo quiere emplear el tiempo y añadirá los elementos al reloj en una secuencia que tenga sentido, tal como harían con una agenda en forma de círculo. Los asuntos deberán escribirse en la parte exterior del círculo.
4. Para terminar el gráfico, el grupo decidirá cuánto tiempo quiere reservar para cada elemento. Esto se reflejará en la representación, como si fueran las particiones de la esfera de un reloj. Por ejemplo: «Vamos a dedicar un tercio de nuestro tiempo para esta tarea, pero necesitamos reservarnos una cantidad para esta otra, y los últimos cinco minutos para hablar de esto».

5. Una vez el grupo ha preparado el plan y está de acuerdo, el reloj empieza a funcionar y la reunión comienza.

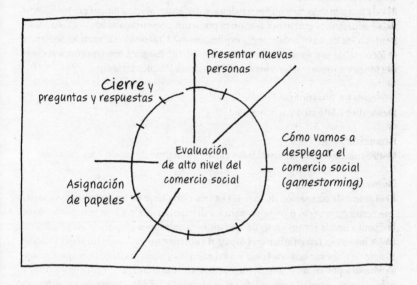

ESTRATEGIA

¿En qué se distingue este ejercicio de una lista de orden del día? En que el reloj como punto central consigue dos cosas: como metáfora, pone énfasis en la noción de tiempo y de conveniencia, lo que es vital cuando se celebran reuniones ad hoc que sean productivas; también es una representación de los elementos del orden del día como partes de un todo, resaltada por la importancia y el tiempo que se debe dedicarles. Los asuntos expuestos en una lista tienen la mala fortuna de caerse de ésta y se prescinde de ellos por completo. Un orden del día en forma de reloj ayuda a garantizar que el tiempo se emplee sabiamente siempre que se elabore con rapidez y se gestione en el curso de una reunión.

El juego Orden del día con gráfico circular *es una creación de James Macanufo.*

Sesión de carteles

OBJETIVO DEL JUEGO

Si una imagen vale más que mil palabras, ¿cuánto valdrían cincuenta imágenes? ¿Qué ocurriría si cincuenta personas pudieran presentar sus ideas más apasionantes a los demás sin dar largas explicaciones? Una sesión de carteles acelerará el formato de presentación porque rompe con él, fuerza a los expertos a cocinar sus ideas y a presentarlas a los demás mediante simples imágenes.

NÚMERO DE JUGADORES

Desde diez hasta cien participantes.

DURACIÓN

Veinte minutos para desarrollar los carteles y tiempo ilimitado para curiosear.

CÓMO JUGAR

El objetivo de una sesión de carteles es crear una serie de imágenes convincentes que resuman un reto o un tema para un debate posterior. Crear este conjunto de imágenes puede ser un «acto de apertura» que después prepare la etapa para escoger una idea, o puede ser una forma de obtener un índice de un tema extenso. El acto de elaborar un cartel obliga a los expertos y otros participantes apasionados a pararse a pensar acerca de la mejor manera de comunicar los conceptos principales de su material, para evitar así el popular y fallido «aparecer en público y soltar el discurso».

Para prepararse, todos necesitarán bastante material para crear su cartel. Papel y rotuladores son suficientes, pero considere la posibilidad de llevar otro material escolar como pegatinas, revistas para recortar y objetos físicos.

Empiece el juego lanzando el reto. En cualquier grupo grande, podría empezar diciendo lo siguiente: «Hay mejores ideas en la cabeza de cada uno de nosotros que tiempo para entenderlas y abordarlas todas. Si creamos carteles que las expliquen, tendremos una idea más exacta de qué hay fuera y en qué podríamos trabajar».

La labor de los participantes es confeccionar un cartel mediante el cual expliquen su tema. Hay dos restricciones:

Debe explicarse por sí mismo. Si se lo diera a una persona sin conocerla, ¿lo entendería?

Tiene que ser visual. Las palabras y etiquetas están bien, pero el texto no bastará para captar la atención de las personas ni para ayudarles a entender.

Cuando estén creando su cartel, los participantes pueden ayudarse si piensan en estos tres tipos de explicación:

Antes y después. Describa *por qué* a alguien debería importarle, en términos de un dibujo, el presente y el futuro de la idea.

Sistema. Describa el *qué* de una idea teniendo en cuenta sus partes y la relación que hay entre ellas.

Proceso. Describa el *cómo* de una idea mediante una secuencia de acontecimientos.

Los participantes dispondrán de veinte minutos para crear sus carteles; cuando hayan terminado, cree una galería de imágenes en la pared.

En lugar de efectuar presentaciones, indique a los miembros del grupo que circulen por la galería. Algunos carteles atraerán y captarán más la atención que otros. En este punto, merecería la pena que los participantes votaran mediante el sistema de puntos (véase el juego *Votación con puntos* del capítulo 4) o *votar con los pies*[2] para decidir qué ideas se tratarán más adelante.

---

2. «Votar con los pies» es un modo de expresar insatisfacción con respecto a algo y puede manifestarse con la marcha del público, no comprando un producto o castigando a un partido sin el voto en el último momento. (*N. de la t.*)

Como variante, los carteles se pueden crear en pequeños grupos. En este caso, es importante que el conjunto haya decidido con anticipación cuál será su tema, por lo que sus componentes también necesitarán más tiempo para llegar a un acuerdo sobre qué dibujarán y cómo lo harán.

A una escala menor, unos cuantos participantes podrían actuar de esta forma en torno a una mesa de reuniones. Un grupo reducido de expertos podría crear carteles para explicar sus diferentes puntos de vista a los demás al principio de una reunión, y así dejar claros y explicitar sus modelos del mundo, su vocabulario y sus intereses. Veinte minutos empleados de esta forma podrán salvar al grupo de un debate interminable más tarde.

El juego Sesión de carteles *está basado en sesiones de carteles académicas, en las que los autores de artículos eruditos que no están listos para su publicación comparten sus ideas en una conversación de grupo de tipo informal.*

Antemortem

OBJETIVO DEL JUEGO

A veces sucede que en los proyectos el aprendizaje está en el extremo equivocado. Por lo general, después de que las cosas hayan ido horrorosamente mal o de forma errónea, los miembros del equipo se reúnen *después de la muerte* para reflexionar sabiamente acerca de qué malos supuestos y acciones les condujeron al desastre. El hecho que convierte el incidente en algo doblemente desafortunado es que, en algún punto de su experiencia colectiva, es posible que los mismos miembros del equipo ya lo vieran venir.

Un análisis *antemortem* es una manera de abrir un espacio al inicio de un proyecto para tratar directamente de sus riesgos. A diferencia de los análisis de riesgos más formales, el *antemortem* exige que los miembros del equipo aprovechen directamente su experiencia e intuición, en el momento en que más se necesita y cuando es potencialmente lo más útil.

NÚMERO DE JUGADORES

Ilimitado, pero los típicos equipos pequeños tendrán un diálogo más abierto.

DURACIÓN

Dependerá del alcance del esfuerzo; permita a cada participante cinco minutos como máximo.

CÓMO JUGAR

Un *antemortem* se dirige mejor en el momento de inicio de un proyecto, con todos los miembros clave del equipo presentes y una vez que las metas y el plan hayan sido presentados y comprendidos por todos. El ejercicio empieza con una pregunta sencilla: «¿Qué irá mal?», aunque se puede dramatizar más con una frase del tipo: «¿Cómo terminará esto en un desastre?».

Ésta es una oportunidad para el grupo de reflexionar sobre su experiencia colectiva y nombrar los riesgos o el verdadero problema (el *elefante en la sala* del que nadie quiere hablar). Tienen ante ellos la opción de expresar unas preocupaciones que, de otra manera, quedarían desatendidas hasta que ya sería demasiado tarde. Un simple debate puede bastar para que salgan a la superficie estos elementos en el seno de un grupo pequeño; en uno mayor, será necesario el juego *La publicación* o crear una lista.

Para cerrar el ejercicio, la lista de preocupaciones y riesgos puede ordenarse o someterse a votación para determinar la prioridad de los elementos. Entonces el grupo decidirá qué acciones deberán tomarse para tratar estos riesgos; podrán hacerlo como parte de las reuniones habituales mientras el proyecto avanza.

ESTRATEGIA

Dirigir un análisis *antemortem* es engañosamente sencillo. Al principio del proyecto, el entusiasmo y el impulso hacia adelante suelen estar en su punto culminante; estas condiciones no conducen naturalmente a nociones de fracaso compartidas. Al dirigir una sesión *antemortem*, un grupo creará de forma deliberada un espacio para compartir su aprendizaje pasado en el momento en el que mejor puede aplicarlo.

El juego Antemortem *es una creación de James Macanufo.*

Muestra y cuenta

Objetivo del juego
Quizá recuerde el juego *Muestra y cuenta* del parvulario. En él, los niños tienen que llevar a clase su objeto favorito y explicar a sus compañeros qué significa para ellos. Pues bien, hay más inteligencia en esta actividad de lo que se había imaginado. Los líderes de la reunión podrán dirigir una sesión de *Muestra y cuenta* para entender mejor las perspectivas de los accionistas con respecto a un tema concreto: un proyecto, una reestructuración, un cambio en la visión de la empresa o un producto, por citar algunos ejemplos. Este juego permite a los empleados el uso de objetos para contar una historia en torno a cosas que son importantes para la empresa.

Número de jugadores
De cinco a quince participantes.

Duración
Entre veinte y cuarenta y cinco minutos.

Cómo jugar
1. Unos cuantos días antes de la reunión, pida a los jugadores que lleven un objeto para la sesión de *Muestra y cuenta*. El objeto deberá representar, desde su punto de vista, el tema que se debatirá en la reunión. Si es posible, dígales que mantengan el objeto guardado hasta que llegue el momento de enseñarlo a los demás compañeros.
2. En un espacio blanco que sea visible para todos los jugadores escriba el tema y dibújelo. Si lo prefiere, puede llevarlo preparado previamente. Cuando todos estén sentados y dispuestos para empezar, pida a algún voluntario que muestre su objeto.
3. Preste atención a la explicación de cada jugador de por qué pensó que el objeto representaba o le recordaba el tema. Escuche cómo el objeto es similar o diferente del asunto, y atienda a las descripciones emotivas del objeto. Anote cada contribución en el espacio en blanco disponible y, si puede, realice un pequeño dibujo del objeto llevado por la persona junto a los comentarios.
4. Resuma lo que haya comprendido y permita al grupo que absorba todos los aspectos de emoción, duda o preocupación. Formule preguntas de seguimiento referidas al contenido para alargar el debate.

Actividad opcional: asigne a un jugador la tarea de ser el fotógrafo de la sesión. Tome instantáneas de cada participante cuando esté relatando su historia y elabore un collage con las fotos una vez terminada la sesión. Cuélguelo en un espacio común en la oficina para seguir recopilando anécdotas, sobre todo si quiere que se siga hablando de este asunto.

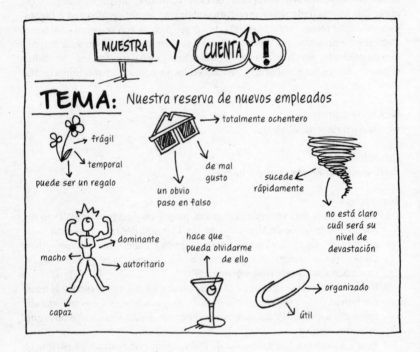

ESTRATEGIA

Muestra y cuenta recurre al poder de las metáforas y permite a los jugadores que compartan sus supuestos y asociaciones con respecto a un tema. Si observa que hay más de un objeto que no representa exactamente el agrado por un asunto será señal de que los jugadores quizá tengan algunas preocupaciones que deban tratarse. No analice los objetos en exceso, preste más atención a la forma en que los jugadores describen los paralelismos con el tema. Como líder del equipo, anime y aplauda la sinceridad mostrada en los relatos y anote cada comentario de los jugadores que le parezca importante. Mientras alguien esté presentando su objeto, los demás deberán permanecer en silencio.

Por su parte, si se siente intimidado por dibujar un objeto que lleve un jugador, supérelo: intente representarlo de todos modos y permita que los miembros del equipo se burlen por su esfuerzo. *Muestra y cuenta* puede ser una actividad vulnerable para los jugadores —especialmente para los que son introvertidos—, por lo que será conveniente que muestre cierto espíritu de equipo si usted se muestra algo vulnerable.

El juego Muestra y cuenta *está inspirado en el conocido ejercicio escolar.*

Muéstrame tus valores

La percepción de los empleados sobre los valores de una empresa, tanto si es consciente como inconsciente, contribuye a que su moral y su disposición lleven a cabo todo lo posible por apoyar la misión. Para hallar el sentido de cómo perciben sus empleados los valores que dirigen una entidad, una iniciativa, un amplio cambio en un sistema o cualquier otro asunto, juegue a *Muéstrame tus valores*.

NÚMERO DE JUGADORES
De cinco a quince participantes.

DURACIÓN
Entre treinta y cuarenta y cinco minutos.

CÓMO JUGAR
1. Antes de la reunión, decida el tema en torno al cual los jugadores compartirán sus historias. Prepare una superficie plana en la que se pueda escribir y donde se puedan pegar imágenes. Escriba el nombre del asunto en esa parte. Facilíteles cinta adhesiva y varias revistas de todo tipo, y en cantidad suficiente para que cada jugador tenga tres o cuatro.
2. Informe a los jugadores de que el objetivo del ejercicio es doble. En primer lugar, deberán describir con fotografías los valores que a su juicio subyacen al tema. A continuación, compartirán una historia relacionada con el trabajo que explique esos valores; por ejemplo, una imagen de una tortuga podría representar paciencia y longevidad, de modo que el jugador podrá compartir una anécdota en la que un proyecto atractivo pero de alto riesgo no fue llevado a cabo. Cuando presente este juego, lo más importante es animar a los participantes a que compartan los valores que perciben de la forma más honesta que sean capaces. Dígales que está bien creer que un valor organizativo es el principio de territorialidad y representarlo con la imagen de un león. Este comportamiento no sólo es apropiado, sino también deseable, puesto que las creencias que impulsan el comportamiento a veces no se expresan en público, pero se repiten y propagan en todos los corrillos de la empresa.
3. Dé a los jugadores diez minutos para recortar una o más imágenes que muestren su percepción de los valores subyacentes. Dese cuenta de que algunos jugadores pensarán inmediatamente en un valor que represente el tema e irán en busca de la imagen entre las revistas hasta que encuentren una ima-

gen adecuada. Otros actuarán al revés: hojearán las revistas en busca de algo que les despierte una vaga noción que tengan en mente. Cualquiera de los dos enfoques es apropiado.

Actividad opcional: pida a los jugadores que recorten imágenes que representen lo que no son los valores. Así pues, si algún jugador cree que la idoneidad no es un valor que define a un proyecto, escogerá la tortuga antes mencionada como figura representativa.

4. Pida a los jugadores que peguen sus imágenes en el área designada para tal fin y que luego piensen en silencio en una anécdota relacionada con el valor que hayan representado.
5. A continuación diga a algunos voluntarios que, por turno, compartan sus imágenes e historias asociadas. Si algún participante tiene dificultad para hallar una historia, dele más tiempo o permítale que se retire completamente y anime a otro a que tome el relevo.
6. Preste atención a las descripciones de los valores que desarrollan los jugadores y escríbalas en el espacio junto a la imagen correspondiente.
7. Repase los valores mencionados y sugiera a los jugadores que detecten solapamientos y vacíos en sus percepciones. Efectúe preguntas de seguimiento sobre el contenido y las historias para alargar el debate. Permita al grupo que hable acerca de las percepciones con las que está de acuerdo y de las que no.

Un beneficio palpable de utilizar imágenes para incitar a las declaraciones de valores e historias es que son al mismo tiempo un paso extraído de una declaración oral directa y más profundo que el que se daría al pedir a los jugadores que compartieran sus pensamientos *intelectuales*. El empleo de fotografías aporta a los jugadores una especie de comodidad en la que pueden expresarse, ya que pueden escoger imágenes que representen todo el espectro de comedia y tragedia que gira en torno a un asunto.

Así pues, si algún participante prefiere la verdad representada a través del humor, podrá buscar imágenes que le permitan hacerlo. Y si otra persona prefiere ilustrarlo mediante una hipérbole, bien, pues también tendrá la opción de llevarlo a cabo. Deje que sean creativos durante la fase de los relatos de las historias. Si dos o más participantes quieren compartir una historia juntos, anímeles a ello. Incluso podrían ir más allá y representar la anécdota mediante escenas. Su trabajo es crear un espacio en el que las personas puedan decir algo que quizá sea tabú, pero que todos estén pensando.

La fuente del juego Muéstrame tus valores *se la debemos a Sunni Brown.*

Análisis de accionista

OBJETIVO DEL JUEGO

El concepto de *accionista* tiene unas profundas raíces en la ciencia del mundo empresarial y de la dirección, y apareció hacia el siglo xviii como referencia a cualquier titular o poseedor de una apuesta en un esfuerzo o tentativa. El término se ha utilizado para designar a alguien que puede causar un impacto significativo sobre una decisión o que puede recibir su impacto. En el inicio de proyectos grandes y pequeños puede ser beneficioso para un equipo que lleve a cabo un análisis de accionista para obtener una panorámica de quiénes son los suyos, de manera que puedan desarrollar una estrategia para que se sientan interesados y participen.

NÚMERO DE JUGADORES

Ilimitado; los miembros clave de un equipo que tengan una conciencia colectiva de todos los aspectos de un proyecto.

DURACIÓN

Desde treinta minutos hasta una hora, en función de la profundidad del análisis.

CÓMO JUGAR

Hay numerosas variantes al definir a los accionistas, y un equipo podrá cambiar o añadir variables a la ecuación, según sean las circunstancias.

La forma más común de hacerlo es mediante el poder y el interés.

Poder. Describe el nivel de influencia sobre el sistema que tiene un accionista, es decir, la medida en que puede dirigir o presionar en un proyecto y a otros accionistas.

Interés. Describe el grado en que un accionista resultará afectado por el proyecto.

Prepare una matriz con estos dos ejes y estará listo para empezar.

Paso 1. Cree una lista de grupos de accionistas

Si todavía no tiene una lista de los accionistas, éste es el momento de elaborarla. Utilice el método *La publicación* o alguno similar, cree un grupo de accionistas al responder a estas preguntas:

- ¿Quién recibirá el impacto del proyecto?
- ¿Quién será su responsable?
- ¿Quién tendrá autoridad para decidir sobre el mismo?
- ¿Quién puede prestarle su apoyo?
- ¿Quién puede impedirlo o ponerle obstáculos?
- ¿Quién ha estado envuelto en este tipo de proyectos en el pasado?

Una típica lista de accionistas podrá incluir a estos grupos:

- El cliente, usuario o beneficiario de un proyecto.
- El equipo o las organizaciones que estén haciendo el trabajo.
- Los directores del proyecto.
- Los patrocinadores del mismo, quienes lo financian.
- Los partidos o empresas influyentes.

Paso 2. *Traslade la lista a la matriz*

Después de haber creado la lista de accionistas, el grupo colocará los elementos en la matriz de acuerdo con su poder e interés. Si se han anotado los accionistas en notas adhesivas, los participantes podrán pegarlos en la matriz directamente.

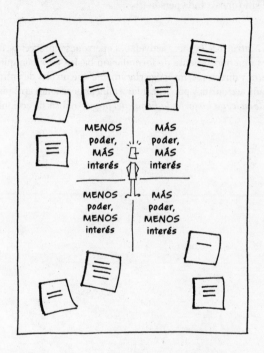

Paso 3. *Desarrolle una estrategia y compártala ampliamente*

Una vez completado el paso anterior, el grupo podrá debatir respecto a las estrategias específicas para conservar el interés de sus accionistas. Para ello, se preguntarán:

- ¿Quién necesita estar informado de según qué cosas y en qué momento?
- ¿A quién hay que consultarle qué y cuándo hay que hacerlo?
- ¿Quién es el responsable de mantener el interés de cada accionista y cuándo y de qué modo lo hará?

Elaborar este borrador es un excelente primer paso. Si el alcance del proyecto es extenso o hay muchos accionistas, es recomendable compartir el análisis con amplitud y transparencia con todas las personas que participen en el mismo. Esto dará validez al análisis rellenando los espacios en blanco y, en el proceso, dejará claro en qué sitio encaja cada persona.

Estrategia

Junto con la *Matriz RACI* y otras actividades «personas + proyecto», el *Análisis de accionista* es una herramienta de formulación básica para cualquier proyecto. Para los líderes y directores, investiga claramente qué niveles de entrada e interés en él tiene cada accionista y puede ayudar a alinear decisiones apropiadamente.

A pesar de su larga historia, la fuente del juego Análisis de accionista *es desconocida.*

Mapa de espectro

OBJETIVO DEL JUEGO
El juego *Mapa de espectro* está diseñado para revelar la diversidad de perspectivas y opciones en torno a un tema y para organizarlas en un espectro con sentido. Este juego brinda a los participantes la oportunidad de expresar sus puntos de vista sin tener que exponerlos oralmente o incluso hacerlos suyos frente al grupo. Es valioso porque descubre información que desempeña un papel en actitudes y comportamientos que, de otra manera, no sería visible.

NÚMERO DE JUGADORES
De cinco a quince participantes.

DURACIÓN
De treinta minutos a una hora.

CÓMO JUGAR

1. Antes de que empiece el juego, desarrolle una *gamestorming* para hallar asuntos de los que quiera obtener una información por parte del grupo. Escriba cada tema en una nota adhesiva.

2. Presente el juego declarando que el objetivo de éste es arrojar luz sobre las amplias perspectivas del equipo y organizarlas en una colección para que todos puedan tener una vista general de ellas.

3. Pegue las notas adhesivas en una columna, más o menos en medio de una pared que esté a la vista de todos los jugadores. Pídales que generen en silencio un punto de vista preferente sobre el tema y que los escriban en una nota adhesiva. Si quieren, pueden ofrecer más de uno.

4. Indique a los jugadores que se acerquen a la pared a pegar sus notas en una línea horizontal a la izquierda o a la derecha del tema. Tranquilícelos diciéndoles que las relaciones entre las notas adhesivas todavía no interesan. El aspecto del mapa podrá ser como el de la ilustración.

5. Una vez estén pegadas las notas adhesivas, trabaje con el grupo para clasificarlas en una línea de ideas horizontal. Las notas que expresen puntos de vista u opciones similares deberían ir juntas. Las que sean más diferentes deberían quedar aisladas; a veces pueden terminar definiendo los límites de la selección.

6. Sigan clasificando hasta que el grupo esté de acuerdo en que las notas están en el lugar que les corresponde en la línea horizontal.

7. Repita este proceso si tiene más temas para evaluar.

Una vez se haya dispuesto en la línea horizontal el espectro para cada tema, pregúnteles cuáles son sus observaciones comunes. Debata los hallazgos con el grupo y averigüe si se ha excluido algún punto de vista u opción. Si fuera así, añádalo y vuelva a clasificarlo como sea necesario.

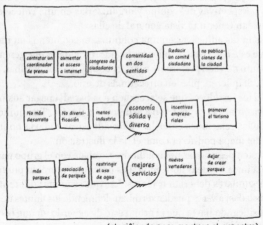

(clasificado para mostrar el espectro)

El *Mapa de espectro* no sólo deja al descubierto las ideas individuales sobre asuntos importantes, sino que indica también cuántos miembros de su grupo tienen ciertos puntos de vista y dónde están los extremos. Después de esta actividad, es probable que los jugadores perciban una visión más holística de dónde se encuentran. En otras palabras, este mapa señala si el grupo tiene una tendencia: quizá sea fiscalmente conservador, orientado hacia el crecimiento o reacio a los cambios. Sea cual sea, como líder de su equipo, es interesante estar al corriente de cuál es la inclinación natural del grupo y admitirlo abiertamente para mejorar la construcción del futuro del equipo, la resolución de problemas y la planificación.

Deje claro a los jugadores que son libres de escribir con franqueza sus puntos de vista y preferencias con respecto a un tema, aunque éstos pudieran ser considerados estrafalarios por los demás participantes. Dígales que las ideas poco comunes también tienen cabida en la línea de clasificación. Este juego consiste en crear un mapa sobre el espectro y desplegarlo ante el grupo, no en evaluar las ideas para que sean válidas, innovadoras o populares. El efecto del juego es ver si el comportamiento de quienes intervienen en él se arquea demasiado hacia un lado o si están adoptando un enfoque razonable cuando sería mejor uno más radical.

La fuente del juego Mapa de espectro *es desconocida.*

Tarjetas coleccionables

OBJETIVO DEL JUEGO

A veces, las personas se quejan de la temida actividad de tener que romper el hielo, pero los humanos somos como los coches: funcionamos mejor cuando estamos en caliente. Este comienzo para una reunión es bueno porque posibilita que las personas se autodefinan; les permite tener una *personalidad* fuera del típico ambiente de trabajo; presenta a los participantes unas rápidas instantáneas de varios jugadores (porque ven pasar ante sí muchas cartas), y genera imágenes fáciles de recordar que aportan fragmentos de conversación a las personas a medida que la reunión avanza.

NÚMERO DE JUGADORES

Ilimitado.

DURACIÓN

Entre diez y quince minutos.

CÓMO JUGAR

1. Reparta rotuladores y fichas de gran tamaño entre los participantes.
2. Pídales que empleen entre cinco y diez minutos para crear una tarjeta coleccionable personal en la que incluyan un autorretrato, un apodo o sobrenombre y algo acerca de ellos mismos que es probable que ningún asistente a la reunión sepa.
3. Los jugadores empezarán a pasar las tarjetas a los demás participantes sin un orden establecido. Deberán leer cada tarjeta que caiga en sus manos y quedarse una sobre la que quieran preguntar algo. Pueden dejar pasar las tarjetas hasta que encuentren una.
4. Pida a algún voluntario que lea el nombre del jugador y el apodo y que formule al dueño de la tarjeta la pregunta relacionada con la frase que aparece en aquélla.
5. Permita al jugador que responda a la cuestión. Después, esa persona podrá preguntar al poseedor de su tarjeta o escogerá pasar. En ese caso, busque otro voluntario.
6. Siga con la dinámica del juego hasta que se hayan *calentado* lo suficiente, pero intente que el juego dure por lo menos unos quince minutos.

ESTRATEGIA

Así pues, durante el juego *Tarjetas coleccionables*, en realidad no se sufre daño alguno. Ayude a que los participantes se integren antes de que empiece la reunión.

La fuente del juego Tarjetas coleccionables *es desconocida*.

Orden del día visual

En una reunión típica, las personas entran y se les da una hoja escrita en la que se muestra el orden del día. Normalmente incluye la fecha, los asuntos que se tratarán y el tiempo que se dedicará a cada uno. A veces también aparece el nombre de la persona que presenta el tema o dirige el encuentro. La mayoría de los participantes dedica no más de dos segundos a leer este papel. El enfoque estándar para elaborar órdenes del día está perfectamente bien para reuniones rápidas entre quienes trabajan juntos con regularidad. Pero en las que importan, que requieren el tiempo y la atención de muchas personas, y para las que se reúne a gente de diferentes disciplinas o departamentos, los órdenes del día visuales funcionan mucho mejor.

Cuando se crea un orden del día visual, la gente lo inspecciona y se le queda grabado durante más tiempo. En realidad, lee los resultados deseados y revisa los pasos que tendrá que dar para llegar hasta ellos. El nivel de energía aumenta cuando los participantes entran en una sala y ven una disposición grande, colorida y dibujada a mano. Todos empiezan a hablar de ella. Un orden del día visual implica que el encuentro puede ser interesante; envía una señal al grupo que indica que la reunión es importante. La característica visual también ayuda a los participantes a recordar en el futuro sobre qué se ha tratado.

CÓMO JUGAR
1. Establezca uno o varios resultados deseados para la reunión y elabore un orden del día que dirija a los asistentes hacia ese punto. Escoja un marco de trabajo visual que represente el tono o tema de la reunión.
2. Dibuje el orden del día de forma creativa y no tradicional, en una cartulina grande o utilizando un programa de presentación.

Estrategia

Un orden del día visual es un gesto que indica que usted ha decidido emplear su tiempo antes que malgastar el de sus asistentes. Así, tómese el que precise para construir una buena hoja de ruta destinada a lograr los objetivos. Cuando esté dibujando o creando el orden del día visual, piense en metáforas que representen el tema de la reunión. Dibuje elementos que simbolicen la misión o el trabajo de la empresa. Si está trabajando en una que alquila apartamentos para vacaciones, esboce una playa en la que cada huella en la arena sea un paso de la agenda. Dibuje el paisaje de un bosque si trabaja en una firma medioambiental; un circuito si se trata de una empresa tecnológica.

Etiquete el orden del día de forma creativa. Si tiene algunos lemas publicitarios, piense en frases interesantes para describir cada etapa de la reunión. Y si no tiene instintos publicitarios ni artísticos, pídale que le ayude a alguien que vaya a asistir al encuentro. Crear un orden del día visual es una pequeña inversión para una reunión, pero ofrece a cambio una buena rentabilidad.

El juego del Orden del día visual *está inspirado en la práctica para crear órdenes del día visuales destinados a las reuniones, de la empresa The Grove.*

Bienvenidos a mi mundo

Objetivo del juego

Muchos de nosotros partimos del supuesto erróneo de que los demás ven y saben lo mismo que nosotros. Nadie en el mundo comparte nuestro sistema interno de creación de mapas de la realidad. El mejor modo de comparar notas o de hablar es dibujar una representación externa de lo que uno piensa que está sucediendo. *Bienvenidos a mi mundo* brinda a los jugadores la oportunidad de comprender mejor los papeles y responsabilidades de los demás participantes. Ayuda a *romper los silos* y a presentar la idea novedosa de que podríamos estar viendo sólo una realidad: la nuestra. Ayuda inmensamente a mostrar lo que vemos a los demás, de forma que podamos empezar a compartir una realidad y trabajar juntos en ella.

Número de jugadores

De ocho a veinte participantes.

Duración

Desde treinta minutos hasta una hora.

Cómo jugar

1. Entregue a los jugadores papel, rotuladores y notas adhesivas. Pídales que empleen treinta segundos en escribir en una nota adhesiva sus responsabilidades laborales (por ejemplo, crear el boletín informativo de la empresa o idear una estrategia de marketing para el producto X). Deberán pegar la nota en su camiseta.

2. Ahora los jugadores tendrán que pasearse por la sala y formar una pareja con alguien cuya responsabilidad laboral sea la más desconocida para ellos o por la que sientan curiosidad. Si el número de jugadores es impar, únase a ellos para equilibrarlo.

3. En parejas, sugiera a los jugadores que se turnen para dibujar de la mejor manera cómo ven ellos el flujo de trabajo de la otra persona en el desempeño de sus obligaciones. Pueden usar sencillos círculos, recuadros y flechas para realizar un diagrama de flujo o ser creativos, pero en ningún caso podrán entrevistar al otro jugador o pedirle que le aclare ciertas cuestiones mientras esté dibujando. Deles entre cinco y quince minutos para dibujar tranquilamente.

4. Cuando se haya agotado el tiempo, dé cinco minutos a cada jugador para compartir su dibujo con la otra persona y describir lo que significa.

5. Entonces, permita a cada pareja entre cinco y diez minutos para aclarar o mostrar su acuerdo con el dibujo del otro. También deberían tener tiempo para discutir acerca de dónde fracasan las áreas de facilidad, presión o interacción con los demás durante el proceso. Puede elaborar y dibujar sobre el punto de vista de la otra persona en este punto, o el creador original del cartel podrá añadir contenidos a medida que su compañero hable.

6. Pida a algunos voluntarios que muestren sus dibujos al resto del grupo y que describan sus observaciones y lo que han aprendido.

Cómo dirige Austin el servicio al cliente:

Austin se estruja el cerebro

¿Puedo ayudarle?

2

Este tipo, A, necesita algo

SALIDA

3 Conduce a A para aislar 5

4

Austin: «¿Esto funcionará?»

5

A: «No exactamente»

6

Austin: «¿Y esto?»

7

A: «No»

Esto sigue

8

«Nuestro director...»
Austin: «¿Otro obsequio?»
«¿Otra tienda?»

→ ¿El final?

ESTRATEGIA

Para obtener la máxima eficacia, este juego requiere una cosa: que los jugadores representen una variedad de puestos o responsabilidades de la empresa. El juego pierde rápidamente su valor si todos los participantes tienen el mismo flujo de trabajo predecible, como tramitar una reclamación de seguro irrefutable. La idea es *educar* a los demás acerca de las realidades de sus obligaciones laborales y ayudar a romper los silos en los diferentes ámbitos de la entidad. Una vez empiecen a surgir los enfoques, este juego podrá incrementar de forma significativa los conocimientos y la apreciación del trabajo de los demás. Incluso puede ser más eficaz si los jugadores que tienen que trabajar juntos históricamente han tenido escaso conocimiento sobre los procesos de sus compañeros (e incluso poca paciencia).

La mayoría de las personas se siente cómoda dibujando formas básicas y diagramas relacionados con el flujo de trabajo, puesto que es algo común y propio de su vida profesional. No obstante, si evitan tener que dibujar, dígales que también pueden apoyarse en las palabras, pero que perderán la oportunidad de llevar a cabo un dibujo simple del *mundo* de otra persona en el trabajo.

La fuente del juego Bienvenidos a mi mundo *se la debemos a Sunni Brown*.

6

Juegos para explorar

Rara vez encontramos exactamente lo que estamos buscando. A veces, el resultado final aparece de la manera más sorprendente. Los juegos que exploran son para navegar, combinar, interpretar o bien para trabajar con las ideas para descubrir algo nuevo.

Los juegos de exploración permiten deshacer patrones. En algunos casos, exigen que los participantes creen formas, y, en otros, que las deshagan. En la mayoría de ocasiones es mejor poner en práctica los juegos de exploración en medio de una actividad; es decir, antes de decidir y de comprometerse con la acción, pero después de que el espacio se haya enmarcado y abierto.

Si sólo abriéramos ideas brutas y luego nos cerráramos en las que nos gustan más, no estaríamos creando nada nuevo. Los juegos que exploran trazan el camino intermedio hasta el resultado final.

Matriz PCRP

Los juegos que unen información son útiles porque desbaratan intencionalmente las formas en que desintegramos los temas. El juego de la *Matriz PCRP*[3] es un modo rápido de reunir y organizar información sobre cualquier materia utilizando cuatro conceptos clave.

Número de jugadores
De cinco a veinte participantes.

Duración
Desde treinta minutos hasta una hora.

Cómo jugar
1. Antes de la reunión, escoja un tema sobre el cual quiera que los jugadores investiguen y dibuje una matriz de 2 × 2 centímetros en un espacio en blanco grande en la sala de reuniones.
2. Escriba las siguientes categorías en cada espacio de la matriz: «piezas», «características», «retos» y «personajes». A continuación, dibuje algo que represente cada una de las categorías.
3. Explique a los participantes que este juego consiste en explorar y compartir lo que saben sobre el asunto basándose en las categorías. Defina qué significa cada una de ellas:

- **Piezas.** Son las partes del tema. Por ejemplo, un componente de una estrategia de comercio social podrían ser los *tweets* de respuesta. Las piezas de un canal de distribución pueden ser camiones de dieciocho ruedas.
- **Características.** Son las particularidades de un tema. Por ejemplo, la velocidad de respuesta es una característica de una estrategia de comercio social. Una de los camiones de dieciocho ruedas es el uso ineficaz del combustible.
- **Retos.** Son los obstáculos que interfieren en el tema.
- **Personajes.** Son las personas relacionadas con el asunto.

---

3. Las palabras inglesas que forman el acrónimo de la matriz (*components, characteristics, challenges, characters*) han sido traducidas por «piezas», «características», «retos» y «personajes». El nombre original del juego es The 4Cs. (*N. de la t.*)

No es necesario que utilice estas iniciales para dirigir este juego. Puede ser creativo y
emplear las palabras que se oigan en la empresa o las relacionadas con una cuestión
específica. Utilice las cuatro «d» para crear su matriz y bautícelas como «descubrir»,
«diseño», «daño» y «decir». Asegúrese sólo de que las categorías que cree le aporten
una forma de abordar un tema de interés que tenga sentido.

4. Divida el grupo en cuatro equipos de un tamaño semejante (un conjunto de entre cinco y siete personas puede funcionar como un equipo). Proporcióneles notas adhesivas y rotuladores.

5. Asigne cada una de las iniciales a un equipo y dígales que su objetivo es recopilar información sobre la inicial que les haya tocado, relacionada con el tema. Dispondrán de tres minutos para planificar una estrategia de recogida de datos, cinco para llevarla a cabo y tres para analizar y organizar toda la información obtenida. Explíqueles también que deberían captar ésta del mayor número posible de personas presentes en la sala.

6. Anuncie el principio de la etapa de planificación y permita que los miembros de los equipos charlen entre sí. Al terminar los tres minutos, diga: «Tiempo».

7. Para la recogida de datos, que durará cinco minutos, podrán utilizar las notas adhesivas y los rotuladores. Esta fase implicará muchas entrevistas y que tengan que moverse por la sala. Avise a los jugadores cuando haya pasado el tiempo.

8. Empiece la fase de los tres minutos para analizar la información recogida. En esta etapa, los jugadores deberán analizar sus datos, organizarlos de forma que tenga sentido y pegar los contenidos en la matriz de la pared.

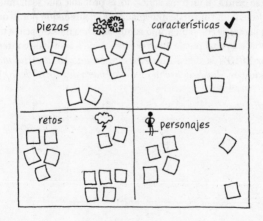

9. Cierre el juego pidiendo a los voluntarios que presenten los hallazgos de su grupo. Una vez hayan terminado, formule preguntas para aclarar (¿falta algo?, ¿estos elementos significan lo mismo?) y anime a los demás a reflexionar sobre ello y a añadir más información. También puede preguntar a los jugadores si quieren compartir otros pensamientos sobre el proceso de recogida de datos de su equipo; por ejemplo, debatir qué ha funcionado y qué podría haber resultado mejor.

Estrategia

La *Matriz PCRP* es deliberadamente rápida (y un poco caótica) para evitar una situación en la que las personas se limiten a elaborar una lista de información sobre lo que saben en relación con un asunto. En este juego, es probable que los participantes que estén recogiendo datos ya tengan muchos detalles sobre el tema, pero inevitablemente aprenderán algo nuevo durante el proceso de entrevista a los compañeros. Este sistema de diálogo permite que las personas que no suelen interactuar tengan la oportunidad de hacerlo. Puesto que el tiempo es breve, no se embarcarán en una conversación sustanciosa; no obstante, las probabilidades de que aprendan contenido nuevo o una perspectiva basada en una entrevista serán más altas.

Evite acotar la actividad de cierre, aunque sea tentador dar al grupo más tiempo para recoger y analizar el contenido (y algunos de sus miembros lo pidan). Es importante emplear tiempo en la última fase del ejercicio porque permite al grupo reflexionar sobre el contenido todos juntos, como una especie de mente conjunta. Si la reunión se centra en un tema conocido, es probable que sean muchos quienes piensen que tienen un rincón de información a su alrededor, por lo que es importante debatir la matriz como un grupo completo. Deja más espacio a más personas e invita al debate, lo cual puede aportar nueva vida a los viejos contenidos.

La Matriz PCRP *(en inglés* The 4Cs*) está basada en la actividad del mismo nombre creada por Matthew Richter en el número de marzo de 2004 de* Thiagi GameLetter.

Los cinco porqués

OBJETIVO DEL JUEGO

Muchos de los juegos de este libro tratan acerca de la observación de una panorámica o sobre la relación entre un problema y su contexto. El juego de *Los cinco porqués* refleja ese motivo para ir más allá de la superficie de un problema y descubrir la causa raíz, debido a que los problemas se abordan de forma más sostenible cuando se lleva a cabo desde su origen.

NÚMERO DE JUGADORES

De cinco a diez participantes.

CÓMO JUGAR

1. Antes de la reunión, encuentre un problema que su equipo necesite evaluar. Escríbalo en un espacio visible para todos los participantes y, si quiere, dibuje algo que lo represente.
2. Reparta notas adhesivas entre los jugadores y pídales que las numeren del 1 al 5.
3. Dígales que analicen el problema planteado y que se pregunten por qué existe. Luego deberán escribir su primera respuesta en la nota adhesiva número 1.
4. En la nota número 2 habrán de indicar por qué la número 1 es verdadera.
5. Una vez más, en la número 3 tendrán que anotar por qué la nota número 2 es cierta.
6. Repita este proceso en orden numérico hasta que todas las notas adhesivas numeradas tengan una respuesta.
7. Debajo del planteamiento del problema escriba la expresión «¿por qué?» cinco veces (en una columna) y dibuje líneas que creen columnas para cada jugador. Pídales que se acerquen al panel y peguen sus respuestas, empezando por la primera y terminando por la quinta, al final del panel.
8. Repase con el grupo las columnas de los *porqués* y anote los puntos comunes y las diferencias. Inicie un debate.

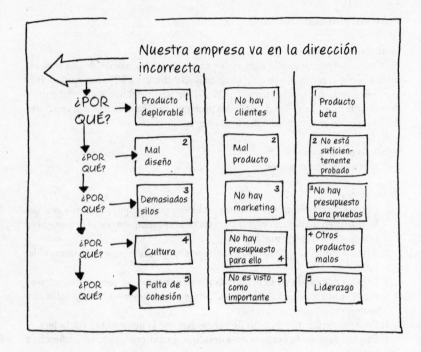

Nuestra empresa va en la dirección incorrecta

¿POR QUÉ? →	Producto deplorable 1	No hay clientes 1	Producto beta 1
¿POR QUÉ? →	Mal diseño 2	Mal producto 2	2 No está suficientemente probado
¿POR QUÉ? →	Demasiados silos 3	No hay marketing 3	3 No hay presupuesto para pruebas
¿POR QUÉ? →	Cultura 4	No hay presupuesto para ello 4	4 Otros productos malos
¿POR QUÉ? →	Falta de cohesión 5	No es visto como importante 5	5 Liderazgo

Reescriba el planteamiento del problema en un papel grande. A continuación, entregue cinco notas adhesivas en blanco a un voluntario y trabaje con el grupo para llegar a un acuerdo de cuáles de los *porqués* aportados proporcionan el enfoque con más sentido acerca del problema. Encargue al voluntario que reescriba los *porqués* —uno por cada nota— a medida que el grupo muestre su acuerdo. Una vez terminada la actividad, pegue las cinco notas del 1 al 5 debajo del planteamiento del problema. Si tiene tiempo, comience un debate para tratar qué puntos deben abordarse a continuación.

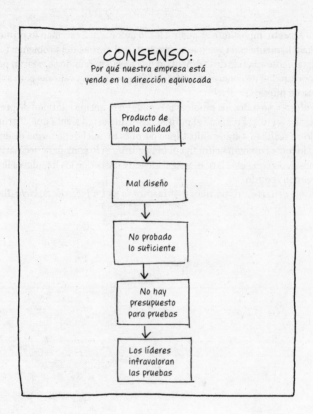

CONSENSO:
Por qué nuestra empresa está
yendo en la dirección equivocada

Producto de
mala calidad

Mal diseño

No probado
lo suficiente

No hay
presupuesto
para pruebas

Los líderes
infravaloran
las pruebas

ESTRATEGIA

Este juego consiste en leer más entre líneas, en entender la causa raíz de un problema, de manera que los participantes puedan obtener los mejores efectos después de haberlo resuelto. Cuando dirija este juego, anime a los jugadores a participar con sinceridad. Ésta es la estrategia simple y más importante. Si ellos pasan por alto los detalles, la actividad no aportará buena información, y, en el peor de los casos, también podría ocurrir que en realidad los participantes estuvieran abordando los problemas equivocados. Así pues, como líder de la reunión, sea consciente de cuál es la dinámica entre los asistentes y promueva un tipo de conversación abierta en torno a la difícil pregunta de ¿por qué?

Otro aspecto importante es pedir a los jugadores que escriban lo primero que les venga a la mente cada vez que se pregunten el porqué del problema. Si saltan inmediatamente a la raíz de la dificultad que hayan percibido se estarán perdiendo la oportunidad de conocer las diferentes fases, que son valiosas para solventar el asunto en diferentes niveles.

Por último, no todos los problemas requieren la misma cantidad de preguntas para llegar a su raíz. Pregunte el porqué hasta que usted sienta que el grupo está llegando en realidad a algún sitio. Cinco porqués es una buena forma de empezar, pero no lo tome como una cifra fija ni obligatoria. Si lo considera necesario, haga columnas de *por qué* más largas, y siga adelante hasta que los jugadores lleguen a enfoques con sentido.

El juego de Los cinco porqués *está inspirado en un juego de Sakichi Toyoda.*

Mapa de afinidad

La mayoría de nosotros estamos familiarizados con las *gamestorming*, un método mediante el cual un grupo genera tantas ideas como sean posibles en torno a un tema, en un tiempo límite. Las *gamestorming* funcionan para obtener una gran cantidad de información. Sin embargo, suscita una pregunta de seguimiento respecto a cómo captar el significado de todos los datos conseguidos. Usar una sencilla técnica de diagrama de afinidad puede ayudar a descubrir patrones de pensamiento ocultos (y a veces a romper con los antiguos) al seleccionar y clasificar en relaciones la información basada en el lenguaje. También puede aportarnos una idea de en qué punto está centrado el pensamiento de la mayoría. Utilice un diagrama de afinidad cuando quiera hallar categorías y metacategorías dentro de un cúmulo de ideas y cuando quiera saber cuáles entre éstas son las más comunes en el seno de un grupo.

NÚMERO DE JUGADORES
No más de veinte participantes.

DURACIÓN
Depende del número de jugadores, pero un máximo de una hora y media.

CÓMO JUGAR
1. En un papel, escriba una pregunta a la que responderán los jugadores junto con una imagen como complemento. Ponga en práctica este juego únicamente cuando quiera preguntar algo a los participantes y sepa que generará, como mínimo, veinte elementos de información para clasificar.

2. Pida a cada jugador que se tome diez minutos para escribir su respuesta en notas adhesivas. Utilice fichas y una mesa si el grupo es de cuatro participantes o menos. Dirija esta parte del proceso en silencio.

3. Recoja todas las ideas del grupo y péguelas en una superficie lisa que esté a la vista de todos los asistentes. Deberá quedar como en la siguiente ilustración.

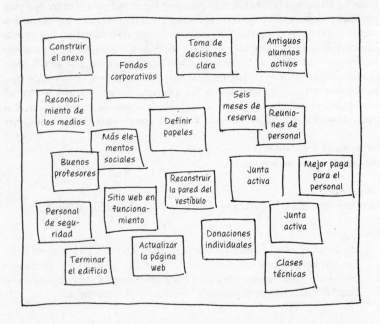

4. Siguiendo la orientación de los participantes, clasifique las ideas por columnas (o pilas) teniendo en cuenta las relaciones. Procure que el grupo se involucre en el proceso tanto como sea posible. Deje que se acerquen a la pared para pegar sus notas —así ahorrará tiempo— y permítales que lleven a cabo una clasificación inicial en columnas o pilas.

5. Cree un *aparcamiento* de notas adhesivas cercano al despliegue de ideas para todas las que no entran de forma natural en ninguna categoría. Las repeticiones en las ideas están bien; no descarte las notas adhesivas porque ya estén representadas. Es útil dejar pegadas las ya repetidas porque eso sirve como indicador para saber cuántas personas piensan de la misma forma.

En este punto, pida a los jugadores que eviten buscar categorías superiores y que se centren en agrupar la información de acuerdo con las afinidades.

6. Una vez el contenido esté clasificado, pida al grupo que sugiera categorías que representen las columnas que usted ha creado y escriba las que han sido decididas por consenso en la parte superior de cada columna (o cerca de una pila, si lo ha organizado así). No les permita emplear demasiado tiempo para esto. Si hay desacuerdo en palabras como «instalaciones» o «infraestructura», anote las dos. Si los participantes generan categorías que son significativamente diferentes, preste atención a cuál de ellas recibe la mayor aprobación del grupo y escríbala. Su pizarra debería verse como la de la ilustración que aparece a continuación.

ESTRATEGIA

El valor del juego del diagrama de afinidad se incrementa cuando se dan dos condiciones. La primera es que los jugadores generen muchos datos, y lo ideal es que contengan buena información. La segunda está relacionada con la calidad de la clasificación. Cuanto más claros sean los puntos de vista de los participantes al relacionar los contenidos, tanto mejores serán las categorías.

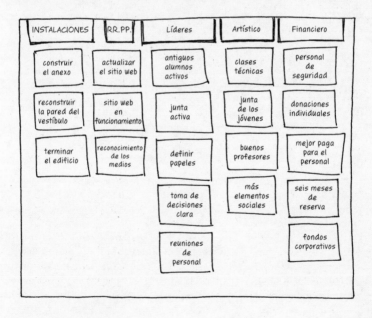

A veces, las afinidades entre contenidos son claras como el cristal, así que la clasificación se vuelve menos fundamental; sin embargo, cuando las relaciones tienen más matices, es más importante que este proceso se haga bien. En una situación en la que existen muchas maneras de crear afinidad entre los datos obtenidos asuma un papel facilitador más potente. Efectúe preguntas sobre las columnas o las pilas para aclarar el pensamiento del grupo y condúzcalo a una cantidad de categorías adecuada. Si hay demasiadas, los datos terminarán diluyéndose. Si hay muy pocas, el análisis se difuminará. Ayude a los participantes a encontrar el punto intermedio.

Actividad opcional: juegue al Mapa de afinidad *una vez y termine con categorizaciones. Luego pida a los miembros del equipo que mezclen las notas adhesivas y vuelvan a combinar las ideas basándose en las afinidades que no han advertido en la primera ronda.*

El Mapa de afinidad *fue ideado por Jiro Kawakita en la década de 1960. También recibe el nombre de* Método KJ.

Atomizar

Hay un momento en que hay que profundizar. Como ocurre con la ciencia, romper las grandes estructuras para desmenuzarlas hasta obtener sus componentes básicos es fundamental para conocer su funcionamiento. Así es como creamos entendimiento y formulamos nuevas ideas.

Este ejercicio empieza con un simple elemento y termina con un análisis de sus componentes capa a capa. Es útil para desembalar grandes estructuras, pero entendidas pobremente. Aunque tienen numerosas aplicaciones, entre algunas estructuras bien preparadas para su atomización encontramos:

- La oferta de una empresa.
- Una plataforma tecnológica.
- Una iniciativa para toda la empresa.
- Una cadena de suministro o de demanda.
- La cultura de un grupo u otro bien intangible.

Al romper el gran sistema en sus componentes, el grupo tendrá ventaja en la resolución de problemas o en las *gamestorming*. Puesto que son más discretos y tangibles, los componentes más pequeños son más fáciles de manejar y se comprenden mejor. De la misma forma, el mapa total que se genera servirá para explicar todo el sistema.

Número de jugadores
Grupos pequeños.

Duración
Una hora o más.

Cómo jugar
1. Empiece el ejercicio escribiendo el nombre del sistema en una nota adhesiva y pegándola en la parte superior de una pizarra blanca. Presente el ejercicio como una manera de entender cuáles son los elementos que forman el sistema, en términos tangibles y desfragmentándolo en átomos.
2. Para empezar la *gamestorming* pida al grupo que divida el sistema principal en sus componentes. En este paso usted estará generando una lista de cosas para colocarlas en notas adhesivas justo debajo del tema principal. Por lo

general, lo habitual será una lista corta de entre tres y cinco componentes grandes.

3. Para cada elemento, repita el proceso de división preguntando a sus participantes: «¿Qué combina para crear esto?». De esta forma, usted formará una pirámide de componentes hacia abajo.

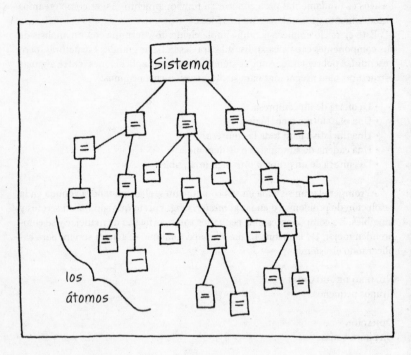

El mapa y los componentes individuales resultantes pueden utilizarse como entradas en otras actividades o documentarse como explicación de las partes de un sistema.

ESTRATEGIA

En alguna parte, por lo general a cuatro o cinco niveles de profundidad, hay un punto de inflexión natural. En vez de volverse más diversos, los elementos empiezan a convertirse en más fundamentales. Éste es el nivel atómico, y en donde se descubren algunos de los resultados más interesantes. Al explorar la cultura del grupo es cuando pueden descubrirse sus actitudes ocultas y los comportamientos únicos. Al atomizar una oferta de servicio o un producto aquí es donde pueden residir las características elementales y los puntos de diferencia.

El juego Atomizar *es una creación de James Macanufo.*

El lado oscuro

OBJETIVO DEL JUEGO

Todo ser humano tiene sus puntos débiles y las empresas, también. La apertura de conocimiento puede mejorar tanto éstas como las relaciones, mientras que la carencia de conocimiento puede comportar que las cosas sean innecesariamente más difíciles. En otras palabras, lo que no conocemos puede perjudicarnos. En el mundo militar se refieren a eso como «la niebla de la guerra». La premisa de este juego, por lo tanto, es revelar y descubrir la información desconocida que puede causar un impacto en el éxito organizacional y del grupo en cualquier ámbito de la compañía: dirección, planificación o el trabajo de equipo, entre otros.

NÚMERO DE JUGADORES

De cinco a quince participantes.

DURACIÓN

Entre treinta y cuarenta y cinco minutos.

CÓMO JUGAR

1. Antes de la reunión, escoja un tema de debate. Dibuje el perfil de una persona a gran escala y trace cuatro flechas que salgan de la parte superior de la cabeza. Etiquételas de la siguiente manera: «sé-sé», «sé-no sé», «no sé-sé» y «no sé-no sé».
2. Reparta notas adhesivas y rotuladores entre los participantes e indíqueles que el objetivo de este juego es intentar que resulte explícito el conocimiento que tienen, y el que no tienen pero que podrían usar.
3. Empiece con la categoría «sé-sé». Obtenga toda la información sobre el tema que el grupo sabe que conoce. Este elemento debería rellenarse con agilidad y generar gran cantidad de contenido. Pida a los jugadores que anoten un fragmento de conocimiento por cada nota adhesiva y que la agrupen cerca de la flecha correspondiente a la categoría (deberán hacer lo mismo con las demás).
4. Seguidamente, aborde el aspecto «sé-no sé». Éste no tendrá tanta agilidad como el anterior, pero sí debería generar mucho contenido. Una vez más, dígales que agrupen y peguen las notas junto a la flecha indicada.
5. Pase al elemento «no sé-sé». Esta información pueden referirse a las habilidades que las personas tienen, pero que en la actualidad no se aplican para resolver problemas o bien a recursos no explotados que hayan sido olvidados.

6. Por último, aborde la categoría «no sé-no sé». El grupo se detendrá aquí, posiblemente de forma indefinida. En esta clase tienen lugar el descubrimiento y la exploración compartida. Sugiera a los jugadores que formulen preguntas comprometidas: ¿qué sabe este equipo que el tuyo no sabe que ignora? ¿Cómo puedes descubrir que no sabes lo que ignoras?

7. Pregunte al grupo qué pueden hacer para abordar de forma proactiva los diferentes retos de cada categoría. Debatan acerca de los distintos enfoques y los aspectos en los que concuerden. Aunque la única revelación de los jugadores sea que tienen puntos débiles, esto es en sí mismo un descubrimiento provechoso.

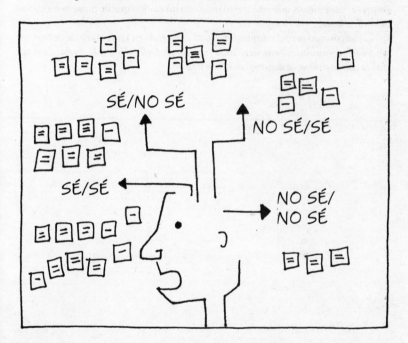

Este juego proporciona mejores resultados con un grupo reducido cuando los participantes cruzan responsabilidad y disciplinas. Tener un conjunto variado potencia el bucle de retroalimentación para las categorías «no sé», que es donde los jugadores se estancarán. Se sentirán confiados sobre lo que saben —e incluso con lo que saben que ignoran—; pero sin una perspectiva exterior, es casi imposible declarar que no sabemos qué es lo que ignoramos. La naturaleza de esta pregunta asegura el debate y la petición de las observaciones ajenas.

Puesto que este juego tiene un componente obvio de fomento de la confianza, empiece por compartir la información de fácil acceso y avance hacia la más sustancial, que dependerá del nivel de comodidad de los jugadores. Mantenga al grupo cerca de los temas relacionados con la empresa y los proyectos, y alejado de las calificaciones personales. Aunque este juego puede utilizarse como una evaluación psicológica, sus aplicaciones de autoayuda deberían dirigirse fuera del escenario empresarial, a menos que esté trabajando con un equipo que de manera excepcional esté tratando ese asunto.

El lado oscuro *es una adaptación y está inspirado en* La ventana de Johari, *un modelo de comunicación desarrollado por Joseph Luft y Harry Ingham. Esta variante del modelo se la debemos a Sunni Brown.*

Construye una lista de control

En cualquier trabajo de cierta complejidad en todo momento existe un riesgo de que varias tareas de igual importancia saturen la mente humana. En el trabajo intelectual, esto puede ser doblemente cierto, debido a la falta de claridad intangible de cualquier labor concreta. Para los grupos que estén planeando cómo trabajarán, una de las cuestiones más prácticas y útiles que pueden llevar a cabo es crear una lista de control o comprobación.

Aunque pueda parecer que elaborar una lista de control es un ejercicio de apertura y cierre, a menudo se descubre un conjunto de asuntos. Puesto que se trata de un objeto para orientar y centrar, exige que el equipo debata el orden y la importancia de determinadas tareas. Es probable que los miembros del grupo tengan distintos puntos de vista sobre estos aspectos, por lo que esta lista es un medio para sacarlos a relucir y trabajar con ellos.

NÚMERO DE JUGADORES
Un grupo pequeño que tenga mucha experiencia con el trabajo que les ocupe.

DURACIÓN
Una hora o más, según la función que deba analizarse.

CÓMO JUGAR
Es más útil crear la lista de control por orden de operación, de la primera a la última, pero en algunos casos, una lista por orden de prioridad es más adecuada. Considere cuál de ellas sería más provechosa para el grupo.

1. Para empezar, presente el tema: «Vamos a crear una lista de control para [rellene el espacio en blanco]». Quizá sea útil que el grupo piense primero en una situación particular o en el tiempo de duración, como en «ir de A a B» o «tratar con un cliente insatisfecho».
2. Deje que el grupo, mediante una *gamestorming*, elabore una lista con las tareas que aparecerán en la lista de control. Para ello necesitará notas adhesivas. Guíelo para crear elementos concretos y medibles, como un interruptor que se enciende y se apaga. Por ejemplo, «evaluar la preparación de la llegada» no es tan útil como «abrir el tren de aterrizaje».
3. Una vez el grupo haya generado cierta cantidad de ideas podrán usar el juego *La publicación* y un mapa de afinidad para eliminar los trabajos

duplicados. Al debatir lo que debe añadirse a la lista tendrán que hacerse dos cosas:

- Que el grupo ordene las funciones en un procedimiento. Utilice notas adhesivas para que las labores individuales puedan moverse. En un espacio con un principio y un final, los participantes podrán debatir el orden mientras crean la lista en tiempo real.
- Obligue al grupo a que clasifique las tareas. En este caso, deberá decidir su orden de importancia. Al hacerlo, el conjunto será capaz de ponerse de acuerdo para cortar los elementos del final de la lista, abreviar su lista de control y que resulte más directa.

En todos los casos, el debate y la reflexión que surgen de la *gamestorming* inicial será cuando se dé el mayor progreso. Es probable que las nuevas ideas salgan a la superficie y se añadan a la lista de control durante el debate. Una vez terminado éste, el siguiente paso que el grupo deberá efectuar es instituir la lista de control como una herramienta y compartirla con los demás para que puedan probarla y mejorarla.

El juego Construye una lista de control *es una creación de James Macanufo.*

Modelo empresarial en lienzo

OBJETIVO DEL JUEGO

Los nuevos modelos empresariales pueden afectar de forma inmediata a toda una industria, y como muestra, un botón: analice cómo la estrategia del iTunes de Apple ha alterado la industria de la música. El juego *Modelo empresarial en lienzo*, desarrollado por Alex Osterwalder, es una herramienta que podrá utilizar para examinar y repensar un modelo empresarial.

NÚMERO DE JUGADORES

Entre uno y seis participantes. Si se emplea individualmente, funciona bien para realizar un esbozo rápido sobre una idea y pensar en ella. Para crear un mapa de un modelo empresarial existente o uno futuro debería trabajar con grupos. Cuanto más diversos sean los jugadores de los equipos, más acertada será la panorámica del modelo.

DURACIÓN

Un juego individual puede durar unos quince minutos, y entre dos y cuatro horas para crear un mapa de un modelo empresarial existente; e incluso hasta dos días para desarrollar un modelo futuro o uno de puesta en marcha.

CÓMO JUGAR

Crear mapas de modelos empresariales es más fácil cuando los jugadores trabajan con un cartel en la pared. Imprima uno a escala del lienzo o créelo dibujando las categorías en la pared. El lienzo se puede descargar en <businessmodelhub.com>. Si lo hace usted mismo, debería quedar parecido a esta imagen:

Asegúrese de que todos los jugadores tengan rotuladores y notas adhesivas de varios tamaños y colores. También necesitará una cámara para fotografiar el resultado.

Con el cartel *Modelo empresarial en lienzo* podrá poner en práctica varios juegos y variantes. Aquí describimos el más básico, que es la creación de un mapa del modelo empresarial existente en una compañía, su evaluación y la formulación de modelos mejorados o potencialmente nuevos. Esto puede adaptarse fácilmente a los objetivos de los jugadores.

1. Una buena manera de empezar a dibujar el mapa de su modelo empresarial es permitiendo que los jugadores comiencen a describir las categorías de clientes a los que su firma da servicio. Los participantes deberán pegar en el cartel notas adhesivas de diferentes colores para cada segmento. Un grupo de clientes representa una clase distinta si sus necesidades difieren y las proposiciones de valor que ustedes les ofrecen varían (por ejemplo, un periódico da servicio a los lectores y a los anunciantes) o bien requieren diferentes canales, relaciones con los clientes o fuentes de ingresos.

2. En consecuencia, los jugadores deberían elaborar un mapa de las proporciones de valor que su empresa ofrece a cada segmento de clientes. Los asistentes deberían usar notas adhesivas del mismo color para las proposiciones de valor y las series de clientes que vayan juntas. Si una proposición de valor va dirigida a dos tipos de clientes muy distintos, deberían usarse notas de dos colores diferentes.

3. Luego los jugadores tendrían que crear un mapa con todos los bloques de construcción que quedan del modelo de su empresa ayudándose de notas adhesivas. Deberían intentar usar siempre los colores de los segmentos de clientes relacionados.

4. Cuando hayan terminado de formar el mapa de todo el modelo empresarial podrán empezar a evaluar su puntos fuertes y débiles colocando notas verdes (para las fortalezas) y rojas (para las debilidades) junto con los elementos fuertes y débiles del modelo empresarial cuyo mapa se ha creado. En vez de notas de colores diferentes también pueden utilizarse los signos más (+) y menos (–) para diferenciarlas.

5. A tenor de la visualización de su modelo —que ha sido plasmado por los jugadores en un mapa con los pasos 1 al 4—, usted podrá intentar mejorar el existente o generar otros totalmente nuevos. Lo ideal es que los jugadores usen uno o varios carteles de *Modelo empresarial en lienzo* para crear en un mapa otros modelos mejorados o nuevos.

Crear un mapa de un modelo empresarial existente en una organización, que incluya tanto los puntos fuertes como los débiles, es un inicio esencial para mejorar el modelo actual o para desarrollar otros nuevos para el futuro. Como mínimo, el juego conduce a un entendimiento refinado y compartido del modelo empresarial de una organización. Y en su mejor vertiente, ayuda a los jugadores a desarrollar direcciones estratégicas para el futuro al trazar modelos empresariales mejorados o nuevos.

El juego Modelo empresarial en lienzo *fue diseñado por Alexander Osterwalder e Yves Pigneur. El cartel está disponible con permiso de Creative Commons y se puede descargar gratis en la página <http://www.businessmodelhub.com>. También aparece en su libro* Generar modelos de negocio.

El botón

OBJETIVO DEL JUEGO
Un elemento común en las *gamestorming* o en los grupos de trabajo es la rutina «vamos a deambular y a escuchar lo que dicen los demás». La norma que gobierna a este hábito es muy valiosa: todo el mundo habla cuando alguien lo ha hecho ya dos veces.

Sin embargo, esto comporta dos problemas. El primero, ir de una persona a la siguiente siguiendo un turno rotatorio puede ser un desgaste de energía, incluso si son pocas las que están en la sala. Es predecible, y a veces los participantes al final se sienten defraudados. El segundo problema, y potencialmente más dañino para la actividad, es que a menudo la atención de los asistentes mengua cuando están *en cubierta* y preparando sus propios pensamientos en lugar de estar escuchando a los demás.

El juego *El botón* es una sencilla técnica que permite ser fiel a la norma original y al mismo tiempo evita las trampas de las rondas.

CÓMO JUGAR
Cuando se pide al grupo que responda a una pregunta se da un pequeño objeto —puede ser un botón, una ficha de póquer o algo similar— al primer voluntario. Después de haber respondido, éste escogerá a una persona que todavía tenga que hablar y le entregará el botón. Esta dinámica continuará hasta que todo el mundo haya intervenido por lo menos una vez.

> *Esto también puede hacerse fácilmente con fichas en vez de con un pequeño objeto. Los participantes pensarán primero su respuesta y escribirán una palabra y su nombre en la ficha. Éstas se pasarán hacia la izquierda rápidamente y durante unos cuantos segundos, de modo que en el proceso de pasarlas se mezclen y desordenen. Entonces los jugadores podrán leer las palabras en voz alta y pedir a quienes las hayan escrito que las expliquen.*

ESTRATEGIA
Este sistema aleatorio mantiene despierta la atención de los asistentes. Cuando uno no sabe si van a pronunciar su nombre en el siguiente turno, tiende a estar más presente y centrado. Este juego también transfiere el control a los participantes, pues le otorga el poder de nombrar al siguiente jugador.

El botón *está inspirado en la tradición de los indios nativos norteamericanos* El palo de la palabra, *en la que un objeto ceremonial como un palo o una pluma, que representaba el derecho a tomar la palabra, era pasado de una persona a otra para respetar el turno de los hablantes y evitar así las interrupciones.*

La hoguera

OBJETIVO DEL JUEGO
Los empleados se pasan horas sentados en sesiones de capacitación, examinando cuidadosamente manuales de orientación y poniendo en práctica juegos de *e-learning* corporativo para aprender los conocimientos técnicos de sus nuevos puestos. Pero la realidad es que la mayor parte del conocimiento del personal se adquiere a través de los relatos. Los empleados se entrenan unos a otros compartiendo sus experiencias particulares y profesionales. El juego de *La hoguera* aprovecha nuestra tendencia natural a contar historias al dar a los jugadores el formato y el espacio en los que compartir las anécdotas del trabajo, de pruebas y error, de fracaso y de éxitos, de competición, diplomacia y trabajo en equipo. *La hoguera* es útil no sólo porque actúa como un juego de entrenamiento informal, sino porque también pone de manifiesto los puntos en común en la percepción y la experiencia de los empleados.

NÚMERO DE JUGADORES
De ocho a veinte participantes.

DURACIÓN
Entre treinta y cuarenta y cinco minutos.

CÓMO JUGAR
1. Antes de la reunión, desarrolle una *gamestorming* de entre diez y veinte palabras o frases que pueda emplear como punto de partida para iniciar la sesión de narración de anécdotas. Escríbalas en notas adhesivas. Intente que las ideas sean positivas o neutras: colaboración, aventura, primer día, viaje de trabajo, proyecto divertido u oportunidad, por citar algunos ejemplos.
2. Pegue las notas en la sala de reunión en un espacio visible para todos y reparta rotuladores y más notas adhesivas entre los jugadores. Dígales que la reunión en un espacio de trabajo «en torno a una hoguera» y que lo único que deberán hacer es compartir historias como en un «programa de capacitación de la empresa» de corte informal. Muéstreles la *pared de palabras* y pídales que empleen entre uno y tres minutos para leerlas y buscar una anécdota que pueda asociarse a alguna de ellas. Para ayudar a que el grupo entre en calor, empiece usted mismo la sesión apartando una palabra y contando una historia relacionada con ella a modo de introducción.

3. Pida a un voluntario que siga lo que usted ha empezado cogiendo una nueva palabra de la pared y pegándola cerca de la suya. Así empezará el *hilo de las historias*.

4. Antes de que el primer jugador empiece su historia, indíquele que lea en voz alta la palabra que haya escogido y que luego dé instrucciones a los demás participantes para que escuchen con atención su relato y que anoten una palabra o una frase en una nota adhesiva que les haya hecho recordar otra anécdota relacionada con el trabajo. Si no han obtenido ninguna palabra nueva a partir de la explicación de su compañero, podrán coger una nota adhesiva de la «pared de las palabras».

5. Después de que el jugador haya terminado la primera historia, pida a otro voluntario que se acerque a la *pared de las palabras*. Deberá leer una de ellas en voz alta y compartir su relato.

6. Repita este proceso hasta que los jugadores hayan creado un *hilo de historias* parecido a una serpiente que funcione como un archivo de la conversación alrededor de la hoguera. Usted deberá decidir en qué momento termina la sesión. Antes de que *apague* el fuego, pregunte a los participantes si hay alguna lección o pensamiento final que quieran añadir.

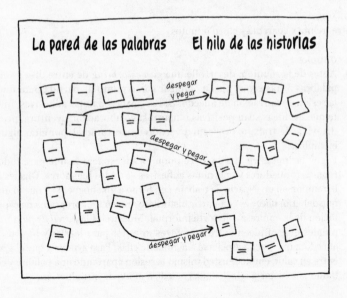

Su papel como líder de la reunión es simplemente animar a que se compartan historias y anécdotas relacionadas con el trabajo. Si observa una pausa en el hilo de las historias, pida a los empleados que vuelvan a la *pared de las palabras* o diga a alguno de ellos que lance un comodín. Usted también puede contar sus relatos a partir de las de los jugadores. También puede dejar que las historias deriven hacia asuntos menos positivos o neutros si considera que los asistentes necesitan un poco de catarsis, pero esté preparado para dirigir lo que pueda venir y no permita que la reunión termine con un tono amargo.

El punto de *La hoguera* es simple pero potente. Anima a compartir, muestra la cantidad de cosas que la plantilla tiene en común y aprovecha la tendencia natural de la capacitación de los empleados para que se dé en forma de diálogo desenfadado. Los seres humanos queremos contar historias; es probable que note que los jugadores se quedan compartiendo experiencias incluso después de haber concluido la reunión.

Este juego está inspirado en el libro Tell Me a Story: Narrative and Intelligence (Rethinking Theory), *de Roger Schank y Gary Saul Morson, y se lo debemos a Sunni Brown.*

Cartas retadoras

OBJETIVO DEL JUEGO
Identificar y pensar en los retos, los problemas y los potenciales escollos de un producto, servicio o estrategia.

NÚMERO DE JUGADORES
Funciona mejor con grupos pequeños de entre cinco y diez participantes.

CÓMO JUGAR
Divida cada grupo en dos equipos. Uno de ellos, el *equipo de la solución* llevará a cabo una *gamestorming* en silencio sobre las características y los puntos fuertes de un producto o solución. El otro, el *equipo del reto*, hará lo mismo pero con los potenciales problemas o retos y los escribirá en fichas (un problema o un reto por ficha).

Cuando empieza el juego, los dos equipos trabajan juntos para contar una historia en común. El equipo del reto escoge una carta del mazo que habrá sobre la mesa, la coloca encima de ésta y describe una escena o un acontecimiento en que el tema pudiera surgir de forma realista. El equipo de la solución deberá coger entonces una carta de su baraja que plantee el reto. Si tiene una solución gana un punto, y si no la tiene, lo obtendrá el equipo del reto. Entonces los grupos trabajarán juntos para diseñar una ficha que trate el reto. El juego continúa de esta manera, un reto seguido de una solución, otro reto y otra solución, y así sucesivamente hasta que la historia o el escenario llegue a una conclusión.

ESTRATEGIA
La meta de este juego es mejorar un producto o una estrategia después de pensar en varios escenarios y alternativas. Al convertir el ejercicio en una competición y un juego en el que se relatan anécdotas, es más probable que los jugadores participen y se metan de lleno en los escenarios. Mantenerlo vivo y divertido comportará que la energía aumente. Para que funcione, no debería dar la sensación de que se está trabajando.

Este juego surgió espontáneamente en un taller de Gamestorming *celebrado en Londres en el año 2010.*

Cliente, empleado, accionista

OBJETIVO DEL JUEGO
El objeto de este juego es imaginar los posibles futuros desde diferentes perspectivas.

NÚMERO DE JUGADORES
De uno a diez participantes.

DURACIÓN
Entre una y tres horas.

CÓMO JUGAR
1. Divida el grupo en tres conjuntos: clientes, empleados y accionistas.
2. Pida a los jugadores que se metan en sus papeles y que imaginen sus empresas dentro de cinco años. ¿Qué valorarían? ¿Cómo sería la experiencia? ¿Qué sucesos y tendencias surgen? ¿Qué cosas específicas y tangibles son diferentes?
3. Indique a los participantes que dibujen sus visiones de futuro y las compartan.
4. Pida al grupo que identifique los temas y las nuevas posibilidades. Anótelo todo y consúlteles cuáles serán los siguientes pasos.

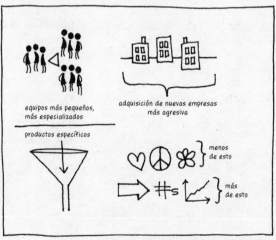

(ejemplo de la perspectiva de un empleado)

En este ejercicio, el grupo tiene la oportunidad de relacionar conocimiento intuitivo sobre la empresa que de otra forma no saldría a la superficie. Si es posible, permita que desempeñen los demás papeles invirtiéndolos con sus compañeros y repitiendo la dinámica de grupo.

El juego Cliente, empleado, accionista *está basado en el* Marco de trabajo de accionistas *desarrollado por Max Clarkson en «A Stakeholder Framework for Analyzing and Evaluating Corporate Social Performance», publicado en la revista* Academy of Management Review (1995).

Diseña la caja

Objetivo del juego

Antes de empezar, céntrese en el final. En este ejercicio, los equipos crearán la caja física que venderá su idea, tanto si ésta se convierte en un producto tangible como si no. Al imaginar el envoltorio para su idea, el equipo toma decisiones sobre características importantes y otros aspectos de su visión que son más difíciles de articular.

Este juego es popular entre los diseñadores de programas informáticos cuando se ponen a trabajar para captar la visión del cliente con respecto a una nueva aplicación, pero su uso no se limita a este asunto. El juego puede ayudar a facilitar cualquier debate orientado a hablar sobre la visión, y se ha utilizado para describir los temas que van desde *nuestra metodología futura* hasta *el contrato ideal*.

En todos los casos, la caja es un dispositivo para centrarse: envuelve gran cantidad de información intangible en un objeto físico bonito que va generando decisiones oportunas durante el proceso. Cuando los equipos se presentan o *venden* sus cajas entre ellos, muchas cosas cobran vida, incluida la natural traducción de características en beneficios. Además, es una actividad divertida. Los resultados del ejercicio pueden ser simples dibujos o una caja real, que después se podrá conservar como un recuerdo agradable de la gran panorámica.

Número de jugadores

Aunque el ejercicio puede plantearse para un grupo pequeño, si se plantea para que varios equipos trabajen en paralelo en diferentes cajas el debate durante la *fase de venta* será más sólido.

Duración

Una hora o más, en función del número de grupos y la profundidad del debate.

Preparación

Pese a que el papel y los rotuladores son buenos materiales para construir una caja, no dude en utilizar otros más pesados. Considere la posibilidad de comprar varias cajas de cartón en blanco en una tienda de artículos para oficina o en una oficina de correos. Merecerá la pena invertir en rotuladores, papel de embalar, pegatinas, cinta adhesiva y tijeras.

Quizá sirva de ayuda a los motores creativos del grupo si tiene a mano alguna caja que sirva de modelo. Las de cereales, con sus ofertas de premios gratis, sus gráficos llamativos y la información nutricional, suponen una buena idea para empezar. De igual modo, las cajas lisas de las tiendas, las de regalo y las que han contenido juguetes son una buena gama para inspirarse. Un grupo que esté fuertemente arraigado al paradigma del *todo sigue igual* se beneficiará mucho al tener esta inspiración a mano.

Cómo jugar

El ejercicio se desarrolla en tres fases: una introducción, la creación de la caja y compartirla mediante una *venta*.

Fase uno: rellenar la caja

Antes de que el grupo se lance a crear la caja, sus componentes necesitarán reflexionar sobre su contenido. Para orientar a los miembros del equipo, considere la posibilidad de presentar unos cuantos *bloques de construcción*:

- Posibles nombres para la idea.
- Posibles clientes, usuarios finales o compradores.
- Posibles características, funciones u otros detalles importantes que definan el producto.

Quizá estos fundamentos sean conocidos o totalmente nuevos para su grupo. La clave al preparar el ejercicio está en proporcionar a los equipos la información suficiente para que se sientan cómodos al empezar.

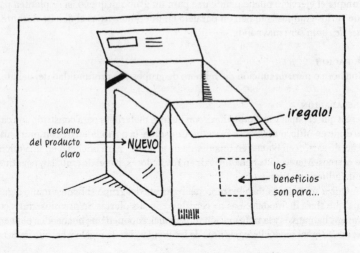

Fase dos: armar la caja

Dé al equipo un tiempo de unos treinta minutos para crear la caja que albergará su idea. Pida a los asistentes que se imaginen el momento en que verían la caja en la estantería de una tienda, empaquetada y lista para su venta. Al diseñar la caja, los siguientes puntos podrán ayudar a los equipos:

- ¿Cómo se llama?
- ¿Para qué sirve?
- ¿Cuál es su eslogan?
- ¿Cuáles son sus características más convincentes? ¿Y sus beneficios?
- ¿Qué imágenes o diseño gráfico harían de él un producto destacado para usted?

Los equipos optarán por organizarse de forma natural; la mayoría de los participantes querrá crear su propia caja con independencia de cómo estén formados los grupos. Asegúrese de que tienen el material suficiente para hacerlo y de que saben que no existe una forma buena o mala de elaborar una caja.

Fase tres: vender la caja

A cada equipo o participante se le debería ofrecer la oportunidad de ponerse de pie y *vender* su caja al resto del grupo. Merece la pena reservar un espacio de tiempo para estas presentaciones e incluso ofrecer un premio al equipo que realice el mejor trabajo *vendiendo* su caja al conjunto.

Observe los avances que tienen lugar con naturalidad mientras los participantes presentan sus cajas; suelen poner características en la caja, pero al venderla, las traducen en beneficios. Escuche las frases como «de modo que» y «porque», que sirven de puente a las características que, de otra forma, serían sólo mecánicas, y que se convierten en beneficios reales.

El ejercicio funciona bien como un proceso abierto y divergente, pero puede dirigirse para que los equipos converjan, previo acuerdo, en una caja compartida. Si ponerse de acuerdo y estar en sintonía es un resultado que desea obtener del ejercicio, anote las diferencias y similitudes sobre cómo cada grupo interpreta su caja. Construya las bases comunes captadas en las similitudes y separe las diferencias para iniciar un debate. Si quiere, puede organizar una segunda ronda, pero esta vez podrá incorporar los acuerdos en una caja final compartida por todos.

En cualquier caso, si existe un premio para el *mejor vendedor de cajas*, asegúrese de que sean los equipos los que emitan los votos. Y prepare premios suficientes para los participantes de un grupo, si la caja ha sido creada por todos ellos.

Conserve las cajas y colóquelas en un lugar destacado. Serán componentes más valiosos (y visibles) que cualquier otra documentación que se obtenga del ejercicio. También podría ser beneficioso grabar en vídeo las presentaciones de los equipos, si ello no interrumpe el flujo de trabajo del grupo.

El acto principal de *diseñar la caja* puede alterarse para trabajar en diferentes contextos y con otros participantes.

Este ejercicio tiene muchos nombres y hay gran cantidad de buenas fuentes donde se pueden encontrar sus variantes. Esta versión está basada en una adaptación del juego Diseña la caja, *del libro de Luke Hohmann titulado* Innovation Games: Creating Breakthrough Products Through Collaborative Play. *Otras fuentes apuntan a Jim Highsmith, del Cutter Consortium, y a Bill Shackelford, de Shackelford & Associates como los creadores del concepto.*

Hacer, rehacer y deshacer

OBJETIVO DEL JUEGO
Cuando se crea algo, es más fácil pensar en lo afirmativo. Pensamos en un vector de toma de acciones y de construcción de cosas, y podemos olvidarnos de que, con el tiempo, deshacer esas mismas decisiones puede ser precisamente igual de importante. El juego *Hacer, rehacer y deshacer* requiere que el grupo se centre en este punto y que piense en las implicaciones de desmontar y alterar las cosas.

Éste es un ejercicio útil para desarrollar cualquier sistema de humano a máquina o de humano a humano. Los programas informáticos proporcionan gran cantidad de casos en los que se puede deshacer lo hecho, cuando los usuarios necesitan cambiar las configuraciones, arreglar errores o desinstalar programas definitivamente. Los procesos empresariales necesitan enfocar esto con el mismo acierto: los componentes necesitan cambiar o disolverse, y a menudo esta flexibilidad se pierde sin tener claro cómo se ha elaborado aquél.

NÚMERO DE JUGADORES
Grupos pequeños.

DURACIÓN
Una hora o más, según cual sea la complejidad del *escenario más favorable* existente.

CÓMO JUGAR

El escenario más favorable
Por lo general, el grupo pondría en práctica este ejercicio después de tener un concepto o prototipo como punto de partida. En el caso de los programas, podría ser la anécdota de un usuario o una lista de funciones; en un proceso, es posible usar un borrador del flujo de trabajo.

El grupo debería tener tiempo para tratar y digerir este ejemplo. El ejercicio empieza con una *gamestorming* del conjunto con respuestas para una pregunta sencilla: «¿Qué errores se pueden cometer y se cometerán?».

Con el juego *La publicación*, el equipo obtendrá ideas sobre unos temas que escribirá en notas adhesivas y las pondrá en común para crear una serie de escenarios iniciales a fin de investigar acerca de *deshacer y rehacer*. No es inusual que aparezcan en la lista algunos temas graciosos. Otras preguntas que pueden resultar útiles para dar cuerpo a este conjunto son:

- «¿Qué ocurriría si un grupo de monos intentara usarlo?»
- «¿Qué sucedería si tiráramos del cable? ¿Dónde está el cable?»

El escenario menos favorable

Al generar la lista inicial mediante el juego *La publicación*, el grupo ha identificado al menos uno de los escenarios menos favorables. Ahora su labor consistirá en abordar los asuntos centrándose en tres soluciones posibles:

Hacer. Cambie el diseño o plan para evitar todo el problema. Esto eliminará el tema de la mesa.

Rehacer. Proporcione recursos para alterar la acción mientras esté teniendo lugar. Esto podría suponer un curso de corrección o un parachoques para el impacto de la situación.

Deshacer. Ponga al alcance unos medios para deshacer completamente una acción y volver a un estado conocido previamente. Esto conducirá a que se abandone el escenario por completo.

Un grupo que tiene un gran número de elementos en el **escenario menos favorable** podría preferir darles prioridad por orden de probabilidad y luego centrarse en los asuntos conflictivos. Hay un orden de preferencia implícito en el juego *Hacer, rehacer y deshacer*. Un problema que puede eliminarse completamente cambiando el diseño evita la necesidad de recurrir a las decisiones de *rehacer* y *deshacer*. Por ejemplo, una función que exija que el usuario introduzca su información de contacto puede eliminarse totalmente si ésta puede obtenerse en cualquier otro sitio.

A medida que el grupo trabaje con el juego, los participantes deberán captar sus soluciones y volver a considerar el **escenario más favorable**. Su borrador de soluciones debería acompañar al diseño mientras madura, y ser puesto a prueba con el usuario y en el mundo real.

El juego Hacer, rehacer, deshacer *es una creación de James Macanufo.*

El discurso del ascensor

Objetivo del juego

El que ha sido un ejercicio reconocido y de eficacia comprobada en el desarrollo de productos se puede aplicar con igual efectividad para exponer una nueva idea: escribir un discurso de ascensor. Cuando se está llevando a cabo y comunicando una visión para algo, ya sea un nuevo servicio, una iniciativa para toda la empresa o simplemente una buena idea que merezca la pena divulgar, el grupo se beneficiará de poner en práctica este ejercicio para escribir su propio discurso de ascensor.

A veces ésta es la parte más difícil al desarrollar una nueva idea. El discurso debe ser lo suficientemente corto para transmitir en un trayecto de ascensor ficticio, pero también tiene que contener una descripción convincente del problema que está resolviendo, para quién lo está resolviendo y un beneficio clave que la distinga de otras ideas.

Número de jugadores

Puede ponerse en práctica individualmente o con un grupo de trabajo pequeño.

Duración

Reserve al menos noventa minutos para todo el ejercicio y prevea una pausa breve después de que la generación de ideas inicial haya terminado y antes de pasar a la etapa de establecer prioridades y dar forma al discurso en sí. Los grupos pequeños lo tendrán más fácil para conseguir un discurso final; en algunos casos es necesario asignar a una persona que realice el seguimiento para la redacción final después de haber tomado largas decisiones durante el ejercicio.

Cómo jugar

Practicar este ejercicio implica dos fases: una de generación de ideas y otra de constitución del discurso. Para preparar la primera de ellas, escriba estas preguntas en un papel o en una pizarra blanca:

- ¿Quién es el cliente objetivo?
- ¿Cuál es la necesidad del cliente?
- ¿Cuál es el nombre del producto?
- ¿Cuál es su categoría en el mercado?
- ¿Cuál es su beneficio clave?
- ¿Qué o quién es la competencia?
- ¿Cuál es el elemento diferenciador único del producto?

Éstos serán los elementos del discurso del ascensor. Están en un orden que se adapta a la siguiente fórmula:

Estructura fraseológica del discurso de ascensor:

PARA (cliente objetivo), QUE TIENE

(necesidad del cliente), (nombre del producto)

ES UN (categoría de mercado) QUE

(un beneficio clave).

A DIFERENCIA DE (competencia),

EL PRODUCTO (elemento diferenciador único).

Para terminar la preparación, explique los elementos y la conexión entre ellos.

El *cliente objetivo* y las *necesidades del cliente* son conceptos sencillos de entender: es probable que cualquier idea o producto relativamente buenos tenga muchos clientes potenciales y cubra un buen número de necesidades. En la fase generativa, todas estas ideas son bienvenidas.

Es útil establecer el *nombre del producto* por adelantado; ello ayudará a concentrar el campo de la conversación y a centrar a los participantes en el contenido del discurso. Sin embargo, no está fuera del campo de las posibilidades que surjan ideas relacionadas con el nombre del producto durante el ejercicio, así que puede dejarse abierto a la interpretación.

La *categoría de mercado* como descripción del tipo de idea o producto debería entenderse fácilmente. Debería sonar como *portal del empleado*, *programa de capacitación* o *comunidades de igual a igual*. La categoría aporta un importante marco de referencia para el cliente objetivo, a partir del cual se establecerán comparaciones y se percibirá el valor.

El *beneficio clave* será una de las áreas más difíciles a las que el grupo deberá dar forma en el discurso final. Ésta es la única razón más convincente por la que el cliente objetivo comprará la idea. En un discurso de ascensor no hay tiempo para confundir la materia con múltiples beneficios; sólo puede haber una razón digna de ser recordada, que será *el motivo para comprar*. No obstante, durante la fase generativa todas las ideas serán bien recibidas.

La *competencia* y el *elemento diferenciador único* pondrán el punto final al discurso. ¿Con quién o con qué comparará el cliente objetivo esta idea y qué la hace única? En algunos casos, la *competencia* podrá ser literalmente otra empresa u otro producto. En otros, puede ser *el programa de capacitación existente* o *la última vez que intentamos llevar a cabo una iniciativa de gran cambio*. El *elemento diferenciador único* debería ser sencillamente esto: *único* para esta idea o enfoque, en una forma que lo distinga en comparación con la competencia.

La fase generativa

Una vez se hayan entendido los elementos, los participantes elaborarán una *gamestorming* y las apuntarán en notas adhesivas que pegarán debajo de cada pregunta. Al principio lo harán libremente, sin debate ni análisis: cualquier idea encajará en cualquiera de las categorías. Utilizando la técnica del *Post-up*, los asistentes colocarán sus notas en los papeles o en la pizarra y compartirán sus ideas.

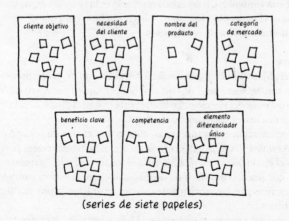

(series de siete papeles)

A continuación, el grupo podrá debatir sobre los ámbitos con los que tiene más problema en su discurso actual. ¿Sabemos lo suficiente sobre la competencia para alegar un elemento diferenciador único? ¿Estamos de acuerdo en cuál es el cliente objetivo? ¿Nuestra categoría de mercado está definida, o estamos intentando definir algo nuevo? ¿En qué necesitamos centrarnos?

Antes de pasar a la fase constituyente, el grupo podrá votar utilizando el sistema de puntos, el mapa de afinidad o cualquier otro método para establecer prioridades y clasificar sus ideas en cada categoría.

La fase constituyente

Después de haber debatido y reflexionado sobre los posibles elementos para un discurso, el grupo tendrá que poner a prueba algunas de las posibilidades existentes.

Esto podrá llevarse a cabo en varios grupos pequeños, en parejas o incluso individualmente, según el tamaño del grupo cuando está al completo. Cada equipo tendrá que cumplir con la tarea de escribir un discurso del ascensor, basado en las ideas de las pizarras.

Después de un tiempo (con quince minutos será suficiente), los conjuntos volverán a reunirse para presentar los borradores de sus discursos. El grupo podrá escoger si representa el discurso interpretando el papel de cliente objetivo mientras lo escucha, y comentar o hacer preguntas a los presentadores.

Este ejercicio habrá terminado cuando se haya logrado un consenso claro entre los miembros del equipo sobre lo que debe contener un discurso del ascensor o lo que no debería contener. Un potencial resultado es la creación de varios discursos para distintos clientes objetivo; podrá dirigir el grupo para que se centre en este propósito durante la fase de constitución.

Estrategia

No se fije el objetivo de la redacción final si trabaja con un grupo numeroso. Será un logro si consigue ese nivel de compleción, pero no es imprescindible y puede efectuarse después del ejercicio. Lo importante es que el grupo decida qué forma parte de un discurso y qué no debe aparecer.

La representación con actores es la manera más rápida de poner a prueba un discurso. Asumir el papel de cliente (o llevar algunos clientes reales para que participen en el ejercicio) ayudará a filtrar la jerga técnica y los términos vacíos de contenido que pueden interferir en un discurso claro. Si éste es verdaderamente creíble y convincente, los participantes no deberían tener problema al mostrarlo a clientes reales.

El discurso del ascensor *es un elemento básico y corriente de la comunidad de capital de riesgo, basado en la idea de que si está vendiendo una idea empresarial, debería ser lo suficientemente simple para transmitirla en un corto trayecto de ascensor.*

Consenso con cinco dedos

Como en el juego *Tarjetas rojas y verdes* (explicado más adelante en este capítulo), ésta es una técnica para gestionar la espiral de retroalimentación entre un facilitador y un conjunto numeroso. Cuando esté trabajando con grupos reducidos o con uno grande, quizá sea necesario evaluar periódicamente el nivel de consenso percibido, sin emplear para hablar de ello una innecesaria cantidad de tiempo. Un facilitador podrá preguntarlo utilizando *la prueba de los cinco dedos*.

Cómo jugar

El facilitador pedirá a los miembros del equipo que puntúen su nivel de consenso con respecto a un tema en una escala del 0 al 5, en la que cinco dedos significarán *total y absolutamente de acuerdo* y el puño representará *puntos de vista completamente diferentes*. Esto es particularmente útil al gestionar los grupos reducidos, en los que pueden discutirse varios asuntos al mismo tiempo. Un conjunto cuyos miembros muestren uno, dos o tres dedos, es probable que tenga más trabajo que hacer.

Estrategia

El truco en esta técnica está en evaluar lo alejados del consenso que se sienten los individuos. Un grupo con miembros que están muy distanciados con respecto a sus puntos de vista, donde tan sólo algunos muestran los cinco dedos y la mayoría únicamente dos, seguramente necesitará ayuda externa y un mediador para su debate.

Las señales manuales son un elemento que suele encontrarse en las tomas de decisiones y la solución de controversias basadas en el consenso. Está relacionada con las técnicas de los pulgares arriba, abajo y hacia los lados.

¡Dale la vuelta!

A veces, un cambio en un problema o situación proviene simplemente de una variación de nuestras perspectivas. *¡Dale la vuelta!* es un juego rápido diseñado para mostrar a los jugadores que las perspectivas se hacen, no nacen con nosotros. Podemos escoger entre ver el vaso medio lleno o medio vacío, pero a veces, cuando percibimos que está medio lleno, obtenemos mejores resultados. Este juego funciona a pleno rendimiento cuando sus jugadores empiezan a ver los retos como oportunidades y a plantear sugerencias factibles para resolver los problemas, en lugar de llevar a cabo un refrito de ellos.

Número de jugadores
De cinco a veinte participantes.

Duración
Desde treinta minutos hasta una hora.

Cómo jugar
1. Antes de la reunión, cuelgue de cuatro a ocho hojas de papel en una pared (como se muestra en la siguiente ilustración), y en cualquiera de ellas escriba el nombre del juego en la parte superior.
2. En la hoja inferior izquierda escriba la palabra «MIEDO». Si quiere, emplee tiempo antes de la reunión para dibujar una representación del miedo o pegar alguna foto de una revista que englobe el término. Explique a los miembros del grupo que el juego *¡Dale la vuelta!* es sobre el futuro de su departamento, su empresa, su producto o servicio, de cualquiera que sea el tema central que hayan acordado de antemano.
3. Pida a los jugadores que, en silencio, empleen entre cinco y diez minutos para escribir en notas adhesivas sus preocupaciones, los asuntos y los miedos relacionados con el tema principal. Recuérdeles que deben ser sinceros sobre sus temores, porque este juego les da la oportunidad de reformularlos. Recoja y pegue las notas adhesivas en las hojas de *miedo*, que son todas las de la fila inferior. Inicie un debate con el grupo respecto al contenido de éstas y diga a varios voluntarios que entren en detalle.
4. En la hoja superior izquierda, escriba la palabra «ESPERANZA». Sugiera a los jugadores que contemplen el contenido del apartado *miedo* y que intenten *dar la vuelta* a las perspectivas reformulándolas en esperanzas. Podrán

emplear entre diez y quince minutos para responder a estos miedos con notas adhesivas.

5. Con el grupo, recoja y pegue la segunda serie de notas adhesivas en las hojas del apartado *esperanza* de la fila superior.

6. Debata el contenido con el grupo y pregunte a algunos voluntarios si quieren detallar más sus aportaciones. Pida a los jugadores que voten por puntos las esperanzas a las que puedan aplicar una acción práctica. Con el grupo, observe las esperanzas que hayan obtenido más puntos.

7. Escriba la palabra «TRACCIÓN» en otra hoja de papel. Reescriba (o despegue y pegue) las esperanzas que lograron más votos en la nueva página *tracción*. Pida a los jugadores que desarrollen una *gamestorming* en voz alta para obtener elementos prácticos relacionados con cada una de las esperanzas. Anótelos y debata sobre éstas.

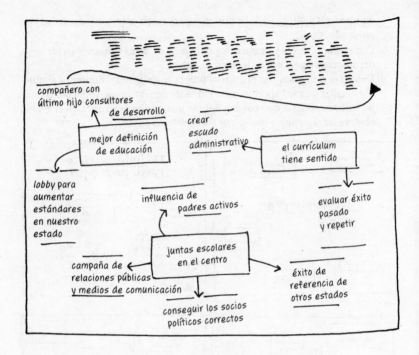

Tracción

compañero con
último hijo consultores
de desarrollo

mejor definición
de educación

crear
escudo
administrativo

el currículum
tiene sentido

lobby para
aumentar
estándares
en nuestro
estado

influencia de
padres activos

juntas escolares
en el centro

evaluar éxito
pasado
y repetir

campaña de
relaciones públicas
y medios de comunicación

éxito de
referencia de
otros estados

conseguir los socios
políticos correctos

ESTRATEGIA

Puesto que el juego empieza con miedos, como líder de la reunión deberá aclarar antes a sus participantes que no van a basarse únicamente en éstos. Sólo necesitarán pensar en algunos durante un breve tiempo, cuyo objeto es recopilar información y que el juego esté en marcha. Puede instruirles acerca del comportamiento del juego abriéndolo con un ejemplo de una situación que usted escoge y que es posible percibirla de una u otra manera. Una vez que el grupo haya escrito sus miedos y estén pegados en la pared, deje que revelen cualquier pensamiento relacionado con ellos y que luego empleen la mayor parte del tiempo convirtiéndolos en resultados positivos. Usted quiere que el equipo vea las preocupaciones (aunque sea de forma pasajera) como una oportunidad para tener esperanza y sentirse motivado en una acción.

Si está trabajando con un conjunto más numeroso o si éste genera gran cantidad de notas adhesivas, utilice la técnica de clasificación y agrupación en pilas y cree categorías representativas para cada montón. Luego pida al grupo que vote dichas categorías y que las use durante la actividad de tracción. A menos que usted indique lo contrario, es probable que los elementos aportados por el grupo se centren en factores internos y externos. Si no quiere que el juego sea tan global, establezca sus propios límites.

Actividad opcional: pida voluntarios para que escriban sus iniciales junto a las acciones prácticas que podrían apoyar. Dígales que no es un compromiso inflexible, sino sólo una indicación sobre cuál es su interés.

La fuente del juego ¡Dale la vuelta! *es desconocida.*

Análisis de campo de fuerzas

OBJETIVO DEL JUEGO

El filósofo griego Heráclito aseveró que el cambio en sí mismo es inalterable. Desde luego, esto es cierto en el competitivo mercado global. Como empleados, a menudo tenemos la responsabilidad de entender e incluso de anticiparlo con el objeto de mantenernos a la cabeza. El juego *Análisis de campo de fuerzas* es una forma comprobada de evaluar las fuerzas que podrían afectar al cambio, el cual puede, en última instancia, concernir a nuestras empresas. Realizar un esfuerzo deliberado para ver el sistema que envuelve a la variación puede ayudarnos a orientarla hacia la dirección que creamos más conveniente.

NÚMERO DE JUGADORES
De cinco a treinta participantes.

DURACIÓN
Desde treinta minutos hasta una hora y media.

CÓMO JUGAR
1. Antes de la reunión, trace un dibujo de un cambio potencial en medio de un papel grande o de una pizarra blanca. Puede dibujar una representación literal (por ejemplo, una planta de producción) o una más abstracta (o sea, una metáfora). Etiquete el dibujo para asegurarse de que todos los participantes tienen claro el tema.
2. En la parte superior izquierda de la página escriba la frase: «Fuerzas PARA el cambio». En la parte superior derecha escriba: «Fuerzas CONTRA el cambio».
3. Dibuje flechas en ambos lados que apunten hacia la imagen central. Estas áreas contendrán las categorías generadas por el grupo, por lo que deberá trazar las flechas lo suficientemente largas para escribir en ellas letras de entre 2 y 5 centímetros. Si le gusta que el equipo se asombre al verle dibujar en directo, pero todavía no se siente cómodo al llevarlo a cabo a mano alzada, esboce las flechas a lápiz previamente (o con un rotulador amarillo) y trácelas durante la reunión.
4. Cuando el conjunto esté reunido, presente el tema del cambio y exponga que el objetivo del juego es evaluar la viabilidad del mismo.
5. Indique a los jugadores que empleen entre cinco y diez minutos para generar ideas en silencio sobre los elementos que están conduciendo el cambio.

Tendrán que escribir una idea por cada nota adhesiva.

6. También en silencio, deberán emplear no más de diez minutos en pensar acerca de los elementos que frenan la variación.

7. Dibuje una sencilla escala con un rango de 1 a 5 en su papel. Indique que el 1 significa que la fuerza es débil y el 5, que es potente. Pídales que revisen cada idea PARA el cambio y que añadan un número a la nota adhesiva que corresponda para ponderar ese pensamiento. Deberán hacer lo mismo con las ideas CONTRA el cambio.

8. Recoja todas las notas adhesivas de la categoría PARA y péguelas en cualquier superficie plana que sea visible por todos los jugadores.

9. Con ayuda del grupo, clasifique las ideas por su afinidad con otras. Por ejemplo, si se han generado tres notas que indican: «La producción no puede continuar a este coste», «los materiales son demasiado caros» y «exceso de gastos en producción», junte todas esas ideas. Cree varias pilas hasta que haya clasificado la mayoría de las notas. Deje a un lado las que no entren en ninguna categoría, pero consérvelas en el juego.

10. Después de que la clasificación esté concluida, empiece una conversación a fin de crear una categoría global para cada pila; es decir, este tipo de categoría en el ejemplo del punto 9 sería «costes insostenibles».

11. Mientras el grupo propone las categorías y se pone de acuerdo, escríbalas dentro de las flechas en el cartel con el dibujo.

12. Al escoger una categoría para cada pila, dirija la atención del grupo hacia las puntuaciones numéricas de cada montón con el fin de obtener un promedio de cada uno de ellos, y anote el número junto a la categoría relacionada en la flecha.

13. Repita los pasos 8 al 12 utilizando las notas adhesivas generadas CONTRA el cambio.

14. Añada las cantidades de PARA y CONTRA y escriba los totales en la parte inferior y en el lado apropiado del cartel.

15. Resuma todos los hallazgos con el grupo, incluidos las sumas totales, y debata sobre las implicaciones si se diera alguno de los dos cambios.

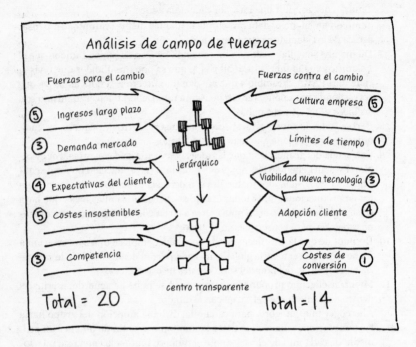

Análisis de campo de fuerzas

Fuerzas para el cambio   Fuerzas contra el cambio

(5) Ingresos largo plazo   Cultura empresa (5)

(3) Demanda mercado   Límites de tiempo (1)

jerárquico

(4) Expectativas del cliente   Viabilidad nueva tecnología (3)

(5) Costes insostenibles   Adopción cliente (4)

(3) Competencia   Costes de
                                             conversión (1)

centro transparente

Total = 20   Total = 14

Estrategia

A menudo, cuando ponga este juego en práctica no será la primera vez que los participantes se hayan planteado el cambio que se esté debatiendo en la sala. Muchos de ellos tendrán ideas preconcebidas acerca de qué sucedería si éste ocurriera. Así pues, sea consciente de cuál es la dinámica del grupo, tanto si es entusiasta con la posibilidad de que se produzca como si presenta reticencia frente a él. Si cree que muestra entusiasmo, anime a los asistentes a considerar con la misma fuerza el caso contrario. Si parecen reacios al cambio, insístales en que imaginen su sueño más salvaje con respecto a esa modificación y describa lo que ya está sobre la mesa para apoyarla. No permita que los empleados con puntos de vista fijos en cualquiera de las dos posturas dominen la conversación.

Este juego consiste en explorar la viabilidad de cualquier variación con una actitud abierta. Por lo tanto, asegúrese de reconocer y debatir cualquier idea que termine en el grupo de las *inclasificables*, ya que con frecuencia suelen ser valiosas porque ofrecen perspectivas no previstas. En esta misma línea, no admita que las sumas totales son una respuesta rotunda a la pregunta de si el cambio debería suceder o no. Los totales son otra forma de evaluar y medir en qué punto se encuentra el grupo. Utilícelos como energía para extender las conversaciones y evaluaciones. Si quiere llevar la evaluación más allá, pida al equipo que busque metacategorías después de que haya encontrado las categorías para las flechas. Las metacategorías deberían ser de un nivel superior al de las categorías generadas a partir de las pilas. Entre ellas podrían encontrarse: *política, economía, cultura de la empresa* y *gestión de nivel medio*. Establecer metacategorías también puede ayudar al grupo a determinar en qué es necesario que se centre la mayor parte de la evaluación.

Este juego está basado en el marco de trabajo Análisis de campo de fuerzas, *desarrollado por Kurt Lewin.*

Matriz, ¿quién da y quién recibe?

OBJETIVO DEL JUEGO

El propósito de este juego es crear un mapa de las motivaciones e interacciones entre actores en un sistema. En este caso, los actores pueden ser individuos que necesitan trabajar juntos para cumplir con una tarea, o empresas que participan en un objetivo común a largo plazo. Una matriz como ésta es una útil herramienta de diagnóstico que ayuda a los jugadores a saber cómo el valor fluye entre el grupo.

NÚMERO DE JUGADORES

Un grupo pequeño.

DURACIÓN

Una hora o más.

CÓMO JUGAR

Para empezar, necesitará una lista de todos los actores del sistema. Ésta puede prepararse con anticipación o al principio del ejercicio.

Empleando la lista, cree una matriz con esas personas y sitúelas a lo largo de dos ejes que se crucen.

Cada celda de la matriz capta una sola dirección del flujo. Por ejemplo, un proveedor podrá dar un cierto valor a un fabricante, pero éste dará un valor diferente al proveedor. Por coherencia, el eje vertical puede ser considerado el *desde* y el horizontal el *hacia*.

Principales motivaciones. Para cada actor de la matriz, complete lo que ellos quieren obtener del sistema. Esta información se traza en una diagonal, en la que los actores individuales se cruzan consigo mismos. Debería incluir frases breves que describan un objetivo o razón por la que el jugador participa en el sistema.

Intereses cruzados. El siguiente paso es observar las intersecciones y captar qué valor fluye entre los asistentes. Empiece con un solo actor y trabaje celda por celda con la pregunta «¿Qué puedo ofrecerle a usted?».

En algunos puntos de intersección, esto será más fácil de describir. En otros casos, la matriz expondrá previamente los participantes que no estén conectados y posiblemente los que son extraños entre sí. El objetivo al rellenar la matriz es conseguir la panorámica más completa de cómo cada actor puede beneficiar a los demás.

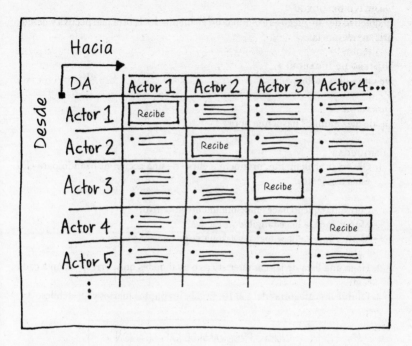

ESTRATEGIA

Para rellenar esta matriz deberá realizar una labor de investigación antes y después del proceso inicial de creación del mapa. Mediante encuestas o entrevistas, los jugadores podrán investigar y validar tanto las entradas iniciales como los intereses cruzados.

Junto con el *Análisis de accionista* y el establecimiento de límites en un mapa, la *Matriz, ¿quién da y quién recibe?* ayudará a los jugadores a investigar y definir los actores y las intersecciones que existen en un sistema.

La Matriz, ¿quién da y quién recibe? *está inspirada en muchas técnicas que se emplean en ingeniería, química y diseño.*

Corazón, mano, mente

OBJETIVO DEL JUEGO
El objetivo de este juego es examinar un elemento desde otra perspectiva y descubrir su relevancia.

NÚMERO DE JUGADORES
De uno a diez participantes.

DURACIÓN
Desde diez minutos hasta una hora.

CÓMO JUGAR

1. Observar el elemento, producto o curso de una acción utilizando para ello estas tres lentes:

   • Corazón: ¿qué lo hace emocionalmente atractivo?
   • Mano: ¿qué la hace tangible y práctica?
   • Mente: ¿qué la hace lógica y razonable?

2. Haga una lista de las características o cualidades que correspondan a cada lente.
3. Puntúe las categorías del 1 al 10. Evalúe los puntos fuertes y los débiles.

Los productos, actividades y experiencias significativos atraen a una persona en su totalidad; «alimentan el corazón, las manos y la mente». Utilice estas tres lentes como medio para encontrar, esclarecer o diagnosticar el significado de cualquier esfuerzo.

El juego Corazón, mano, mente *fue creado por el pedagogo suizo Heinrich Pestalozzi.*

Ayúdame a entender

Objetivo del juego

Ayúdame a entender está basado en el supuesto subyacente (y certero) de que los empleados acuden a las reuniones con preguntas muy distintas sobre un tema o un cambio. Se da por supuesto que los líderes pueden anticipar algunas de ellas y ciertas preocupaciones, pero no pueden avanzarlas todas. Nadie mejor que los trabajadores sabe cuáles son sus interrogantes, así que este juego les da la oportunidad de poner sobre la mesa lo que tienen en mente y de ser capaces de dar respuesta en un escenario adicional, además del retiro anual. También permite a los jugadores descubrir coincidencias parciales con las preguntas de otros participantes y de advertir la frecuencia con que se dan esas cuestiones, algo que quizá no supieran antes de la reunión. Permite que entre algo de luz natural en un proyecto, una iniciativa o un cambio, para que los empleados —los encargados de desarrollar ese cambio— tengan menos preguntas pendientes.

Número de jugadores

De cinco a veinticinco participantes.

Duración

Desde treinta minutos hasta una hora y media.

Cómo jugar

1. En un espacio en blanco grande y visible para todos los jugadores escriba el tema de la reunión y debajo, como si fueran titulares, las preguntas «¿QUIÉN», «¿QUÉ?», «¿CUÁNDO?», «¿DÓNDE?» y «¿CÓMO?». Reparta rotuladores y notas adhesivas entre los jugadores.
2. Indique a los jugadores que el objetivo del juego es hacer entender sus inquietudes a los líderes y que éstos se muestren perceptivos ante todas las preguntas relacionadas con el asunto.
3. Empiece por la pregunta «¿QUIÉN?» y deje que los jugadores escriban en silencio y durante cinco minutos tantas preguntas como puedan con esa palabra.
4. Dígales que peguen todas sus preguntas debajo del titular «¿QUIÉN?» y luego pida un par de voluntarios para clasificarlas por similitud en la temática.
5. Destaque a los miembros del grupo las pilas que tengan más preguntas —convóquelos en círculo, si lo prefiere— y diga a los líderes que ofrezcan una res-

puesta a las preguntas más formuladas y a cualquier otra no clasificada que pueda parecer interesante.

6. Repita este proceso con las cuatro preguntas de los titulares que quedan, y anime cada vez a que los líderes respondan a las cuestiones que parezcan más llamativas.

7. Cuando concluya la reunión, reúna todas las preguntas para que los líderes tengan la oportunidad de revisarlas más adelante y de responder a cuestiones que no pudieron resolverse durante la reunión.

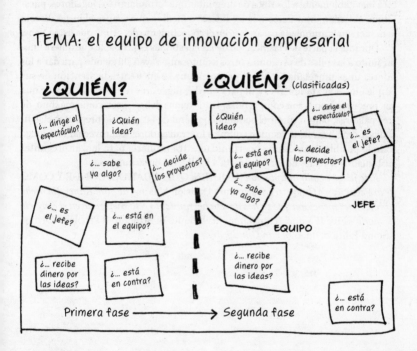

ESTRATEGIA

Como líder del grupo, podrá dirigir este juego de diferentes maneras. Una de ellas es plantear todas las preguntas en paralelo y que los jugadores anoten sus notas para las cinco preguntas —quién, qué, cuándo, dónde y cómo— y luego colgarlas y clasificarlas durante la primera mitad de la reunión. Después de que hayan terminado esa parte del juego, los jugadores pedirán a los líderes que respondan a las preguntas más solicitadas durante la segunda mitad de la reunión.

Otra forma es permitir que los líderes intercalen sus respuestas entre un titular y otro. Las dos maneras de dirigir el juego tienen sus ventajas.

La primera permite a los participantes escribir sus preguntas sin interrupciones para aportar contenido y esperar la reacción de los líderes. También posibilita que los líderes ahorren tiempo, pues podrían acudir únicamente a la segunda mitad de la sesión. La segunda forma rompe un poco el flujo del juego, pero afectará inevitablemente a los tipos de preguntas que formularán los jugadores, puesto que obtienen información de los líderes a medida que avance el juego. Escoja la manera más apropiada basándose en el conocimiento del grupo que usted tiene.

Durante la parte de clasificación de las cuestiones es probable que quiera anotar junto a las pilas de preguntas otros asuntos que vayan surgiendo para dar a los líderes unas pinceladas sobre el punto en que se encuentra la atención de sus empleados. Esto también es útil para que los jugadores refuercen la idea de que sus preocupaciones son compartidas. Estos temas deberán ser, como máximo, de tres palabras, para resumir el contenido general de las pilas de preguntas clasificadas. Como líder de la reunión, anime a los trabajadores a aprovechar este juego todo lo posible, pues es una oportunidad extraordinaria para lanzar preguntas sustanciosas y reales de forma directa a los líderes de su empresa.

Este juego es una adaptación de QUIÉN, QUÉ, CUÁNDO, DÓNDE Y CÓMO *de la* Facilitator's Guide to Participatory Decision Making, *de Sam Kaner. En dicho libro, Kaner menciona que su uso de esta herramienta está inspirado en el ejercicio llamado «Five W's and H», del libro* Techniques of Structured Problem Solving, Second Edition, *de A. B. Van Gundy, Jr.*

Construye un mundo

Objetivo del juego

El juego *Construye un mundo* es atractivo para los estudiantes inquietos, visuales y auditivos, debido a sus niveles de interacción. Es útil (y muy divertido) porque permite a los jugadores imaginar el futuro y tomar parte en la creación de su primera versión. Todas las aventuras exitosas empiezan con una visión y algo de esfuerzo inicial antes de su cristalización. La visión de Alexander Graham Bell con respecto del teléfono empezó con unos borradores muy rudimentarios. El objetivo de *Construye un mundo* es crear un modelo tridimensional de un estado de futuro deseado.

Número de jugadores

De ocho a veinte participantes.

Duración

Desde cuarenta y cinco hasta noventa minutos.

Cómo jugar

1. Antes de la reunión, escoja el tema principal. Puede ser cualquiera que permita aprovechar el juego a fin de que el grupo lo avance hacia un futuro deseado (por ejemplo, «nuestra nueva sucursal en Austin» o «nuestra futura estrategia de marketing»).

2. Indique a los jugadores cuál es el tema de la reunión y reparta papeles, rotuladores, notas adhesivas, limpiadores de pipas, barro o arcilla, revistas, fichas, cinta adhesiva y cualquier tipo de material disponible que les pueda servir para *construir un mundo*.

3. Divida a los jugadores en grupos de tres o cuatro personas y déjeles entre diez y quince minutos para que se pongan de acuerdo a fin de hallar una visión compartida y convertirla en un mundo tridimensional. Explíqueles que éste puede incluir personas, escenas, edificios, productos y funciones, y cualquier cosa que ellos consideren necesaria para mostrar una versión idealizada del asunto.

4. Tendrán entre veinte y treinta minutos para pensar en las características del mundo y para construirlo físicamente con el material disponible.

5. Una vez agotado el tiempo, durante cinco minutos podrán inventar un eslogan representativo de su mundo.

6. Permita a cada grupo que exhiba su *edén* y pueda explicar al resto qué ofrece. Anote cualquier asunto recurrente y todas las características paralelas de estas *tierras de fantasía*.

Estrategia

Cualquier estado deseado puede visualizarse. El juego no se limita a crear modelos tridimensionales de chismes, parques, productos o estados reales. El *mundo* que los jugadores construyen puede ser un nuevo paisaje para un videojuego, un equipo más feliz y más armonizado o una cadena de suministro distribuida globalmente, por citar algunos ejemplos. El reto para cada grupo estará en el proceso de idear y construir sin cerrarse a las posibilidades. Anímeles a llevar su pensamiento más allá. En este juego, los participantes estarán limitados únicamente por su imaginación y el material para trabajar.

El título de este juego está inspirado en el libro Make a World, *de Ed Emberley.*

Collage de ideas

El propósito del juego es crear un cartel o mural que capte el sentimiento general de una idea. El *collage* de éstas puede utilizarse durante el desarrollo como marco de referencia o inspiración. Es indiferente que su composición esté formada por elementos escritos o visuales: fotos de revistas, objetos, muestras de color o cualquier cosa que comunique el flujo y el sentimiento general de una idea.

NÚMERO DE JUGADORES
De uno a diez participantes.

DURACIÓN
Desde treinta minutos hasta dos horas.

CÓMO JUGAR
Aunque los *collages* de ideas son comunes en algunas disciplinas como, por ejemplo, el diseño, crear uno no requiere experiencia profesional. Cualquier grupo que esté empezando un proyecto podrá sacar provecho de un *collage* de ideas; lo único que necesitará es material y la idea que quiera interpretar.

Reúna material visual de pilas de revistas, internet o incluso de presentaciones corporativas. Todo lo demás —tijeras, cinta adhesiva, papel en blanco, etcétera— se puede encontrar en los armarios de material de cualquier oficina. Convoque al grupo en torno al material y al tema que interpretará. Éstos son algunos ejemplos:

- «Nuestra cultura.»
- «El año que viene.»
- «El nuevo producto.»

Los conjuntos pequeños podrán crear un solo *collage* a partir de sus contribuciones individuales; los más numerosos podrán interpretar el tema por separado y luego compartirlo con los demás. Es importante que todos los participantes tengan la oportunidad de aportar elementos al mural y de argumentar el motivo de haber escogido ciertas imágenes.

ESTRATEGIA
Cuando los asistentes seleccionen y aporten elementos para el mural es más recomendable que lo hagan casi impulsivamente, sin razonar demasiado sus opciones.

Un *collage* de ideas es un artefacto que capta el sentimiento de una idea, no una descripción exhaustiva ni un documento de requisitos mínimos.

El juego habrá terminado cuando el *collage* esté concluido, pero deberá conservarse después del proceso. Si no se mantiene a la vista durante el desarrollo, perderá todo su valor.

El collage de ideas es una práctica de diseño muy extendida y a menudo se utiliza en una práctica de arquitectura denominada charette, *que consiste en un intenso período de actividad de diseño en torno a una meta compartida llevada a cabo por un grupo de colaboración.*

Espacio abierto

La tecnología de espacio abierto es un método para albergar grandes actos, como retiros y conferencias, sin una agenda preparada. En lugar de poseer ésta, se reúne a los participantes con un propósito que les sirve de guía y ellos mismos crean su agenda en formato de tablón de anuncios. Estos elementos se convierten en potenciales grupos de debate y los asistentes tienen la libertad de moverse de un grupo a otro.

Harrison Owen fundó *Espacio abierto* en la década de 1980 con el deseo de abrir el espacio a las personas para que pudieran organizarse por sí mismas en torno a un propósito. En <Openspaceworld.org> hay muchas reuniones y ejemplos grabados.

Organizar una pequeña reunión de *Espacio abierto* es relativamente sencillo, pero requiere grandes dosis de laxitud por parte del organizador, quien deberá reconocer que los participantes desarrollarán un enfoque más rico y una solución a los retos más cercanos.

NÚMERO DE JUGADORES
De cinco a dos mil participantes.

DURACIÓN
Un día o más.

CÓMO JUGAR

Preparación: una invitación abierta
Quizá el trabajo más importante que deba efectuar el organizador sea desarrollar una invitación convincente. La invitación ideal enmarcará un desafío que sea lo suficientemente urgente, interesante y completo para que requiera un conjunto variado de perspectivas.

Puede ser algo tan simple como lo siguiente: «¿De qué modo podemos revitalizar los colegios de nuestra ciudad?» o «¿Cuál es nuestra dirección estratégica?».

Crear la plaza del mercado
Al principio del proceso, los participantes se sentarán en un solo círculo o en unos concéntricos, para orientarse y empezar a crear su agenda. Teniendo en cuenta el desafío de la reunión, los asistentes estarán invitados a reunirse en el centro y

escribir acerca de un tema que les apasione y pegarlo en una pared de la *plaza del mercado* detallando la hora y el lugar de la plaza donde quieren que se inicie el debate.

Todos podrán crear un elemento para la plaza del mercado, pero no es obligatorio. Crear la agenda de esta manera llevará entre sesenta y noventa minutos.

La «Ley de dos pies»

Entonces empezarán los debates, que se prolongarán durante unos noventa minutos por sesión. Los participantes podrán organizar sus discusiones de la forma que mejor les parezca; el presentador las grabará para que los demás puedan unirse a la conversación en cualquier momento. A los jugadores se les pide que cumplan la única ley de *Espacio abierto*, la «Ley de dos pies», que consiste en marcharse a cualquier otro lugar si uno advierte que no está aprendiendo ni aportando nada al debate. En este sentido, los participantes asumen toda la responsabilidad de su aprendizaje y sus contribuciones.

Reunirlo todo

Los debates pueden durar un día entero o más, dependerá del alcance del acto. Hay varias formas de clausurar el acto, la menos conveniente de las cuales es una despedida protocolaria de los grupos. En lugar de hacerlo así, es mejor volver a formar el círculo con el que empezó el acto y abrir de nuevo el espacio para quienes quieran reflexionar sobre lo que han descubierto y explicar qué pasos darán en un futuro cercano.

Estrategia

Tenga en cuenta los cuatro principios de *Espacio abierto*, que le ayudarán a dar un determinado tono al acto:

1. Quienesquiera que asistan serán las personas adecuadas. La pasión es más relevante que el puesto que uno ocupe en un organigrama.
2. Cualquier momento en que empiece el acto será el idóneo. El espíritu y la creatividad no entienden de horarios.
3. No importa lo que suceda; esto será lo único que podría haber ocurrido. Lamentarse o quejarse por los acontecimientos pasados y las oportunidades desperdiciadas es una pérdida de tiempo; siga adelante.
4. Cuando el fin haya llegado, ya lo observará. Cuando una conversación se termine, cambie de tercio. Cíñase al trabajo por hacer, no al tiempo.

Las normas de *Espacio abierto* se han hecho populares y se han incorporado a muchos actos de autoorganización que reciben nombres diferentes, en su mayoría *BarCamps* y *desconferencias*.

El concepto de Espacio abierto *fue presentado en el libro* Open Space Tecnhology: A User's Guide, *de Harrison Owen*.

Mapa de pérdidas y ganancias

El propósito del juego es comprender las motivaciones y decisiones.

NÚMERO DE JUGADORES
De tres a diez participantes.

DURACIÓN
Entre diez y quince minutos.

CÓMO JUGAR
A menudo, muchas decisiones se reducen a las opciones fundamentales que uno tiene entre beneficios y perjuicios. Al captar esto para una persona clave, su grupo puede descubrir los puntos más destacados para traerlos a colación en una presentación o influir en la decisión de esa persona clave.

Esta persona puede ser, en última instancia, el usuario de un producto o el líder de una empresa cuya aprobación fue consultada.

Empiece escribiendo el nombre de la persona clave o haciendo un pequeño dibujo de ella en una pizarra. Pregunte primero cuáles son los perjuicios que esta persona puede acarrear y anime al grupo a que se introduzca en su mente y piense y sienta como ella. Anote las respuestas a las siguientes preguntas en uno de los márgenes, junto al nombre o el dibujo:

- ¿Qué significa para el participante *tener un mal día*?
- ¿De qué tiene miedo?
- ¿Qué le quita el sueño de noche?
- ¿De qué es responsable?
- ¿Qué obstáculos encuentra en su camino?

Las ganancias de una persona pueden ser lo inverso a la situación de dolor o se puede ir más allá. Anote las respuestas a estas preguntas en el otro lado que quede libre junto al nombre o al dibujo de la persona clave:

- ¿Qué quiere esta persona y a qué aspira?
- ¿Cómo mide el éxito?
- Teniendo en cuenta el tema, ¿cómo podría beneficiarse esta persona?
- ¿Qué podemos ofrecerle?

ESTRATEGIA

Resuma y ordene por prioridad las principales ganancias y pérdidas del ejercicio. Utilícelas cuando desarrolle presentaciones, proposiciones de valor o cualquier otro asunto en el momento en que esté intentando influir en una decisión.

El Mapa de pérdidas y ganancias *es una creación de Dave Gray.*

La oferta

Es fácil que surjan conceptos en un mundo de imaginación, en el que el dinero, el tiempo y la capacidad técnica son ilimitados, o que se generen ideas que en teoría parecen buenas, pero que en la realidad son impracticables. *La oferta* es un juego de imitación diseñado para devolver la atención al mundo real y centrarse en aspectos de conceptos viables y factibles (¿Cuáles son los argumentos de venta clave? Cierto producto, ¿cómo puede generar dinero? ¿La gente lo comprará?). Los jugadores necesitarán imaginar que ellos son los emprendedores y que deben vender su idea a un grupo de ricos inversores de capital riesgo.

NÚMERO DE JUGADORES
De cuatro a doce participantes.

DURACIÓN
Desde treinta minutos hasta una hora y media.

CÓMO JUGAR
1. Divida a los participantes en pequeños grupos, mejor en parejas o en tríos. Un equipo tendrá que asumir el papel de los inversores y los demás serán los emprendedores.
2. El conjunto definirá y se pondrá de acuerdo con respecto a un producto o servicio.
3. Individualmente, cada grupo empleará diez minutos en formular la oferta que presentará a los inversores. Pueden escribir, dibujar y ensayar; la creación quedará en manos de cada equipo. Lo ideal sería que estuvieran en salas separadas o en espacios amplios mientras preparan la presentación.
4. Todos los conjuntos deberían saber que uno o dos representantes serán los encargados de presentar la oferta oralmente, pero todos los participantes podrán responder a las preguntas de los inversores. También es importante limitar el tiempo de preparación (en torno a diez minutos será lo adecuado), ya que si una idea se elabora demasiado, puede perder la verdadera naturaleza de los pensamientos que contenga.
5. Un par de minutos antes de que se agote el tiempo de preparación, los inversores avisarán a los grupos para que vayan concluyéndola.
6. Cada equipo presentará su oferta en un tiempo límite de tres minutos, y cada inversor podrá efectuar un máximo de dos preguntas.

7. No es imprescindible, pero si se añade el componente de competición, los inversores decidirán qué oferta es la ganadora al final del ejercicio.

ESTRATEGIA

La idea que está detrás de este juego es captar los distintos puntos de vista que tienen los grupos con respecto de un producto, un prototipo, un servicio o un concepto. Preparar una oferta para unos inversores obliga a los participantes a centrarse en las ideas verdaderamente importantes, y la limitación de tiempo les ayuda a concentrarse en los aspectos principales de la propuesta. Puesto que no todos los equipos pondrán el acento en los mismos asuntos, este ejercicio también aporta una riqueza de perspectivas en torno a la idea central objeto de debate. Por lo general, las preguntas de los inversores resaltan los puntos débiles o ayudan a aclarar las ideas, que luego pueden ser compartidas y debatidas por todo el conjunto.

Este juego también es bueno para analizar el lenguaje que se utiliza para definir un concepto, un producto, un servicio o una situación. Así, usted deberá animar a los participantes a que no den excesivas vueltas a las palabras que emplearán en su oferta. Si los jugadores no se conocen, resultará interesante convertir el ejercicio en una competición e incluso ofrecer un premio a los ganadores: la meta compartida que supone ganar el juego suele crear una cohesión entre los equipos.

El juego de La oferta *es una creación de Sarah Rink.*

Producto Pinocho

Como es natural, la mayoría de nosotros no considera los productos o servicios como seres vivos y animados. Sin embargo, imaginar que el producto es un amigo, más que un instrumento, tiene muchas ventajas. Al fingir que un artículo ha cobrado vida, podemos personalizar y desarrollar sus características de una manera que no nos es accesible cuando pensamos en él como un objeto inerte. *Producto Pinocho* es un juego diseñado para establecer, refinar y hacer evolucionar las características de un producto o servicio a fin de que se vuelva más valioso para el usuario final. Al personificarlo, nos podremos relacionar mejor con él y transformarlo en un *amigo* que un consumidor querría llevarse a casa.

NÚMERO DE JUGADORES
De cinco a veinte participantes.

DURACIÓN
Una hora.

CÓMO JUGAR

1. Para este juego, una *escena* es cualquier situación simple en la que el personaje (el producto o servicio) es requerido para tomar una decisión o actuar. Algunos ejemplos de escenas pueden ser: «Alguien intenta robarle el bolso a una señora» o «Un conductor se cruza con un autoestopista de camino a una fiesta». Antes de la reunión, invente cuatro escenas y escríbalas en fichas (una para cada escena).

2. También antes de la reunión, escriba las siguientes preguntas en la parte superior de un papel (una pregunta por hoja):

- ¿Cómo soy?
- ¿Cuáles son mis valores?
- ¿Cuál es mi comunidad?
- ¿Qué me hace diferente?
- ¿Cuál es mi lucha?

3. Empiece por la pregunta «¿Cómo soy?» y dibuje el producto o servicio en el centro de la hoja, añádale brazos, piernas y cabeza. Este personaje deberá usarse para todo el ejercicio, pero con poses diferentes.

4. Pida al grupo que imagine que el producto o servicio ha cobrado vida y se ha convertido en un personaje completamente desarrollado al que conocen bien. Proponga a los participantes que piensen en adjetivos y frases que puedan servir para describirlo y anote sus respuestas alrededor del dibujo. Durante este paso también se les puede preguntar cómo sería este personaje si fuera un dibujo animado o alguien famoso. Tome nota también de esas respuestas.

5. Cuando tenga información suficiente para describir adecuadamente al personaje, pida a los jugadores que voten con puntos los tres o cinco adjetivos que mejor lo describan. Rodee con un círculo o resalte la información que haya obtenido más votos y tome nota junto con el grupo.

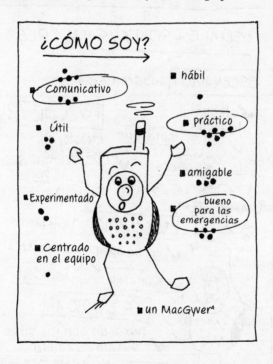

4. Personaje televisivo que trata de ayudar a quien se halla en peligro, pero usando siempre su habilidad e inteligencia, nunca armas. (N. de la e.)

6. Pase a la pregunta «¿Cuáles son mis valores?» y dibuje al personaje. Divida al grupo en cuatro más pequeños y dele a cada uno una ficha con una de las escenas descritas (o trabaje con las cuatro escenas a la vez y un solo conjunto si tiene siete jugadores o menos). Pídales que lean la escena con detenimiento y debatan sobre ella y lo que el personaje diría o haría en dicha situación.
7. Reúna de nuevo al grupo y dele la oportunidad de compartir el punto en el que sus miembros se hayan puesto de acuerdo en cuanto a lo que haría su personaje. Anote cada respuesta y luego pregunte a todos los equipos a la vez qué valores sugieren los comportamientos del personaje. Añada sus respuestas al papel.

8. A continuación, formule la pregunta «¿Cuál es mi comunidad?» y dibuje de nuevo al personaje en el centro de la hoja. Pregunte a todo el grupo con quién pasa el tiempo aquél. ¿A qué colectivo pertenece? ¿Qué ofrece? ¿Quién lo necesita más? ¿Qué tienen en común sus amigos? ¿Cuáles son las cualidades de su comunidad? Anote todas las respuestas.

9. Pase a la pregunta «¿Qué me hace diferente?» y dibuje al personaje. Pregunte al grupo en qué se diferencia aquél del resto de la comunidad. ¿Qué cualidades comportan que destaque? ¿Cuáles son sus puntos fuertes? ¿Qué podría hacer mejor? ¿Por qué alguien querría tenerlo en su equipo? Anote las respuestas.

10. Ahora le toca el turno a la pregunta «¿Cuál es mi lucha?». Haga un dibujo del personaje en el centro de la hoja. Descubra cuál es la misión de éste en esta vida. ¿Qué le sirve de motivación? ¿Qué le produce insomnio? ¿Qué hace por la gente? ¿Qué está intentando probar? ¿Qué obstáculos halla en su camino? Tome nota de las respuestas.

Actividad opcional: pida a los participantes que brinden por el personaje como si estuvieran en su boda. O que elogien un producto o servicio de la competencia como si estuvieran en su funeral. También puede pedirles que compartan una historia real de la vida del personaje, algo que le haya sucedido que haga de él quien es.

11. Recopile todo lo que hayan descubierto durante el ejercicio y reflexionen sobre la personalidad e identidad del personaje creado por el grupo. Inicie un debate acerca de las implicaciones que el comportamiento, los valores y los rasgos del personaje ejercen en las características —actuales o potenciales— del producto o servicio en cuestión.

ESTRATEGIA

Este juego funciona mejor cuando los participantes interrumpen su incredulidad y saltan a la idea de que el producto tiene una personalidad, un sistema de valores y una vida. Para algunos resultará difícil; por eso es importante que dibuje al personaje y formule las preguntas: ambas cosas obligan a responder sobre éste como si fuera él o *ella* en lugar de *eso*. Muéstrese receptivo incluso si los asistentes proponen nombres para el personaje. Llamarlo «Cameron» facilitará que puedan imaginarse el producto o el servicio como una persona, más que como un objeto o un proceso.

Anime a los participantes a que cuenten anécdotas basadas en las escenas propuestas durante el juego para que den forma a la identidad del personaje. Por ejemplo, «¿Qué haría Cameron?». No impida que el grupo cree personajes estrafalarios o con rasgos extraños, porque las acciones de un personaje alocado pueden llevar a la innovación en la forma en que las personas perciben el uso de un producto o servicio. Permita a los jugadores que vayan tan lejos como quieran; si es necesario, condúzcalos hasta alcanzar un consenso con respecto a un personaje más creíble a medida que el juego vaya terminando. Simplemente, asegúrese de debatir con el grupo los paralelismos entre los rasgos del personaje que hayan creado y los beneficios que esos rasgos puedan suponer en la siguiente versión del producto o servicio.

La fuente del juego Producto Pinocho *se desconoce.*

Marca el camino

OBJETIVO DEL JUEGO

La finalidad de este juego es diagnosticar rápidamente el nivel de entendimiento de los pasos de un proceso que tiene un grupo.

A menudo, hay una sensación de confusión sobre quién hace qué y cuándo. O el equipo está empleando términos diferentes para describir el proceso o éste no se halla documentado. Es como si pareciera que las cosas estuvieran sucediendo de manera ad hoc, de forma invisible o por casualidad.

Mediante este ejercicio, el grupo definirá un proceso existente a un alto nivel y descubrirá los puntos confusos o los malentendidos. En la mayoría de los casos, esto derivará naturalmente en un debate sobre lo que se debe hacer con esos puntos oscuros. Este ejercicio no suele dar como resultado un proceso nuevo o mejorado, sino que aporta un mejor entendimiento del actual.

NÚMERO DE JUGADORES

De dos a diez participantes.

DURACIÓN

Desde treinta minutos hasta una hora.

CÓMO JUGAR

Presente el ejercicio formulando el objetivo: «Ésta es una actividad de grupo mediante la cual obtendremos una panorámica de cómo hemos creado [X]». En este caso, X es el resultado del proceso; puede ser un documento, un producto, un acuerdo o algo similar. Escriba el nombre del resultado o dibújelo en una pizarra.

Fije un punto de partida del procedimiento que sea común a todo el grupo. Podría ser algo como «el principio del día», «el inicio de un trimestre» o «después de haber terminado el último». Éste será el pistoletazo de salida de la actividad. Si cree que el grupo encontrará difícil este primer paso, decídalo usted por ellos antes de empezar el juego y preséntelo como su mejor deducción. Escriba esta fase en una nota adhesiva, péguela en la pizarra y luego continúe con el ejercicio.

1. Instruya a los participantes para que piensen en el proceso desde el principio hasta el final. Luego asígneles la tarea de anotar los pasos de aquél. Podrán utilizar tantas notas como quieran, pero cada acción deberá ir en una nota diferente.

2. Una vez hayan pensado en su versión de las fases, pídales que se acerquen a

la pizarra y las peguen para compararlas. Los miembros del grupo deberán colocar sus pasos bien alineados y debajo de los del compañero anterior, para que así puedan ser comparados.

3. Inste a los asistentes para que hallen puntos en los que estén de acuerdo y los que sean confusos. Descubra problemas de terminología en los que los participantes puedan estar utilizando diferentes palabras para describir idéntica fase. Los puntos de confusión saldrán a la superficie cuando *suceda algo mágico* o cuando nadie tenga muy claro en qué consiste un paso concreto.

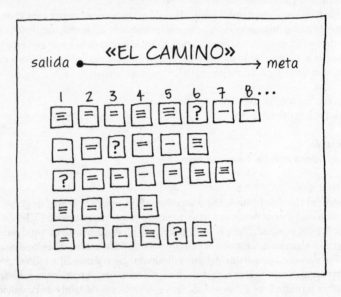

Estrategia

El grupo extraerá sus propias conclusiones sobre lo que significan las diferentes versiones del proceso y lo que puedan o deban hacer al respecto.

Para un conjunto más numeroso, quizá prefiera evitar las lecturas individuales en voz alta y que sean varias personas a un mismo tiempo quienes peguen las notas en la pizarra.

Si antes de empezar el ejercicio intuye que los miembros del grupo se van a entretener en los detalles, limite el número de pasos a diez como máximo.

El juego Marca el camino *ha sido ideado por James Macanufo.*

Matriz RACI

A veces ocurre que las responsabilidades no están claras. Nada erosiona más la moral y el rendimiento de forma más rápida que un problema difícil que corresponde a otra persona o que es tarea de todos. Cuando se plantea esta situación, tal vez sea necesario reunir al grupo para aclarar quién hace cada cosa. Al crear una matriz RACI (por sus siglas en inglés, *Responsible, Accountable, Consulted, Informed*, «responsable de la ejecución», «responsable del proceso en conjunto», «consultado» e «informado»), el conjunto podrá abordar directamente el problema de la responsabilidad.

NÚMERO DE JUGADORES
De dos a seis participantes.

DURACIÓN
Noventa minutos.

CÓMO JUGAR
Para preparar la matriz necesitará dos listas:

> **Un plan de proyecto.** Los elementos o actividades para los cuales el grupo comparte responsabilidades de creación o gestión. Éstas deberán ser lo suficientemente específicas para poder aportar una respuesta cuando un miembro del equipo pregunte «¿Quién hace X?».
> **Una lista de funciones.** En vez de crear una lista de individuos, elabore una lista de funciones que representen un conjunto de actividades relacionadas. Por ejemplo, «jefe de proyecto», «analista comercial» y «arquitecto» es mejor solución que escribir «Tim», «Bob» o «Mary», porque los individuos pueden desempeñar varias funciones y muchas personas quizá trabajen para cumplir una sola.

R. A. C. I.

Responsible Accountable Consulted Informed

	Testigo experto	Administrador de casos	Especialista
Aporta testimonio	R	A	A
Prepara documentos	I	A	R
Proyecta, gestiona	I	R	C

Cree la matriz escribiendo el plan de proyecto a lo largo del eje vertical y los papeles o funciones a lo largo del eje horizontal. Dentro de la matriz, el grupo trabajará mediante la asignación de niveles de responsabilidad según el código RACI:

Responsible (**responsable de la ejecución**). Éste es quien efectúa el trabajo. Aunque esta persona puede delegar o buscar la ayuda de otros colaboradores, en última instancia la responsabilidad recae en ella.

Accountable (**responsable del proceso en conjunto**). De éste depende el trabajo que el responsable de la ejecución realiza, y le da su aprobación. La regla de oro de la matriz RACI es que quien se encargue de cada tarea debe ser sólo una persona.

Consulted (**consultado**). Estos colaboradores aportan sugerencias, opiniones y consejos mediante una comunicación bidireccional.

Informed (**informado**). Aunque estas personas no colaboren en el proceso, reciben información actualizada sobre su progreso y compleción a través de una vía de comunicación.

Al trabajar con el grupo en la matriz, es mejor seguir la progresión natural del plan del proyecto desde el principio hasta el final. La matriz estará completa cuando todas las tareas tengan un conjunto de responsabilidades claro.

Estrategia

El plan del proyecto es necesario para preparar la matriz, pero no se muestre reacio si tiene que cambiarlo mientras el grupo trabaja con ésta. En algunos casos, puede que descubra que algunos elementos son innecesarios, redundantes o están definidos pobremente. Por ejemplo, cuando sea difícil asignar un solo papel de responsable, quizá convendrá que lo divida en dos más pequeños y mejor definidos. Otros elementos no tendrán ningún responsable, por lo que el conjunto deberá decidir si los conserva o los elimina.

La Matriz RACI *está basada en el conocido diagrama que lleva el mismo nombre empleado en la dirección de equipos multifuncionales.*

Tarjetas rojas y verdes

OBJETIVO DEL JUEGO

La retroalimentación es difícil de gestionar al preparar grupos grandes. Para que el presentador y el público puedan coordinarse entre sí necesitan una herramienta a través de la cual comunicar su aprobación, su desacuerdo o su confusión mientras el acto prosigue. El juego *Tarjetas rojas y verdes* es un medio sencillo para canalizar esta retroalimentación.

NÚMERO DE JUGADORES

Funciona bien con grupos de cualquier tamaño, pero es especialmente útil con grupos de veinte participantes o más.

DURACIÓN

Un intercambio simple de tarjetas rojas o verdes requiere sólo un momento, el tiempo que se tarda en formular y responder una pregunta. Si hay desacuerdo o confusión con respecto a ésta, se necesitará tiempo para *discutir*.

CÓMO JUGAR

Cada participante precisará dos tarjetas: una roja y otra verde. Durante el acto, podrán levantar la verde para mostrar su aprobación o la roja para manifestar su desacuerdo. En su forma más simple, la verde significa *sí* y la roja, *no*.

Los asistentes podrán utilizarlas para responder a una pregunta o sencillamente para mostrar cómo se sienten con respecto a un tema en cualquier momento. Por ejemplo, un presentador podrá preguntar al público directamente: «¿Hemos tratado lo suficiente esta cuestión como para cambiar de asunto?», y podrá comprobar rápidamente la opinión general. De igual modo, los participantes podrán enseñar sus tarjetas espontáneamente mientras asienten con la cabeza y muestran las verdes en respuesta a un tema, o bien las rojas para manifestar su objeción.

ESTRATEGIA

Utilizar las tarjetas rojas y verdes le ayudará a solucionar dos problemas difíciles con los grupos numerosos: eliminará la necesidad de oír el comentario «todos estamos de acuerdo» y al mismo tiempo dejará que aparezcan en la superficie los participantes que de otra manera se esfumarían entre objeciones que no se oirían. En resumen, es una forma fácil de abrir una espiral de retroalimentación en un grupo grande.

Tarjetas rojas y verdes *fue desarrollado por Jerry Michalski. En su diseño, las tarjetas amarillas y grises se pueden incorporar para manifestar los conceptos* neutral *y* confusión.

La lancha motora

La lancha motora es una forma breve y dulce de identificar lo que a nuestros empleados o clientes no les gusta de nuestro producto o servicio o los obstáculos que impiden llegar a la meta deseada. Como individuos que intentamos conseguir un impulso hacia adelante para los productos o proyectos, a veces tenemos puntos débiles relacionados con lo que nos frena. Este juego le permitirá conocer lo que piensan los accionistas sobre lo que puede ser un obstáculo para progresar.

NÚMERO DE JUGADORES
De cinco a diez participantes.

DURACIÓN
Treinta minutos.

CÓMO JUGAR
1. En un espacio en blanco visible para todos los jugadores, dibuje una lancha con anclas y bautícela con el nombre del producto, el servicio o la meta objeto del debate. Esta imagen es la metáfora de la actividad: la lancha representa el producto, el servicio o la meta, y las anclas son los obstáculos que lentifican el movimiento hacia el estado deseado.
2. Escriba la pregunta del debate junto a la lancha. Por ejemplo, «¿Cuáles son las características del producto que no le gustan?» o «¿Qué se está interponiendo en nuestro camino de progreso hacia esta meta?».
3. Presente *La lancha motora* como un juego diseñado para mostrar qué podría estar frenando un servicio, un producto o una meta. Pida a los jugadores que revisen la pregunta y que luego empleen unos cuantos minutos en pensar sobre las características actuales del producto o servicio, o el ambiente actual que rodea a la meta.
4. A continuación, pídales que se tomen entre cinco y diez minutos y escriban en notas adhesivas las características del producto o servicio que no les gustan o cualquier variable que haya en el camino. Si usted quiere, también les puede pedir que calculen a qué velocidad iría la lancha (en millas o en kilómetros por hora) sin esas *anclas* y añada la información a sus notas adhesivas.
5. Una vez hayan terminado, diga a los participantes que peguen sus notas encima y alrededor de las anclas. Inicie un debate sobre el contenido de cada

nota y apunte las observaciones, los puntos de vista y los gestos de asentimiento. Observe los temas recurrentes porque pueden mostrarle en qué punto se halla el consenso respecto a lo que les está frenando.

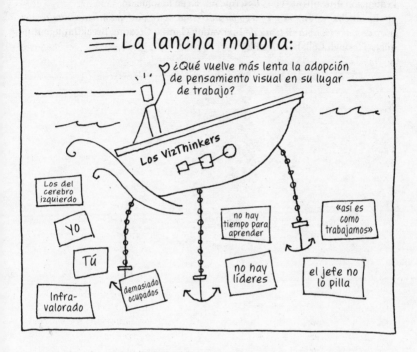

ESTRATEGIA

Este juego no consiste en poner en marcha un festival de quejas. Está diseñado para recopilar información sobre mejoras o ambiciones, por lo que debe tener cuidado y no presentarlo como lo que no es. Explique a los jugadores que la intención es descubrir condiciones poco deseables a fin de adquirir las facultades destinadas a conducir el producto, servicio o meta hacia un estado mejor.

Dicho esto, sea consciente de que muchos grupos tienden a dirigirse inmediatamente hacia el análisis de un estado que ha sido mejorado. Se trasladan al modo solucionador de problemas. Sin embargo, esto trastorna la naturaleza de juego de esta actividad. Una vez concluida ésta, es probable que no haya reunido toda la información ni a los accionistas adecuados que respondan a los retos de forma amplia. Por lo tanto, si oye a los jugadores criticar o analizar el contenido, dígales amablemente que para resolver los problemas existen otros juegos; intente centrar la atención únicamente en la descripción, no en la solución.

La lancha motora *es un juego basado en la actividad del mismo nombre del libro de Luke Hohmann titulado* Innovation Games: Creating Breakthrough Products Through Collaborative Play.

SQUID

Objetivo del juego

Cuando estudie un espacio de información, es esencial que los asistentes sepan dónde se hallan en un momento dado. ¿Qué hemos cubierto y qué hemos dejado atrás? Con SQUID, el grupo trazará el territorio a medida que avance y podrá navegar en consonancia.

La palabra inglesa «SQUID» se traduce al español como «calamar», y en este juego es el acrónimo de *Sequential Question and Insight Diagram* («pregunta secuencial y diagrama de ideas»). Se crea progresivamente en el transcurso de una reunión con notas adhesivas, captando preguntas y respuestas a medida que el grupo avanza en el espacio. Es flexible y se moverá y crecerá con el debate, pero también necesitará *respirar* al moverse entre los modos fundamentales de preguntas y respuestas.

Número de jugadores

Grupos pequeños.

Duración

Treinta minutos bastarán para obtener unos resultados de productividad óptimos.

Cómo jugar

1. Reserve un espacio amplio de una pizarra blanca o utilice varios papeles para jugar a SQUID. Los participantes tendrán notas adhesivas de dos colores, uno para las preguntas y otro para las respuestas.
2. Empiece a construir el diagrama escribiendo el tema central del grupo en una nota adhesiva. Colóquela en el centro del espacio que haya reservado.

Modo pregunta. Para empezar el ejercicio diga a los participantes que se inventen una pregunta que sea su mejor pronóstico sobre cómo enfocar el asunto. Utilizarán una nota adhesiva del color establecido para las preguntas y la compartirán con el grupo pegándola al lado del tema central de SQUID. Las preguntas deberían ofrecer inmediatamente diferentes rutas de investigación y los asistentes empezarán a expresar pensamientos en forma de respuestas.

Modo respuesta. Funciona de forma similar al modo pregunta. Los jugadores deberán escribir sus mejores respuestas en las notas adhesivas del color indicado para ello. Las compartirán con el resto pegándolas junto a la pregunta correspondiente y uniendo ambas notas por una línea. Podrán responder a más de una cuestión o bien utilizar varias respuestas para una sola pregunta. Como norma, las respuestas deberán ser suficientemente breves para que quepan en una nota.

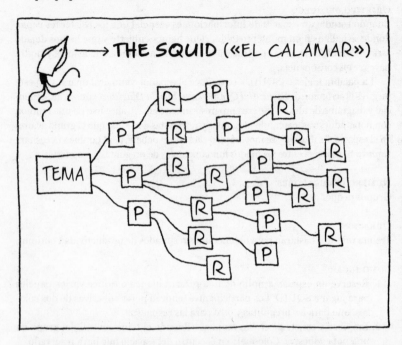

Después de un debate, el grupo volverá al modo pregunta y formulará éstas basándose en la última ronda de respuestas. Los participantes también podrán centrarse en otras partes de SQUID. El proceso se repetirá durante el debate.

Estrategia

Mantenerse en el modo actual y no cruzar preguntas con respuestas es algo que requiere disciplina que un grupo sólo podrá adquirir con el tiempo. Al trabajar de esta manera, un equipo se entrenará a sí mismo en el valor de un movimiento rítmico y sistemático a través de la información desconocida, a diferencia de un debate de conjunto con divagaciones. Por supuesto, el calamar en sí mismo es completamente flexible y crecerá hacia donde el grupo lo conduzca.

El juego SQUID ha sido creado por James Macanufo.

Engánchate a algo

OBJETIVO DEL JUEGO

La finalidad de este juego es explorar o aclarar un procedimiento siguiendo un objetivo y su flujo. A través de este ejercicio el grupo creará una historia visual de su proceso principal que se pueda recordar. Después de haberlo completado, este componente se podrá utilizar para identificar oportunidades para mejorar o educar a las demás personas que participen en una actividad.

La noción de *engancharse a un orden* viene de la mejora de procesos, pero puede ser útil en una variedad de situaciones. Un grupo que no tenga una acción documentada u otro que tenga una demasiado compleja obtendrá sus ventajas con este ejercicio. Si el desarrollo de una actividad se está alargando demasiado o si parece que nadie sabe cómo se hace el trabajo, habrá llegado el momento de engancharse a algo y ver hacia dónde les lleva.

NÚMERO DE JUGADORES

De dos a diez participantes.

DURACIÓN

Entre una y dos horas.

CÓMO JUGAR

1. El grupo deberá tener una idea de cuál es su objeto, la *pelota que rebota* que seguirán a lo largo del proceso. Es mejor tener esto decidido con antelación. Algún ejemplo de objetos podrían ser un producto, una notificación de un problema o una idea. Un ejemplo conocido de este tipo de flujo es «cómo un proyecto de ley se convierte en una ley».

2. Presente el ejercicio dibujando el objeto. La meta es centrarse en contar la historia de este único objeto que viaja desde el punto A hasta el punto B. Anote en la pizarra los puntos de comienzo y fin.

3. Pida a los participantes que ideen una lista de los grandes pasos del proceso y grábelos en la pizarra. Si es necesario, sugiérales que los organicen por orden de prioridad en una serie de pasos. Para una historia de alto nivel, intente que se concentre en siete fases.

4. Antes de empezar a perseguir el objeto, trabaje con el grupo la información vital que intenta plasmar en la historia. Pregunte: en cada período del proceso, ¿qué necesitamos saber? Esto puede ser las personas que estén involucradas, la acción que llevan a cabo o el tiempo de que se dispone para desarrollar los pasos.

5. Ahora ha llegado el momento de dibujar. El grupo relatará la historia del objeto y cómo se desplaza de una fase a otra. Capte la información de manera visual tanto como le sea posible, como si estuviera tomando una fotografía de lo que están describiendo. Algunas herramientas útiles para ello pueden ser los muñecos esbozados con cuatro trazos, las flechas y las preguntas de calidad. Las preguntas que produzcan una voz activa en la respuesta, como «¿Quién hace qué aquí?», serán más concretas y visuales. Otras buenas preguntas pueden ser: «¿Qué viene a continuación?» y «¿Qué es importante?».

6. Sea consciente de si la historia se ramificará, dará giros y se enlazará con otros procesos, como un río que intenta romper diques. Su trabajo consistirá en navegar en el flujo con el grupo y conseguir que las cosas sigan yendo hacia adelante hasta el final.

ESTRATEGIA

Utilice el objeto como dispositivo para mantenerse centrado. Cualquier actividad que no esté relacionada directamente con el avance del objeto hacia adelante puede anotarse y anclarse más tarde.

Si es posible, añada un cronómetro a la historia para ayudar a llevar el ritmo. Si el objeto necesita llegar al final a una hora determinada, utilice ese argumento a su favor colocándolo en primer plano y haga referencia a él cuando lo necesite para mantener el impulso y el interés de la historia.

Una trampa que deberá tener en cuenta es que los participantes podrán moverse entre la forma en que las cosas son y la que se quiere que sean. Muéstrese claro con el grupo respecto al estado —hoy y en el futuro esperado— que necesitan alcanzar.

¿Tiene el proceso un dueño? Si alguien es responsable de la actividad podrá utilizar la experiencia acumulada de esa persona, pero sea cauto y no le cuente toda la historia, pues también podrá ser una experiencia de aprendizaje para ella si escucha a los participantes describir su propia versión de la historia.

Existen muchas formas de dirigir las visualizaciones del tipo un día en la vida de. *Esta versión del juego ha sido ideada por James Macanufo.*

Análisis DAFO

Objetivo del juego

En el mundo empresarial puede resultar más fácil que la certeza ronde en torno a lo que queremos, pero es más difícil entender lo que nos pueda estar impidiendo conseguirlo. El *Análisis DAFO* es una técnica muy conocida para observar lo que tenemos a nuestro favor con respecto a un estado final deseado, así como aquello en lo que podríamos mejorar. Con ella se pueden evaluar las oportunidades y las amenazas que nos acechan y considerar la seriedad de las condiciones que afectan a nuestro futuro. Cuando entendemos esas condiciones, podemos ejercer una influencia sobre lo que vendrá a continuación. Por lo tanto, le será útil si necesita calcular la probabilidad de éxito de su empresa o de un equipo actual en relación con un objetivo.

Número de jugadores

De cinco a veinte participantes.

Duración

Entre una y dos horas.

Cómo jugar

1. Antes de la reunión, escriba en un papel la frase «estado final deseado» y haga un dibujo del aspecto que éste tendría.

2. Cree un cuadrante de cuatro espacios utilizando cuatro hojas. Si le parece que la complejidad del debate y el número de participantes exigirá más cuadrantes, elabore tantos como precise.

3. En la esquina superior izquierda del cuadrante escriba la palabra «FORTALEZAS» y haga un dibujo que represente ese concepto. Por ejemplo, un dibujo sencillo de alguien que esté levantando un coche con una mano (sí, le está permitido exagerar). Pida a los jugadores que empleen entre cinco y diez minutos para generar ideas sobre fortalezas que ellos tengan con respecto al estado final deseado y que las apunten en notas adhesivas (una idea por nota).

4. En la esquina inferior izquierda escriba la palabra «DEBILIDADES» y dibuje algo para representar el concepto. Una vez más, pídales que generen ideas sobre debilidades en torno al estado final deseado y que las escriban en notas adhesivas. No deberán emplear más de diez minutos.

5. Escriba la palabra «OPORTUNIDADES» en la esquina superior derecha y haga un dibujo. Dé entre cinco y diez minutos a los participantes para que anoten sus ideas relacionadas con las oportunidades en notas adhesivas.

6. En la esquina inferior derecha escriba la palabra «AMENAZAS» y haga un dibujo para representar el concepto. Diga a los jugadores que generen ideas relacionadas con las amenazas que hayan percibido (en diez minutos como máximo) y que las escriban en notas adhesivas.

7. Cuando perciba que ya han terminado, recoja todas las notas y péguelas en una superficie lisa que esté junto al cuadrante y que sea visible para todos los jugadores. Asegúrese de no mezclar las notas de distintas categorías (fortalezas, oportunidades, debilidades y amenazas).

8. Empiece por las «FORTALEZAS» y, con ayuda de los jugadores, clasifique las ideas por su afinidad con otras. Por ejemplo, si se han creado tres notas que indican «buen reparto de la información», «transparencia en la información» y «personas que quieren compartir datos», póngalas juntas. Haga varias pilas hasta que haya clasificado la mayoría de las notas. Deje aparte (aunque visibles y como parte del juego) las ideas que no consiga clasificar. En esta fase, es importante que ahorre tiempo si el grupo es de cinco participantes o menos, de manera que podrá eliminar la parte de la clasificación anotando las respuestas para cada categoría que los asistentes le indiquen oralmente. Después de haber completado este proceso con cada sección del cuadrante, pida a los jugadores que voten por puntos. Repita los procesos de apilar y clasificar las ideas para las demás categorías en este orden: debilidades, oportunidades y, por último, amenazas.

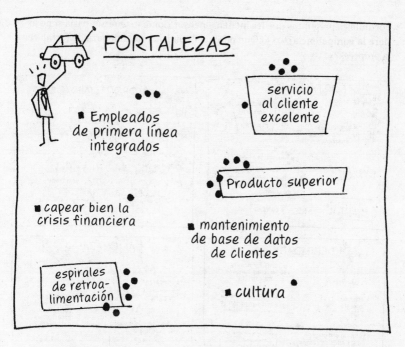

9. Una vez terminada la clasificación, inicie un debate para crear una categoría más amplia para cada pila más pequeña. Por ejemplo, para el montón del paso 8, una de ellas podría ser «comunicación». Mientras el grupo realiza sugerencias y se pone de acuerdo con respecto a las categorías, escríbalas en el cuadrante correspondiente.

10. Cuando los jugadores se hayan familiarizado con las categorías pídales que se acerquen al cuadrante y voten por puntos entre dos y tres de éstas por cada sección del cuadrante, lo cual indicará que son a su juicio las más relevantes de dicha sección. Rodee con un círculo o resalte la información que haya obtenido más votos y coméntela con el grupo.

11. Resuma todos los hallazgos del debate con los jugadores y pídales que discutan sobre las implicaciones en torno al estado final deseado.

Anime al grupo a empezar un juego creativo en el que evaluarán las debilidades y amenazas de forma positiva, como si su presencia fuera una ventaja.

Formúleles preguntas que les inciten a pensar, como «¿Qué ocurriría si no existiera la competencia?» o «¿Qué potencial tendría esta amenaza de fortalecer a la empresa?».

Actividad opcional: lidere el grupo al crear eslóganes tontos para el estado final deseado. Deje que sean ridículos con cosas como «nuestras lámparas iluminarán el mundo». La idea es provocar humor y entusiasmo en torno a las posibilidades.

Estrategia

El *Análisis DAFO* es ideal cuando el grupo es imparcial en su aportación y análisis de contenidos. Es menos probable que los jugadores se muestren tímidos ante sus fortalezas, pero puede ocurrir que les cueste sugerir debilidades debido a su sensibilidad hacia otros jugadores o por puntos ciegos en su propia capacidad de pensar. Explique la noción de *debilidad* y dígales que puede ser algo sobre lo que pueden improvisar. De igual modo, una *amenaza* es algo que puede actuar como un catalizador para mejorar el rendimiento. Informe al grupo de que, cuanta más calidad tengan sus intervenciones, más capaces serán ellos de evaluar lo que esté en el horizonte. Tendrá la buena sensación de que el juego ha sido un éxito cuando oiga al conjunto que considera los datos con cuidado y expresa puntos de vista que antes no tenía.

Este juego está inspirado en el conocido Análisis DAFO *de Albert Humphrey.*

Sinestesia

OBJETIVO DEL JUEGO

Por su particular naturaleza, el trabajo intelectual puede ser una actividad profundamente analítica y que origina dolor de cabeza. Incluso cuando los resultados son sensoriales, el proceso de llegar hasta ese punto a veces supone lo contrario: pensamos que la forma de conseguir soluciones y de ignorar los cinco sentidos es irrelevante o frívolo. Mediante este juego, los participantes examinarán un tema a través de una lente sensorial y permitirán que ésta les informe sobre sus decisiones y planes.

NÚMERO DE JUGADORES

De dos a cinco participantes.

DURACIÓN

Entre quince y cuarenta y cinco minutos.

CÓMO JUGAR

Los participantes podrán escoger entre examinar un tema existente o explorar una nueva idea. Puede ser algo tan simple como *la interfaz de nuestra nueva página web* o tan complejo como *la experiencia del usuario*.

Elegirán (o se les asignará aleatoriamente) uno de los cinco sentidos: vista, oído, gusto, olfato y tacto. Considere también la posibilidad de incluir otras opciones como temperatura, posición y movimiento.

Conceda a los asistentes unos cuantos minutos para interpretar el asunto desde el punto de vista de su sentido y de moverse a otros sentidos en los que vean que puede encajar. Luego describirán al resto del grupo lo que hayan percibido. Por ejemplo:

- «La interfaz es cálida al tacto. Y sabe a naranja.»
- «Cuando la aplicación arranca, es como si pudiera oír una orquesta afinando antes de empezar a tocar. Pero no puedo ver nada; me gustaría ver lo que están haciendo.»
- «La experiencia del usuario huele mal. Desprende el mismo olor que una pila de papeles sucios y nada se mueve. Quería moverme hacia adelante, pero cada vez lo hacía con más lentitud.»

El ejercicio de *Sinestesia* presenta a los participantes la oportunidad de describir de forma visceral y fácil de recordar qué sienten con respecto a un objeto o cómo se lo imaginan. Puede descubrir aspectos de una idea o un producto que hayan sido pasados por alto o conducir a nuevos aspectos.

La fuente de este juego es desconocida.

Las fichas parlantes

Un reto recurrente en los grupos de trabajo es moderar los debates para que todos los participantes puedan efectuar sus aportaciones y que ninguna persona en concreto domine la reunión. Si utiliza unas sencillas *fichas parlantes* como moneda de cambio para poder hablar, el grupo gestionará por sí mismo el flujo de participación.

Cómo jugar

1. Antes de que empiece la reunión, cada participante cogerá una ficha (una de póquer, una moneda o algo similar) del centro de la mesa.
2. El participante que quiera hablar colocará una ficha en mitad de la mesa. Cuando estén todas en el centro, los jugadores podrán retirar sus fichas para hablar en el siguiente turno. Este proceso se repetirá cada vez que quieran intervenir.

Estrategia

Las fichas parlantes vuelve tangible el valor de cada contribución y da a cada persona la oportunidad de hablar. Son eficaces tanto para animar a los participantes tímidos como para contener a los dominantes.

Las fichas parlantes *está basado en la idea de dinero y ha sido desarrollado por Dave Gray, quien a su vez se inspiró en el innovador programa de correo electrónico de Byron Reeves, Attent.*

Cadena de entendimiento

OBJETIVO DEL JUEGO
Comunicar con claridad y eficacia es un reto cuando hay gran cantidad de cosas que decir a mucha gente. Puede resultar tentador tratar de explicar *todo de una tacada* a un público y fallar en el intento. Con el juego *Cadena de entendimiento*, el grupo cambiará de estar centrado en el contenido a estarlo en el público, y extraerá una estructura lineal para la comunicación con sentido.

NÚMERO DE JUGADORES
De uno a diez participantes.

DURACIÓN
Entre treinta minutos y dos horas.

CÓMO JUGAR
Para preparar el juego, el grupo necesitará desarrollar dos elementos: una descomposición del público y un conjunto de preguntas.

> **El público.** Si hay muchos tipos de públicos distintos, divídalos en grupos significativos. Podrán ser tan amplios y generales como líderes corporativos o tan específicos como *los chicos de informática que arreglan los portátiles*. Como regla de oro, cuanto más concreto sea, más a la medida y eficaz será la cadena de entendimiento. Cada lista de públicos necesitará su propia cadena de entendimiento. Esta lista podría ser el resultado del ejercicio *Quién hace qué* (véase el capítulo 4).
>
> **Las preguntas.** Cuando el grupo tenga una panorámica clara del público es momento de idear las preguntas; el tipo de cuestiones que la gente quiere oír en realidad y las que les importan. Las preguntas se formulan mejor con la voz de los pensamientos del público, tal como éste las plantearía. Serían algo así:

- «¿Qué tiene esto de guay? ¿Por qué debería importarme?»
- «¿Cómo se relaciona esto con X, Y o Z?»
- «¿Qué hace que esto sea una prioridad?»

O pueden ser más concretas:

- «¿Cuándo se cruzará tu hoja de ruta tecnológica con la nuestra?»
- «¿Cómo impactará esto a nuestra gama de productos?»

Las preguntas se convertirán en los enlaces de la cadena de entendimiento. Para generarlas, el grupo se pondrá a sí mismo en el escenario mental del público y las fijará en notas adhesivas individuales (véase el juego *La publicación*, del capítulo 4, para obtener más información).

El juego empieza con una clasificación de las preguntas en una línea horizontal en una pared o en una pizarra blanca. Ésta es la línea de tiempo de una comunicación, desde el principio hasta el final. El grupo podrá escoger entre:

Organizar las preguntas en un formato de historia simple. En esta cadena de entendimiento el grupo agrupa las preguntas en pilas utilizando estas tres categorías, de izquierda a derecha:

- Situación, que prepara la escena, presenta un tema y un conflicto.
- Complicación, en la que un conflicto resiste y se toman decisiones.
- Resolución, donde se decide el curso de una acción y éste conduce a un resultado.

Al construir la cadena de entendimiento como una historia, el grupo podrá encontrar el *clímax*, la pregunta más importante que conducirá a la resolución.

Organizar las preguntas en un formato de educar-diferenciar-estimular. En esta cadena, el grupo coloca las preguntas de izquierda a derecha y utiliza estos títulos o categorías:

- Educar, donde un asunto o idea y sus partes se presentan.
- Diferenciar, en la que las partes del tema se contrastan para crear una base de entendimiento.
- Estimular, en donde se pregunta por las acciones o éstas se proponen.

Organizar las preguntas como una conversación. En esta cadena, el grupo piensa o representa un diálogo con el público y organiza las preguntas siguiendo un orden que fluya naturalmente. Aunque todas las conversaciones son diferentes, puede tenerse en cuenta el siguiente marco de trabajo:

- Conectar: «¿Qué sucede?», «¿Qué tenemos en común?».
- Centrar: «¿Qué es importante ahora mismo?», «¿Qué sabes sobre ello?».
- Actuar: «¿Qué deberíamos hacer?».

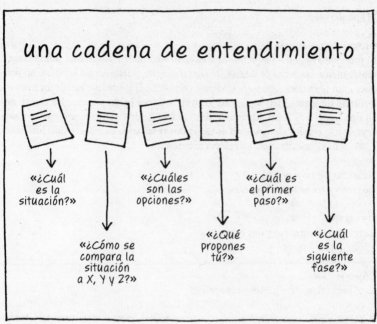

una cadena de entendimiento

«¿Cuál es la situación?»

«¿Cómo se compara la situación a X, Y y Z?»

«¿Cuáles son las opciones?»

«¿Qué propones tú?»

«¿Cuál es el primer paso?»

«¿Cuál es la siguiente fase?»

(como una conversación)

ESTRATEGIA

Como ocurre con cualquier cadena, una de entendimiento es fuerte si sus eslabones lo son. Al examinar las preguntas en su conjunto, el grupo podrá descubrir una área que necesite ser trabajada o hallar las *preguntas peliagudas*, que no son fáciles de responder. Un equipo que aborda preguntas débiles y tiene el coraje de responder las difíciles directamente y con sinceridad, ganará.

El juego Cadena de entendimiento *fue desarrollado por Dave Gray como parte de una asesoría a la empresa XPLANE.*

Mapa de valor

OBJETIVO DEL JUEGO
El propósito final del mapa de valor es crear una matriz visual que defina clara y rápidamente las áreas de interés de algo concreto; puede ser un servicio, un producto, un plan o un sitio web. Consiste en pedir a la gente que escoja un número limitado de características de una gran colección y luego plasmar las elecciones en una matriz. El resultado puede presentarse en una plantilla semejante a una caja de luz, con los elementos más escogidos resaltados en colores más brillantes y los menos considerados, en colores más tenues.

NÚMERO DE JUGADORES
De cinco a treinta participantes.

DURACIÓN
Entre quince minutos y dos horas.

CÓMO JUGAR
Este juego tiene tres partes principales:

1. Definir las características y sus grupos: realice bocetos o anote en tarjetas las características o elementos a los que quiera que los participantes atribuyan valor. Agrúpelos de forma que tengan sentido para usted y colóquelos sobre una mesa que represente a los equipos.
2. Jugar: muestre la colección de tarjetas con características a los jugadores y permítales que escojan un número inferior al total, de modo que deban decidir y dejar algunas fuera. Una buena proporción es 1:3; por ejemplo, si tiene treinta tarjetas, pídales que escojan diez. Otra manera de hacerlo es proporcionarles dinero imaginario —digamos, unos cien euros— e indicarles que pueden disponer de ese presupuesto para *comprar* las características. Mantenga un registro de la elección de cada participante.
3. Plasmar los resultados en un gráfico: coloree las tarjetas en la mesa original en función del número de veces que hayan sido escogidas. Las tarjetas elegidas más veces deberán distinguirse con colores más brillantes; las menos seleccionadas, con colores menos brillantes. Las tarjetas que no haya escogido nadie deberán permanecer sin color. Una vez concluida esta labor, la matriz debería mostrar una buena idea visual de las áreas que han suscitado mayor y menor interés.

El mapa de valor le permite visualizar rápidamente los elementos valorados por los demás: consumidores, miembros de un equipo, su departamento, sus accionistas. Comprender las principales áreas de interés puede ayudarle a centrar el trabajo (¿en qué deberíamos concentrar nuestros esfuerzos?) y a resolver controversias internas («A los clientes no les gustó ninguna de las características de las redes sociales de esta aplicación, por lo que no necesitamos invertir en ellas ahora»). Intente presentar la matriz en una serie de diapositivas que muestren diferentes grupos de colores, ¡será realmente impresionante!

(después de haberlas agrupado)

El Mapa de valor *ha sido creado por Sarah Rink.*

El círculo virtuoso

La finalidad de este juego es descubrir oportunidades para transformar un proceso lineal existente en uno más valioso y creciente al adoptar diferentes puntos de vista. Esto resulta útil al examinar aspectos que merece la pena repetir, como la experiencia del consumidor.

Sería un buen momento para poner en práctica este ejercicio si la actividad actual es transaccional, está dividida en compartimentos o es un despilfarro. Otros indicativos son los grupos *ombliguistas* y que se centran sobre todo en sus acciones internas, o cuando se percibe la sensación de que después de haber completado un proceso nadie sabe qué sucederá a continuación.

Entre los posibles resultados hallamos que el grupo pueda descubrir nuevas oportunidades de crecimiento y mejora en una fase al *doblarla sobre sí misma*.

NÚMERO DE JUGADORES
De tres a diez participantes.

DURACIÓN
Entre una y tres horas.

CÓMO JUGAR
Necesitará un alto nivel de entendimiento o documentación del estado actual de la situación. Cualquier proceso lineal existente será suficiente.

1. Presente el ejercicio introduciendo el proceso actual en una caja negra. Esto significará que durante el ejercicio el grupo estará centrado en lo que rodea al proceso, no en los detalles de lo que esté sucediendo dentro de la caja.
2. Para hacerlo visual, cada paso de la acción tendrá su propia caja en el panel o mural que utilice (puede usar notas adhesivas de tamaño mediano) y deberá conectarlos linealmente con flechas.
3. Para empezar el ejercicio, pida al grupo que piense, a partir de sus mejores conocimientos, en lo que sucede antes del proceso: ¿quiénes o qué elementos participan? ¿Qué está sucediendo en esa etapa? Repita esta operación hasta el final de la actividad: ¿qué ocurre después de ésta? ¿Cuáles son los posibles resultados?
4. Puede pedir a los asistentes que anoten sus pensamientos en notas adhesivas y que las peguen en el mural antes y después del proceso.

5. A continuación, dibuje una elipse desde el final de la acción lineal hasta su punto de inicio. Al hacerlo, estará convirtiéndola en un ciclo vital. Pregunte a los participantes: «Para partir de aquí y volver a empezar, ¿qué es necesario que ocurra? ¿Qué falta en el dibujo?».

6. El grupo estará listo para explorar las posibilidades y oportunidades. Una vez más, las notas adhesivas funcionarán bien para captar las ideas y debatirlas.

Resuma o cierre el ejercicio generando una lista de preguntas y áreas para explorar. Ésta podrá incluir una observación del proceso interno definido para encontrar ideas de mejora.

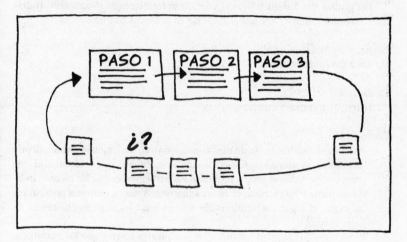

Estrategia

Escoja el proceso correcto para poner en práctica este ejercicio, uno que merezca la pena repetir, como la experiencia del consumidor. La creación y obtención de conocimiento, así como la planificación estratégica, también son buenas opciones.

En la sala deberá estar la gente adecuada. Tener cierta conciencia acerca de lo que ocurre fuera del proceso es necesario, pero también puede suponer un obstáculo para la experiencia. Uno de los mayores resultados potenciales es un cambio visceral en el punto de vista por parte de los participantes: que pasen desde una perspectiva interna a una externa.

Este juego ha sido creado por James Macanufo.

Glosario visual

OBJETIVO DEL JUEGO
La intención de este juego es definir claramente un conjunto de términos para que el grupo emplee un vocabulario común.

Nuestra naturaleza no es admitir la ignorancia. Hay muchas personas que cuando se les presenta un término abstracto o desconocido les resulta más fácil fingir que lo han entendido que pedir una aclaración sobre su significado. Esto es algo peligroso en el trabajo intelectual, en el que es necesario un entendimiento común para colaborar juntos.

Los grupos que dediquen tiempo a definir su terminología visualmente, trabajarán con más rapidez y eficacia al empezar en la misma página.

NÚMERO DE JUGADORES
De dos a diez participantes.

DURACIÓN
Entre treinta minutos y una hora.

CÓMO JUGAR
1. Presente el ejercicio como un medio para construir un lenguaje común. El primer paso es pensar en las frases y los términos difíciles que conforman el lenguaje compartido del grupo. Indique a los participantes que los piensen individualmente y los escriban en notas adhesivas. Algunos ejemplos podrían ser las jergas, el argot, los términos técnicos o los acrónimos que utilizan en su jornada laboral.
2. Permítales que peguen sus notas en una pizarra larga y que las examinen. Inicie un debate para comentar qué términos han sido los más comunes y cuáles tienen prioridad y deberán definirse visualmente primero.
3. En este punto, estará listo para elaborar el glosario. Asigne a los términos más importantes un espacio en la pizarra. Escoja uno de ellos para empezar y pida al grupo que lo describan primero con palabras. El equipo descubrirá puntos oscuros, conflictivos o inadecuados en su forma de expresarse.
4. A continuación, intente aclarar el término con un dibujo. Pregunte: ¿qué aspecto tiene esto? Si el término es abstracto, intente darle un enfoque esquemático. Empiece por personas o cosas relacionadas y conéctelas de forma que la definición se capture visualmente. Por ejemplo, la palabra «social» tiene muchas definiciones y contextos, pero al pedir al

grupo que describa una imagen de lo que quieren decir, obtendrá una definición más clara.

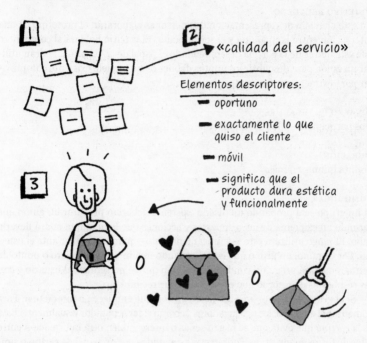

«calidad del servicio»

Elementos descriptores:

— oportuno

— exactamente lo que quiso el cliente

— móvil

— significa que el producto dura estética y funcionalmente

ESTRATEGIA

No intente definir todo desde el principio. Encuentre los términos más importantes, los que ofrezcan más oportunidades de ser aclarados, y céntrese primero en ésos.

Un buen glosario visual tendrá más utilidad más allá de una simple reunión. Utilice los elementos visuales en las actividades de seguimiento; póngalos a disposición de los participantes colgándolos en la página web de la empresa o en el material de los cursos de capacitación, si lo considera oportuno. Anímeles a emplear los elementos visuales como soporte cuando se estén comunicando y trabajen con estos términos.

El Glosario visual *es una creación de James Macanufo.*

El mago de Oz

OBJETIVO DEL JUEGO

En este ejercicio de representación dos personas elaborarán el prototipo de una interacción entre la máquina y el ser humano. El usuario hablará al compañero que está detrás de la cortina desempeñando el papel de la máquina. Podrán utilizar un guión para descubrir los puntos débiles de un modelo existente o improvisar para extraer una idea completamente nueva.

NÚMERO DE JUGADORES

Dos participantes y los observadores.

DURACIÓN

Treinta minutos o más.

CÓMO JUGAR

Si un grupo está probando un diseño existente deberían preparar un guión que formule un esquema de las respuestas y acciones que la máquina podrá llevar a cabo. El *mago* utilizará esto —y únicamente esto— para reaccionar ante el usuario. Por ejemplo, un grupo que esté diseñando una interfaz de cajero o punto de venta redactará un guión con la información que se presentará al usuario y con las respuestas de retorno que presuponga que recibirá.

Si el grupo está improvisando, bastará con que empiecen a interactuar. Para comenzar el ejercicio, los dos jugadores deberán estar separados visualmente. Ésta es la *cortina* que evita que se hagan señas o intercambien otra información entre ellos de forma inadvertida. Podrán estar separados por un panel de cartón o simplemente se darán la espalda.

La forma más fácil de desarrollar este ejercicio es que el usuario empiece alguna tarea que quiera cumplir. Mientras ambos jugadores desempeñan su papel, deberán identificar problemas, errores y oportunidades para llevar a cabo lo que no se espera. En esencia, el usuario deberá desafiar a la máquina y ésta tendrá que ceñirse a lo que sabe.

ESTRATEGIA

La aplicación de esta técnica ha ido más allá del control de la voz, pues la *cortina* cumple dos funciones a un mismo tiempo: elimina las presuposiciones en torno a la máquina y saca a la superficie lo que el usuario quiere realizar y cómo quiere hacerlo.

Esta técnica se lanzó inicialmente en la década de 1970, en el primer diseño y en las pruebas de las ahora comunes terminales de facturación de los aeropuertos, así como en el desarrollo de una máquina de escribir con reconocimiento del habla de IBM. En estos casos, la técnica se lleva incluso más allá: la persona que hace de máquina interpreta comandos de voz de un usuario y manipula un prototipo del sistema, como el mago invisible *de* El mago de Oz.

La cafetería del mundo

¿Cuál es la diferencia entre una reunión de empresa y una conversación en una cafetería? *The World Café*, el nombre que este juego recibe en inglés, es un método para mejorar los debates de grupos numerosos en los que se toman prestados conceptos de las conversaciones informales de los cafés que mantenemos tan a menudo: mesas redondas, ideas cruzadas y preguntas sobre asuntos que interesan.

Como en el proceso de una conversación, esta actividad puede adoptar muchas formas. A continuación presentamos unos pequeños pasos para empezar que se centran en lo básico para una sesión de este tipo.

Número de jugadores
De veinticuatro a treinta participantes en grupos de cuatro o cinco personas y en mesas redondas.

Duración
Noventa minutos.

Preparación
Como líder, necesitará encontrar las preguntas que interesan y que serán las que guíen las rondas de debate. Una pregunta de este tipo será evocadora y sencilla; debería ser inmediatamente tangible y relevante para el reto al que se enfrente el grupo. Éste se centrará en una pregunta o pasará a las siguientes. Por ejemplo, «¿cómo podríamos empezar a tener conversaciones más reales con nuestros clientes?» podría bastar para sostener tres rondas de debate.

Desarrolle sus preguntas importantes y luego céntrese en crear un ambiente agradable y acogedor para el acto. Puede que esto no sea una tarea fácil en los espacios típicos para conferencias. Algunos aspectos que deberá tener en cuenta son el hecho de que las mesas redondas son mejores para conversar que las cuadradas, y que cada mesa deberá estar equipada con material para escribir: rotuladores, pizarra y manteles de papel.

Cómo jugar
El acto consistirá en tres rondas de debate en grupo que no superen los veinte minutos cada una, seguida de una síntesis en grupo. Después de cada ronda, una persona se quedará en la mesa para hacer de *anfitrión* para los participantes de la siguiente ronda, mientras que el resto se moverá a otras mesas para hacer de

embajadores. En este sentido, los participantes tendrán la oportunidad de *viajar por el mundo* y de llevar sus ideas de una mesa a otra.

Durante las rondas de debate, anime a los asistentes a enlazar ideas de una ronda a la siguiente.

Éstos son algunos puntos que deberá tener en cuenta:

Emplee los primeros minutos para hablar de la conversación anterior. El *anfitrión* podrá presentar las ideas que hayan quedado sobre la mesa y los *embajadores* deberán hablar acerca de lo que ellos hayan llevado desde los lugares en los que estaban.

Deje pruebas. Dibuje ideas clave sobre la mesa. Para que el siguiente grupo pueda apreciar la conversación anterior, necesitarán algunos elementos a los que responder y sobre los cuales construir.

Conecte diversos puntos de vista y respete los turnos de intervención. Si fuera necesario, utilice un *palito para hablar* o un botón para dirigir las intervenciones de los demás.

Busque patrones. Durante la segunda y la tercera ronda, surgirán temas y patrones mayores en el debate. Anime a los participantes a que los busquen y los evidencien dibujándolos o escribiéndolos en las mesas.

Después de la última ronda, habrá llegado el momento de entablar un debate entre toda la comunidad para sintetizar lo que los grupos hayan descubierto. Refiérase a las preguntas que interesan a todos, pregunte cuáles han sido las respuestas obtenidas en las diferentes mesas y cómo están relacionadas entre sí.

Una comunidad de practicantes lleva un registro de la metodología de evolución, el proceso, su historia y los principios de diseño en el sitio web <www.theworld-cafe.com>.

7

Juegos para el cierre

**No disponemos del tiempo ni de los recursos para hacerlo todo, así que
tenemos que escoger.** El cierre es el acto de conducir las cosas hacia una conclusión, en nuestra mente y en el papel. Con los juegos de cierre se intenta encontrar un punto final a través del establecimiento de prioridades, un sistema de
votación y la comparación, pero también hallar y crear el compromiso y la ali-
neación que llevan al siguiente paso.

Un buen cierre dependerá del acierto con el que se haya abierto y explorado
un espacio. Un conjunto de ideas que no satisfacen no permitirá que el acto se
clausure. Aunque estos juegos definen con frecuencia la meta final —*necesitamos
alinearnos en nuestras cinco prioridades*—, los de cierre en sí mismos no bastan.
Si está teniendo problemas para terminar una sesión, la raíz de éstos se halla en
otra parte; analice si el espacio se ha abierto y se ha explorado correctamente.

La prueba de los cien dólares

En este método para establecer prioridades los participantes asignarán un valor relativo a una lista de elementos gastando juntos un billete de cien dólares imaginario. Al usar el concepto de dinero en efectivo, el ejercicio captará más la atención y mantendrá a los jugadores más interesados que con un punto arbitrario o un sistema de clasificación por puntos.

Número de jugadores
Grupos pequeños de tres a cinco personas.

Duración
Media; a un grupo puede llevarle hasta noventa minutos decidir en qué gastar el dinero y reflexionar sobre los resultados; dependerá de la extensión de la lista de elementos y del tamaño del grupo.

Cómo jugar
Para preparar el juego necesitará una lista de elementos para ordenarlos por prioridad, organizados en una tabla con un espacio reservado para la cantidad gastada y otro para razonar el motivo del gasto.

Para empezar el juego, explique al grupo en qué consiste el reto: tienen un billete de cien dólares para todos y deben gastarlos en la lista de objetos, cuya importancia está representada por el dinero, y los participantes deberán decidir como conjunto de qué modo emplearlo.

Dé al grupo el tiempo suficiente para asignar sus valores e indique a sus miembros que escriban también una breve explicación respecto a la cantidad. Es posible que los equipos quieran plasmar el coste real o el esfuerzo de los objetos en la lista; esto podría confundir acerca del primer asunto de importancia y sería mejor tratarlo en un debate separado, o con su propia prueba de los cien dólares.

Cuando la tabla esté concluida, pida al grupo que explique el porqué de sus decisiones y razonamientos. La matriz podrá utilizarse entonces como punto de referencia para futuras tomas de decisiones durante un proyecto; específicamente, para indicar qué elementos son importantes o de mayor prioridad frente al resto.

PRUEBA DE LOS CIEN DÓLARES

Elemento/Tema/Asunto	$	¿POR QUÉ?
Acceso a internet	21	para contar a los demás y pedir ayuda
Reloj despertador	7,50	el único disponible a veces
Teléfono	55	conecta con urgencias
SMS	8,50	ayuda en emergencias
Cámara	4,25	documentación para el seguro
Solitario	0,75	libera del estrés
Grabadora de voz	3	capta entrevistas desastre

ESTRATEGIA

Este juego suele aplicarse en el desarrollo de programas informáticos para trabajar con los usuarios a fin de crear su lista de características por orden de prioridad. Sin embargo, se puede aplicar a cualquier situación en la que una *falsa escasez* podría ayudar a centrar lo que un colectivo quiere y necesita. Por ejemplo, un grupo de Recursos Humanos que esté efectuando una encuesta entre los empleados sobre los nuevos planes de beneficios podrá utilizar *La prueba de los cien dólares* para descubrir qué opciones serían mejor recibidas y por qué.

La prueba de los cien dólares *se conoce con muchos otros nombres, entre los cuales están* Divide el dólar *y su variante más corta,* La prueba de los diez dólares.

La fuente de La prueba de los cien dólares *es desconocida.*

Visión 20/20

OBJETIVO DEL JUEGO

El juego *Visión 20/20* consiste en aclarar a un grupo qué proyecto o iniciativas deberían ser prioritarios sobre los demás. Puesto que la atención de los empleados a veces está dividida entre varias propuestas distintas puede resultar interesante volver a centrar y alinear más las que originarán el mayor retorno de la inversión. Definir el retorno juntos ayudará a asegurar que el proceso de dar prioridad sea de calidad.

NÚMERO DE JUGADORES

De cinco a diez participantes.

DURACIÓN

Entre treinta y noventa minutos.

CÓMO JUGAR

1. Antes de la reunión, escriba en notas adhesivas cualquier proyecto o iniciativa relevante para los jugadores que haya sido propuesto (uno por cada nota). Cuando empiece, es importante que las iniciativas que haya escrito en las notas estén pegadas de forma aleatoria durante las dos fases del juego. Mézclelas antes de que empiece la reunión —incluso puede colocarlas a ciegas o pedirle a un jugador que lo haga por usted— de forma que desde el comienzo no haya ninguna prioridad establecida por su parte.

2. Presente el juego explicando a los jugadores que la *Visión 20/20* consiste en hallar un orden de prioridad basado en los beneficios percibidos. Destaque la importancia de crear un consenso con respecto a las prioridades para que la empresa avance.

3. En una pared que sea visible para todos los jugadores, coloque una iniciativa y pídales que describan sus beneficios. Apunte las descripciones en una nota adhesiva pegada junto a la iniciativa descrita. Si no llegan a un acuerdo, anote ambas o todos los aspectos que se hayan descrito. Asuma que es válido que existan varios puntos de vista y permita al grupo que indique la mayor cantidad de opiniones posible a lo largo del proceso de clasificación. Si el grupo ya tiene un sentido de los beneficios compartido con respecto a las iniciativas, no dedique mucho tiempo a aclararlos. En lugar de eso, pase a la fase que consiste en establecer las prioridades y responda a las preguntas relacionadas con los beneficios tal como vayan surgiendo.

4. Repita el paso 3 con todos los proyectos o iniciativas relevantes hasta que los beneficios se hayan descrito completamente y estén apuntados en sus notas adhesivas ya pegadas.

INICIATIVA	BENEFICIOS
CAMPAÑA POR EL FUTURO	• atraer mayores patrocinadores • proyectos de tipo abierto
NIÑOS SANOS EN TODO EL MUNDO	• ya ha conseguido éxitos • asociaciones mundiales
PROYECTO DATOS DE SALUD	• madres famosas ya conectadas entre sí • en gran parte no controvertida
LA ALEGRÍA DE LA FAMILIA	• asociaciones de prestigio • múltiples aplicaciones
DONACIÓN DE SANGRE	• campeones locales • patrocinadores fijos • resultados predecibles

5. Pregunte a los jugadores si se ha omitido alguna iniciativa. Si fuera el caso, pídales que la anoten, la peguen y debatan sobre sus beneficios para que usted tome nota de ellos.

6. Trasládense a una pared cercana o a otra pizarra; despegue dos iniciativas al azar e indique a los participantes que se pongan de acuerdo sobre cuáles son las más o menos importantes para las visiones o metas de la empresa.

7. Pegue aquella con la que el grupo esté más de acuerdo en que es más importante encima de la que lo es menos.
8. Lleve otra iniciativa al nuevo espacio. Pregunte a los jugadores si es más o menos importante que las dos que ya están pegadas y colóquela en el lugar que ellos le indiquen (las más prioritarias en la parte superior y las menos, a la cola de la lista).
9. Repita este proceso hasta que todas las iniciativas se hayan debatido a fondo y estén ordenadas por prioridad.

La actividad *Visión 20/20* consiste en pedir a los participantes que evalúen completamente las prioridades como grupo. La primera fase del juego —descripción y obtención de beneficios— es significativa porque en ella se desarrollan los preparativos para la parte difícil: establecer las prioridades. Puede ser un reto pedir a un grupo que clasifique sus proyectos, pues todos resultan importantes en una u otra forma.

El juego funciona mejor si puede facilitar un acuerdo general en torno a los beneficios y usted resiste la tentación de permitir que el grupo se enrede al establecer las prioridades. Tendrán que tomar decisiones difíciles, y cuando esta dificultad alcance al juego, no se desanime: los jugadores que se resistan a efectuar la clasificación a veces pueden estar ofreciendo un enfoque enriquecedor de las iniciativas y, en última instancia, ayuda a los participantes a perfeccionar la clasificación final.

El juego Visión 20/20 *está basado en una actividad adaptada que recibe el mismo nombre, que puede encontrarse en el libro de Luke Hohmann* Innovation Games: Creating Breakthrough Products Through Collaborative Play.

Ethos, logos, pathos

La finalidad de este juego es canalizar la evaluación aristotélica hacia su debate.

NÚMERO DE JUGADORES
De uno a diez participantes.

DURACIÓN
Entre diez minutos y una hora.

CÓMO JUGAR
Aristóteles sentó las bases de la comunicación persuasiva en el siglo IV a. J.C. Aunque los tiempos han cambiado, la comunicación eficaz no se ha alterado. Evalúe una comunicación, como una propuesta de valor, empleando los tres elementos de la retórica. Interprete a su público y puntúe sus mensajes del 1 al 10 de acuerdo con estas categorías:

- ***Ethos*/credibilidad.** ¿Quién eres y qué autoridad tienes en el asunto?
- ***Logos*/lógica.** ¿Cuál es la claridad y consistencia de tu razonamiento? ¿Cómo se miden tus actos frente a los míos?
- ***Pathos*/emoción.** ¿Hasta qué punto tu mensaje es intenso, digno de ser recordado y motivador?

Observe cuáles son las áreas en desequilibrio o en las que deba mejorar.

El juego Ethos, logos, pathos *ha sido creado por James Macanufo.*

Plan de juego gráfico

Muchos de nosotros somos visionarios, generadores de ideas o, al menos, creadores de sugerencias. Sin embargo, las ideas nunca surgen sin un plan. Como dijo Benjamin Franklin: «Bien hecho es mejor que bien dicho». Llevar a cabo el seguimiento de una gran idea con un plan de acción ejecutable es una de las monumentales diferencias entre los equipos y las empresas que son meramente buenos y los que sobresalen. Ése es el motivo por el cual esta actividad merece una atención especial. Esta gráfica de plan de juego le mostrará cómo llegar donde quiere con un proyecto.

NÚMERO DE JUGADORES
Grupos pequeños, aunque también se puede jugar individualmente.

DURACIÓN
Desde treinta minutos hasta dos horas.

CÓMO JUGAR
1. Antes de la reunión, piense en uno o más proyectos que necesiten ser remolcados.
2. En un espacio en blanco y grande, preferentemente de entre 91 y 122 centímetros de alto y de 183 a 366 centímetros de ancho, haga un dibujo parecido a éste:

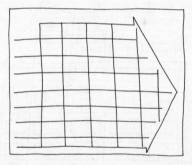

3. Despliegue el gráfico en la sala de la reunión y explique a los jugadores que el objetivo del encuentro es llegar a un consenso sobre las tareas específicas que deben realizarse para completar un proyecto.

4. Escriba el nombre del primero que se debatirá en la esquina superior izquierda de la primera columna. Como líder del grupo, podrá escribir todos los proyectos asociados en esa misma columna o puede pedir a los jugadores que se pongan de acuerdo y añadan otros que exijan atención. Sea cual sea la fórmula que escoja, debería terminar con una lista de propuestas importantes en la columna de la izquierda.

5. De acuerdo con los proyectos enumerados, indique al grupo del tiempo de que se dispone y escriba los objetivos intermedios para su cumplimiento en días, semanas o meses a lo largo de la línea superior, o pregunte a los participantes qué piensan sobre cómo debería repartirse el tiempo y anótelo (nota: también podrá añadir la línea de tiempo después del paso 8).

6. Con las notas adhesivas en la mano, pida a los jugadores que escojan un proyecto y que se pongan de acuerdo en voz alta sobre el primer paso requerido para cumplirlo. Escriba sus aportaciones en la nota adhesiva y péguela en el primer recuadro junto al proyecto.

7. Continúe con el segundo, el tercer y el cuarto paso, y así sucesivamente. Siga tomando nota de los comentarios del grupo en las notas adhesivas hasta que sus miembros estén satisfechos y hayan perfilado adecuadamente cada fase para completar el proyecto.

8. Repita los pasos 6 y 7 para cada proyecto en su matriz, hasta que el plan de juego esté completo.

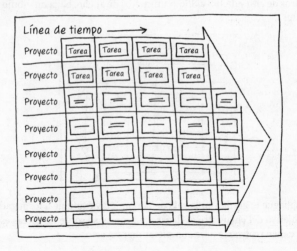

Estrategia

Rellenar un plan de juego en grupo tiene dos grandes ventajas. La primera es que divide los grandes proyectos en porciones de trabajo manejables, lo cual anima a las personas responsables de los mismos. La segunda es que, puesto que *la mente del grupo* crea el plan de juego, la calidad de la gestión del flujo del proyecto aumenta. Será menos probable que las fases importantes de éste se pasen por alto y es más probable que sea enfocado sesuda y estratégicamente. Sin embargo, mientras pegue las notas adhesivas, no dé por sentado que el primer flujo que surja del grupo es el mejor. Formule a los jugadores preguntas desafiantes sobre sus comentarios: ¿esto tiene que suceder primero? ¿Pueden combinarse estos dos pasos? ¿Cómo se relacionan las fases durante los proyectos? ¿Éstas afectan al progreso o al resultado de otro? Las preguntas difíciles ayudarán al grupo a llegar al mejor lugar y a escribir pistas en una pizarra que esté cerca.

Cuando esté determinando la línea de tiempo de la parte superior, es importante que sepa que puede fijarla después de que se hayan establecido los pasos del proyecto. Un margen de tiempo escrito con antelación puede influir sobre las fases que las personas quieren y son capaces de desarrollar, así que piense si será mejor asignar los márgenes de tiempo antes o después de que la rejilla esté completa.

Si nota que los jugadores quieren asignar tareas a personas sin especificar o a departamentos a medida que avanzan, permita que lo hagan. Simplemente, añada los nombres de las partes responsables en cada nota adhesiva (obviamente, dichas asignaciones deberán ser realistas). Si los asistentes quieren comentar cuáles son los recursos disponibles o acusar la falta de éstos, pídales que compartan su opinión sobre lo que calculan que será preciso para completar los proyectos, y anótelo en la pizarra de la sala.

El plan de juego puede personalizarse con varias filas y columnas para prestar apoyo a proyectos más complejos. Podrá trazar tantas filas y columnas como quiera, siempre y cuando las notas adhesivas quepan en ellas. Sea cual sea el aspecto de esta matriz, el resultado visual de este debate en grupo podrá servir como proyecto paso a paso y a gran escala, o sus contenidos podrán ser volcados a un programa informático de gestión de proyectos más formal o en alguna otra plataforma utilizada por la empresa. De cualquier modo, el debate en torno a su creación será de valor significativo.

Actividad opcional: dibuje pequeñas versiones del plan de juego en la pizarra y organice grupos más reducidos para abordar proyectos específicos utilizando rotuladores y pequeñas notas adhesivas. Luego pida a cada equipo que presente su enfoque al resto del conjunto y que escuche la información que reciba sobre los pasos que haya propuesto.

La actividad Plan de juego gráfico *está basada en la* Leader's Guide to Accompany the Graphic Gameplan Graphic Guide, *del proceso de visión estratégica de la empresa The Grove Consultants International, que implica el uso de una plantilla que recibe el mismo nombre.*

Matriz de impacto y esfuerzo

OBJETIVO DEL JUEGO

En este ejercicio de toma de decisiones, las posibles acciones se plasman en un mapa siguiendo dos factores: el esfuerzo exigido para implementar y el impacto potencial. Algunas ideas cuestan, pero muchas consiguen mayores beneficios a largo plazo que las acciones a corto plazo. Clasificar las ideas en estas dos líneas es una técnica útil en la toma de decisiones, pues obliga a los participantes a equilibrar y evaluar las operaciones sugeridas antes de comprometerse con ellas.

NÚMERO DE JUGADORES

Basado en grupos pequeños, pero puede adaptarse a conjuntos de cualquier tamaño.

DURACIÓN

Desde treinta minutos hasta una hora, según el tamaño del grupo.

CÓMO JUGAR

Teniendo en cuenta una meta, un grupo podrá poseer un número de ideas que le indicarán cómo conseguirla. Para empezar el ejercicio, establezca la finalidad en términos de pregunta: «¿Qué hacer?» o «¿Qué necesitamos?». Esto puede simplificarse con la cuestión: «¿Qué necesitamos para alcanzar nuestra meta?».

Indique al grupo que genere ideas en silencio e individualmente y las escriba en notas adhesivas. A continuación, utilizando el método *La publicación*, pida a los asistentes que las presenten al resto del conjunto colocándolas en una matriz de 2 × 2 centímetros que esté organizada por impacto y esfuerzo:

Impacto. El potencial beneficio de la acción.
Esfuerzo. El coste que supone ejecutar la acción.

ESTRATEGIA

Mientras los participantes colocan sus ideas en la matriz, el grupo podrá debatir abiertamente la disposición de los elementos. No es extraño que una idea sea reforzada por el grupo y ascienda en el impacto potencial o descienda en el esfuerzo. A este respecto, la categoría de *alto impacto, poco esfuerzo* contendrá a menudo el conjunto de ideas con las que los asistentes estén más de acuerdo y comprometidos.

La fuente del juego Matriz de impacto y esfuerzo *es desconocida.*

Muro memorístico

Los empleados son seres humanos y, como tales, les gusta recibir muestras de reconocimiento. Para apreciar las aportaciones de la plantilla, celebrar sus logros y fomentar el compañerismo entre los miembros del equipo, el *Muro memorístico* hace maravillas.

Número de jugadores
De diez a cincuenta participantes.

Duración
Entre cuarenta y cinco y noventa minutos.

Cómo jugar
1. Durante la reunión, reparta rotuladores, papel, cinta adhesiva y una superficie plana sobre la cual los participantes puedan escribir. Asegúrese de que tiene espacio suficiente para colgar todos los objetivos.
2. Pida a los jugadores que realicen una encuesta entre sus compañeros de la sala y que durante diez o quince minutos anoten los recuerdos positivos y destacados del tiempo que llevan trabajando juntos, aprendiendo los unos de los otros o participando de alguna manera en la vida de la empresa.
3. Una vez los participantes hayan escrito unos cuantos recuerdos, indíqueles que dibujen cada uno en una hoja de papel (un DIN A-4). Dispondrán de veinte a treinta minutos para dibujar estas *escenas del recuerdo*. Pueden colaborar con cualquier compañero que forme parte de ese recuerdo para evocar los detalles visuales o de contexto.
4. Cuando se haya terminado el tiempo para dibujar, pídales que cuelguen sus imágenes en el muro y formen una *nube de recuerdos* visual.
5. Como líder del grupo, permita primero que los voluntarios se acerquen al muro y comenten los recuerdos que hayan colgado y quieran compartir con los demás. Cuando ya hayan participado todos aquéllos, acérquese a ver los recuerdos y pida a quien haya expresado los que le llamen más la atención que explique la historia.
6. Resuma las experiencias y diga a los jugadores que dediquen un momento en silencio a reconocer y apreciar las que hayan contribuido de forma positiva a su vida laboral. ¡Haga el seguimiento de este juego con una sesión de Happy Hour!

Actividad opcional: permita que los voluntarios se acerquen al muro, escojan un recuerdo e intenten adivinar quién lo ha dibujado. Si aciertan, deles un premio de entrada y pida a la persona que ha expresado el recuerdo que desarrolle la historia. Si no aciertan, deje que lo averigüe el público. Tenga varios premios preparados por si hay más de un acertante.

ESTRATEGIA

El *Muro memorístico* no es un juego de estrategia, sino de apreciación. La única norma es que los participantes deben recordar y dibujar recuerdos positivos y edificantes; no está permitido esbozar nada que ofenda ni sea negativo. Hay también unas pautas sobre los dibujos de los recuerdos: los jugadores no deberán sentirse animados a criticar sus trazos o los de sus compañeros. Indíqueles que la actividad está diseñada para compartir anécdotas e historias, que no se trata de un concurso artístico. Las imágenes están ahí para ilustrar las escenas y, por supuesto, para provocar un humor sano y natural.

Si ve que algún jugador está teniendo problemas para rememorar cualquier cosa, haga preguntas abiertas hasta que consiga recordar algo. Cuando un jugador haya explicado la historia de su recuerdo, puede preguntar en la sala si alguien más se acuerda de la escena, lo cual ofrecerá una nueva perspectiva. También puede destinar esta actividad a un proyecto específico o ciertos objetivos, dibujando una representación visual y a escala del proyecto o los objetivos y pidiendo a los jugadores que evoquen recuerdos relacionados con ese aspecto de su trabajo.

La fuente del juego Muro memorístico *es desconocida.*

La prueba NUF

OBJETIVO DEL JUEGO
Mientras un grupo esté desarrollando ideas en una sesión, puede resultar útil realizar una comprobación real de las ideas propuestas. En *La prueba NUF*, los participantes evaluarán una idea teniendo en cuenta tres criterios: ¿hasta qué punto es nueva, útil y factible?

NÚMERO DE JUGADORES
Grupo reducido.

DURACIÓN
Corta; entre quince y treinta minutos, según el tamaño del grupo y el nivel de debate.

CÓMO JUGAR
Prepare el juego dibujando rápidamente una matriz de ideas con los siguientes criterios:

Nueva. ¿La idea ha sido probada antes? Una idea obtendrá más puntos si es significativamente diferente a los enfoques anteriores. Una idea nueva acapara la atención y la posibilidad de innovación.

Útil. ¿La idea soluciona de verdad el problema? Una nueva que resuelve el problema completamente, sin generar otros distintos, obtendrá mejor puntuación.

Factible. ¿Puede llevarse a cabo? Una idea nueva y útil tiene que ser sopesada para determinar su coste de implementación. Las ideas que requieren menos recursos y esfuerzos a la hora de su puesta en marcha serán mejor valoradas.

Para jugar, el grupo evaluará cada idea y cada criterio del 1 al 10 y luego se sumarán las tres puntuaciones para cada una de ellas. El conjunto anotará las calificaciones individualmente y luego las hará públicas para su recuento. La puntuación deberá efectuarse rápidamente.

Un debate después de saber el resultado de la evaluación desvelará incertidumbres sobre una idea o acerca de las subestimadas previamente. Entonces el grupo podrá escoger el fortalecimiento de una idea formulando las preguntas: «¿De qué manera podemos hacer que esta idea sea más factible y con menos recursos?».

	NUEVO	ÚTIL	FACTIBLE
Bat-móvil promocional	7	2	6 = 15
Grupo Facebook	Ø	3	10 = 13
Bat-rutas Austin	Ø	6	8 = 14
Fertilizante de guano	8	9	5 = 22
Patrocinadores para colonias de murciélago	10	4	1 = 15

ESTRATEGIA

La finalidad de este juego es confrontar las grandes ideas con las realidades a las que se enfrentarán los participantes una vez terminada la reunión. No está pensado para *matar* las buenas ideas, sino para identificar posibles puntos débiles y que se les pueda dar forma y mejorarlos antes de que vean la luz del día.

La prueba NUF *es una adaptación de un proceso de prueba utilizado para patentes.*

Más/Delta

OBJETIVO DEL JUEGO
La finalidad de este juego es generar comentarios constructivos.

NÚMERO DE JUGADORES
Ilimitado.

DURACIÓN
Entre diez y cuarenta y cinco minutos.

CÓMO JUGAR
Dibuje dos columnas: una para el signo más y otra para la letra griega delta (el símbolo del cambio).

1. Pida a los miembros del grupo que reflexionen sobre lo que es positivo o digno de ser repetido respecto a una actividad y que anoten sus pensamientos en la columna del signo más.
2. A continuación, pregunte al grupo que piense en qué cambiarían y que lo anoten en la columna *delta*.

ESTRATEGIA
Este método para obtener comentarios edificantes puede aplicarse a cualquier actividad, idea, trabajo sobre un producto o acción. Al centrarse en el cambio, en oposición a lo directamente negativo, será más probable que el grupo comparta su evaluación más sincera mientras que al mismo tiempo genera ideas para mejorar.

La fuente del juego Más/Delta es desconocida.

Podar el futuro

OBJETIVO DEL JUEGO
Las personas que trabajan en grandes empresas saben que la mayoría de los cambios no tienen lugar inmediatamente ni son muy profundos. Sucede de forma gradual, dando pequeños pasos estratégicos. *Podar el futuro* utiliza un árbol como metáfora para mostrar cómo se puede dar forma al futuro de cualquier cosa, hoja a hoja.

NÚMERO DE JUGADORES
De cinco a quince participantes.

DURACIÓN
Treinta minutos.

CÓMO JUGAR
1. Antes de la reunión, corte varias docenas de notas adhesivas o fichas en forma de hoja. Después, en un espacio en blanco que sea visible para todos los jugadores, dibuje un árbol grande con bastantes ramas gruesas que representen las múltiples categorías del futuro. Escriba el tema general debajo del árbol o encima de éste.
2. Explique al grupo que las ramas bajas del árbol representan los estados actuales del asunto y que, a medida que se sube, se avanzará hacia el futuro. Por ejemplo, si el tema versa sobre el crecimiento de la clientela, las hojas interiores representarán el mercado de clientes actual y las hojas exteriores simbolizarán los índices de clientes futuros o deseados.
3. Pida a los jugadores que escriban aspectos actuales del tema —una idea por cada hoja— en las hojas y que las peguen en la parte interior del árbol. Elimine cualquier comentario redundante, junte todos los que sean similares (ayudándose del grupo) y colóquelos en las ramas apropiadas.
4. Seguidamente, pida a los participantes que escriban aspectos del futuro en hojas nuevas. Pueden ser estados futuros o variables que ya estén en progreso, o simplemente posibilidades y situaciones potenciales.
5. Indique a los jugadores que *poden* el futuro pegando sus hojas en torno a la copa del árbol, relacionadas con las categorías de las ramas. Si usted quiere, añada ramas finas o anchas entre medio para mostrar las relaciones y deje que el árbol crezca de forma natural. Si el crecimiento es asimétrico, deje que sea así.

6. Con los jugadores, debata la forma que vaya adoptando el árbol. ¿Qué ramas tienen mayor actividad? ¿Qué áreas parecen no haber crecido? ¿En qué puntos parece que las ramas estén más conectadas? ¿Y aquellos en los que están más desconectadas?

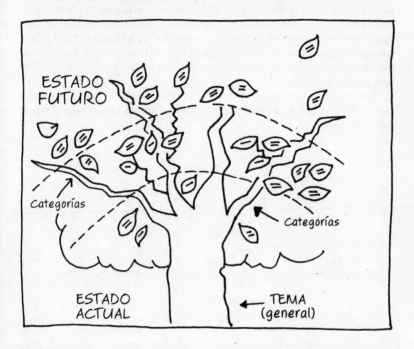

ESTRATEGIA

La imagen de este árbol es la metáfora de trabajo de este juego, pues representa las raíces del tema, sus ramas y, por supuesto, el potencial de crecimiento del mismo. Este juego se puede aplicar de forma amplia porque puede utilizarse un árbol como metáfora para prácticamente cualquier aspecto de la empresa al que quiera dar forma o hacer crecer. El asunto puede ser un producto de cuyas características usted quiera extraer ideas. Puede tratarse de un equipo cuyas responsabilidades futuras y los papeles que desempeñarán sus empleados usted quiera planificar. O también podría usar este juego para debatir acerca del mercado y saber qué creen los jugadores que está cambiando o creciendo.

Cuando los participantes empiecen a dar forma a la copa del árbol, anímeles a ponerse en situaciones complicadas con sus ideas para el futuro. Este juego trata sobre posibilidades realistas, y si alguien pide fruta del árbol para representar la rentabilidad de inversión, dibuje manzanas donde deberían estar. Si los jugadores piden otro árbol (¡o incluso un bosque!), dibuje varios árboles rudimentarios y permítales que empiecen a añadir hojas siguiendo el procedimiento anterior. Este juego funciona bien porque permite una representación no lineal y orgánica de lo que con probabilidad es un asunto complejo. Da como resultado un despliegue de las condiciones futuras interconectadas y muestra qué partes del árbol podrían estar sufriendo mientras otras florecen.

Este juego está basado en la actividad Prune the Product Tree *del libro* Innovation Games: Creating Breakthrough Products Through Collaborative Play, *de Luke Hohmann.*

Empezar, parar, seguir

OBJETIVO DEL JUEGO
La finalidad de *Empezar, parar, seguir* es examinar los aspectos de una situación o desarrollar los siguientes pasos de ésta.

NÚMERO DE JUGADORES
De uno a diez participantes.

DURACIÓN
Entre diez minutos y una hora.

CÓMO JUGAR
Pida al grupo que analice la situación o la meta actual y que, individualmente, busque acciones teniendo en cuenta las siguientes categorías:

> **Empezar.** ¿Qué cosas necesitamos EMPEZAR a hacer?
>
> **Parar.** ¿Qué estamos haciendo actualmente que podríamos o deberíamos PARAR?
>
> **Seguir.** ¿Qué estamos haciendo ahora que funciona y debería SEGUIR?

Deje que cada uno comparta sus resultados.

ESTRATEGIA
Este ejercicio es lo suficientemente amplio para que funcione bien como un ejercicio de apertura o de cierre. Es útil para dar forma a un debate o en cuanto manera de pensar acerca de los pasos de aspiración a fin de conseguir una visión.

Se desconoce la fuente del juego Empezar, parar, seguir.

Matriz quién-qué-cuándo

OBJETIVO DEL JUEGO

Es común que las personas asistan a reuniones, expresen sus opiniones con fuerza y luego hablen sin decir nada y se escabullan de la responsabilidad de llevar a cabo las acciones de seguimiento. En algún punto de nuestra carrera todos hemos sido culpables de esto; es una presunción fácil e intrínseca pensar que la persona que convocó la reunión asumirá la responsabilidad que surja de ella. Es posible que lo hagamos por varias razones: porque no tenemos tiempo para comprometernos, porque no creemos en el objetivo o en las personas involucradas o porque no existe una dirección clara sobre lo que es necesario hacer a continuación.

Muchas reuniones terminan con un debate sobre «los pasos siguientes» o «las acciones». A menudo, estos debates son abstractos y empiezan con una lista de tareas que después se entrega a (posiblemente) participantes involuntarios con ninguna fecha de entrega concreta. Si el debate se inicia con la *Matriz quién-qué-cuándo*, podrá conectar a la gente con acciones claras que ellos habrán definido y con las que se habrán comprometido.

NÚMERO DE JUGADORES

De uno a diez participantes.

DURACIÓN

Entre quince y treinta minutos.

CÓMO JUGAR

En una pizarra blanca o en un papel dibuje una matriz que resalte las palabras QUIÉN-QUÉ-CUÁNDO.

Aunque el impulso más inmediato sea empezar con la palabra «qué» (las tareas y los asuntos que deben abordarse), este enfoque empieza con la palabra «quién» (las personas que llevarán a cabo las acciones). Anote el nombre de cada participante en la columna correspondiente.

Pida a cada uno que concrete los siguientes pasos con los que se puede comprometer. Anótelos en la columna «qué». Cada asistente podrá considerar unas cuantas fases siguientes que él piense que son necesarias o en las que cree que se siente capaz de trabajar. Para cada asunto, pregunte a la persona cuándo podrá haberlo concluido.

Las acciones no se llevan a cabo solas, y las personas no se comprometen tanto con aquéllas como con las demás personas. Al enfocar los siguientes pasos como si los individuos debieran ir primero, cambian unas cuantas cosas. En primer lugar, quedará claro que quienes están en la sala son los responsables de las siguientes fases. En segundo lugar, al comprometerse ante de sus compañeros, los participantes ponen en juego su credibilidad en la realización de acciones y es más probable que sigan adelante. Y en tercer lugar, queda claro quién va a hacer cada cosa y para cuándo lo tendrá a punto (y quién ha mostrado poco o ningún compromiso).

SIGUIENTES PASOS ☑

QUIÉN ☺	QUÉ ↧	CUÁNDO
Bunko	—————	5/10
Morelli	————	Viernes
Chung	————	1/07
Macanufo	————	Lunes a las nueve de la mañana
Brown	————	¡¡AHORA!!
Gray	———	Viernes

Al completar esta matriz, es probable que descubra que hay muchas cosas por hacer. Entonces será un buen momento para preguntarse si hay algún modo de que los participantes que apenas se han comprometido den un paso al frente para efectuar sus aportaciones. Quizá puedan ayudar a los demás a completar sus tareas o su asistencia a la reunión habrá sido innecesaria.

Aunque es más probable que los asistentes se comprometan con acciones que mencionen en voz alta frente al resto del grupo, en última instancia usted será la parte responsable de llevar a cabo el seguimiento pertinente después de la reunión. Puede pedir a los participantes que le envíen un correo electrónico mediante el cual confirmen su compromiso a fin de enviar luego una lista completa a todo el grupo a modo de actualización.

Se desconoce cuál es la fuente de la Matriz quién-qué-cuándo.

Poner la *gamestorming* en funcionamiento

Hemos hablado de los juegos como micromundos que usted puede crear y explorar para desarrollar enfoques y entendimientos más profundos sobre cualquier asunto. Ahora vamos a echar un vistazo a los ejemplos de la vida real, acerca de cómo un pequeño grupo utilizó las *gamestorming* para encontrar soluciones a un problema específico.

Imagine un mundo: la historia de Betacup

En el verano del año 2009, un grupo de diseñadores se reunió en un centro de conferencias apartado para intercambiar ideas y prácticas con personas de otras disciplinas, en un encuentro anual de cerebros que ha dado en conocerse como Overlap.

¿Qué es Overlap? Las nuevas tecnologías y los dispositivos están alterando la forma en que las personas interactúan con la información, y los diseñadores saben que tienen que estar al día. En un mundo en el que el teléfono puede ser también un buscador de internet, una televisión, el dispositivo para escuchar música y el GPS, ya no es posible diseñar objetos ni interfaces sin pensar en las complejas redes de interacciones que todo ello posibilita. Debido a esta creciente complejidad, el diseño está cambiando de una sola actividad a un acto de equipo, y los diseñadores son conscientes de que en los solapamientos y las intersecciones con otras disciplinas es donde encontrarán las mejores ideas y oportunidades para crecer. Por ello, han desarrollado un acto cuyo sentido es cruzar y polinizar diferentes ideas entre el diseño y otras disciplinas.

Uno de los retos al planificar un acto de esta naturaleza es decidir cómo se organizará el tiempo. Cada disciplina tiene su propio lenguaje, su cultura y su forma de hacer las cosas. ¿Cómo se puede combinar todo ello para conseguir una conversación con sentido? ¿Que todos se sienten en un círculo y hablen? ¿Se debe preparar un tema y hacer preguntas, o qué es lo apropiado? En esa reunión del año 2009, los tres autores de este libro —todos nosotros participantes del acto— decidimos utilizar la *gamestorming* como método para gestionar las conversaciones.

Así pues, ahora que puede, creo, imaginar el mundo —un centro de conferencias apartado; cincuenta personas inteligentes y con curiosidad, ganas de conversar y de obtener nuevas ideas—, me gustaría contar la historia de Toby Daniels, un participante de Overlap: por qué fuimos, qué estuvo ocurriendo durante el fin de semana, con qué nos fuimos y cómo la *gamestorming* desempeñó un papel en el proceso.

«Sé el cambio que quieras ver en el mundo», dijo Gandhi, y eso era exactamente lo que Toby Daniels tenía en mente cuando fue a Overlap aquel verano.

Toby no es diseñador. Es un organizador comunitario que está trabajando para cambiar el mundo. Ayudó a conseguir más de 250.000 dólares para *charity: water*, un grupo que trabaja para llevar agua limpia y segura a las personas que viven en los países en vías de desarrollo. Es miembro de la junta de Camp Interactive, una organización sin ánimo de lucro que faculta a jóvenes de las zonas menos privilegiadas de las ciudades a través de la inspiración del aire libre y el poder creativo de la tecnología. Y en aquel verano de 2009 Toby había descubierto un nuevo proyecto en el que quería trabajar.

«Cuando vine a Overlap tenía dos cosas: un nombre y un problema empresarial bien definido —nos cuenta—. Dejé no sólo una solución, sino toda una nueva forma de pensar en el problema.»

El problema empresarial bien definido de Toby era simplemente éste: ¿por qué no hay más personas que usen tazas de café reutilizables? Todos los años se cortan 20 millones de árboles y se desechan 58.000 millones de tazas de papel, porque las reutilizables son, para la mayoría de la gente, demasiado fastidiosas. Sin embargo, la gran idea de Toby era que, en lugar de amonestar a la gente para que cambiara su comportamiento, procuraría que los diseñadores crearan una taza mejor. El nombre que Toby puso a su proyecto fue Betacup.

Imagine un mundo. La imaginación empieza con una pregunta.

El mundo que Toby quería imaginar y explorar era uno en el que el consumo de café de la gente no eliminara árboles ni añadiera tazas de papel no reciclables a unos vertederos de basura cada vez mayores. Su pregunta fue: «¿Qué aspecto tendría ese mundo?».

Fue al acto debido a la insistencia de un amigo, quien pensó que la confluencia de diseñadores en Overlap podría aportar el impulso que tanto necesitaba el proyecto de Toby.

«Al no proceder del mundo del diseño e ir con la idea de que perdería tres días con diseñadores, bueno, creía que me verían como un auténtico extraterrestre —dice—. Fui con una mente muy abierta, pero pensando que más bien sería un observador pasivo. Suponía que probablemente estaría en un segundo plano, observando e intentando aprender sólo con mirar.»

Sin embargo, Toby advirtió pronto que la *gamestorming* cambió la dinámica e hizo que todos intervinieran de una u otra manera y que fuera difícil no participar. Lo que exponemos a continuación es una breve descripción de cuatro juegos y cómo ayudaron a Toby a pasar del problema a la solución.

Juego 1. Sesión de carteles

Uno de los primeros juegos fue una sesión de carteles infográfica (cuya explicación está en el capítulo 5), en la que cada jugador tenía que crear un cartel en el que propusiera un tema que quisieran analizar.

«Ésta fue mi primera oportunidad de compartir y articular lo que era Betacup. Desde un principio vi que el ejercicio era fascinante —dice Toby—, y me sentí retado y animado por la oportunidad. Me obligó a pensar en mi proyecto de una manera visual. Empecé a usar símbolos y dibujos y a buscar conexiones. Era una buena forma para mí de entender lo que necesitaría para explicarlo a otras personas.»

Parte del ejercicio consistía en un *paso por una galería* en el que todos los participantes podían caminar por la sala y contemplar los carteles de los demás. Esto significaba que los carteles no podían ser una simple ayuda visual para un presentador, como una dispositiva de PowerPoint. Más bien, cada cartel necesitaba tener autonomía y explicarse por sí solo, como un gráfico informativo en un periódico.

«Lo más desafiante del ejercicio fue enseñarlo y tener que dejarlo allí. Debía dejarlo para que la gente pudiera observarlo y efectuar sus propias interpretaciones. Eso me obligó realmente a que mi dibujo fuera lo más claro y explicativo posible.»

Entonces el grupo empleó un método de selección llamado *Votación con puntos* (véase el capítulo 7) para estrechar el campo de los cincuenta carteles hasta obtener cinco propuestas convincentes para lograr un enfoque más profundo. El de Toby fue uno de los cinco carteles seleccionados, lo que se tradujo en que tuvo la oportunidad de presentar su propuesta a todo el grupo.

«Cuando me di cuenta de que tendría la ocasión de compartir públicamente, me entusiasmé. Sabía que si me daban la opción de hablar sobre el proyecto, combinándolo con algún tipo de representación visual, aquella gente se interesaría y podría contactar con ellos —cuenta Toby—. Cada uno de nosotros disponía de unos treinta segundos para explicar nuestra idea y luego la gente tendría la oportunidad de *votar con los pies* (véase el juego *Espacio abierto*, del capítulo 6). Aquello era, definitivamente, un ejercicio que imponía respeto, pero de una manera divertida. Todos pudimos percibir la energía, en qué querían invertir su tiempo y su esfuerzo las personas que estaban allí. Afortunadamente, el proyecto Betacup atrajo a una pequeña multitud y despegamos en ese punto.»

Juego 2. Dar un paseo

Aunque no se trata de un juego formal, tanto si es dando un paseo por el parque o en una comida informal, el tiempo no estructurado permite que cualquier equipo cuaje como una unidad, de modo que todos los jugadores puedan conocerse entre sí. Después de que la sesión de carteles hubo terminado y todos se habían inclinado libremente por uno de los cinco equipos de proyecto, los grupos fueron invitados a dar un paseo, a conocerse y empezar a dar forma al trabajo que querían desarrollar.

«El paseo me brindó la oportunidad de conocer a las demás personas que habían mostrado interés, para explorar las ideas con ellos y pensar cómo queríamos llevar el concepto adelante —relata Toby.

»Mientras paseábamos, decidí tomar un poco las riendas y encabezar la conversación para orquestarla. No quería adoptar el papel de líder, pero en realidad sí quería explorar sus experiencias personales y saber cómo veían el asunto. Todo el que bebe café es, de alguna manera, partícipe de este problema, por lo que teníamos mucho trabajo por delante.

»Así que empecé de manera muy amplia a procurar que los demás hablaran de sus experiencias con el café —todo el mundo tiene alguna anécdota relacionada con ello— y luego intenté estrechar el cerco hacia la pregunta: "¿Qué quieres hacer con respecto a este asunto".

»Durante el paseo, todos querían participar en la conversación, así que el grupo tuvo que recolocarse. La mitad empezó a retroceder. Esto creó una forma de interacción nueva y dinámica que nos condujo a un excelente diálogo. Mientras paseábamos, las personas se movían constantemente y cambiaban de lugar y se adaptaban. La gente terminó en grupos menores y luego volvieron. Fue todo suelto, desestructurado y lúdico.

»Resultó sorprendente lo mucho que extrajimos de un paseo de cuarenta y cinco minutos: ideas, creatividad y compañerismo.»

Juego 3. Hacer que algo sea tangible

Uno de los siguientes juegos implicaba construir un prototipo, tomar un aspecto del reto de diseño y elaborar un modelo tangible con el que la gente pudiera interactuar físicamente. El equipo de Toby escogió crear el prototipo de una encuesta en línea utilizando notas adhesivas.

«Una de las ideas que obtuvimos del paseo fue elaborar una encuesta sobre consumo de café, así que, tan pronto como tuvimos la oportunidad de hacerlo, empezamos a formular las preguntas de la encuesta. Nos ocupamos de intentar entender realmente la experiencia y el proceso de consumo de café.

»Escribimos las preguntas de la encuesta en notas adhesivas grandes. Teníamos algo así como veinte preguntas, y cada una de ellas estaba en una nota en la pared, por lo que podíamos cambiar de orden las notas, moverlas y eliminar otras, modificarlas o reemplazarlas si no funcionaban.

»Después pedimos a tres personas ajenas al grupo que vinieran y rellenaran la encuesta físicamente. Hicimos que cada persona leyera las preguntas y que luego escribiera su respuesta en una nota adhesiva y la pegara junto con la pregunta.

»Nunca antes había diseñado así una encuesta ni ningún otro documento para que apareciera en una pantalla. Fue increíblemente útil. Ver cómo una persona responde a una encuesta así te permite observar cuándo está confundida y no entiende una pregunta. De esa forma es mucho más fácil obtener comentarios y hacerlos, porque estás de pie y junto a ellos, y se sienten libres de decir: "Uy, no entiendo lo que quiere decir esto", y cosas por el estilo.»

Juego 4. Tormenta de cuerpos

La tormenta de cuerpos (que está explicada en el capítulo 6) es un juego en el que los asistentes transforman las ideas en experiencias físicas que pueden analizar a través de la improvisación y la interpretación de un papel. Con utensilios, papel y cualquier cosa que tengan a mano, los participantes crearán un escenario que utilizarán para interactuar físicamente y representar las ideas.

Cuando llegó el momento de presentar sus ideas al resto del grupo, el equipo Betacup de Toby decidió que la tormenta de cuerpos sería para ellos una buena manera de entender los comportamientos de compra de los consumidores de café. Recrearon la escena en una tienda de Starbucks utilizando sillas plegables, tazas de papel y una mesa, se repartieron los papeles y empezaron a actuar.

«Habíamos empezado el fin de semana pensando en el problema como un asunto de producto, pero después de poner en práctica varios de estos juegos intelectuales, advertimos que el problema tenía muchas aristas, entre las que se incluían no sólo el producto, sino también el sistema empresarial y la forma en que los consumidores interactúan con él —explica Toby.

»Necesitábamos trabajar los asuntos del producto, del sistema y el comportamiento del consumidor, y ésa fue la mejor manera para nosotros de encajar todas las piezas. Necesitábamos entender el sistema como consumidores, pero también queríamos verlo desde el punto de vista de un gestor de tienda. Una vez preparada la escena podíamos actuar en cantidad de escenarios diferentes. La tormenta de cuerpos comportó que toda la experiencia fuera interactiva y divertida, y también resultó una de las actividades más útiles que llevé a cabo.

»El resumen era para explicar nuestra solución al grupo, pero estábamos tan fuertes y teníamos tanta energía positiva que decidimos que continuaríamos explorando nuestras ideas con la esperanza de que los demás pudieran interpretar lo que estaba sucediendo —añade—. Permitimos al público que pulsara el botón de «Pausa para que tuviera la posibilidad de hacernos preguntas.»

La solución que el equipo de Toby encontró a través de la *gamestorming* no fue sólo una taza de café reutilizable mejor, sino un sistema mejor. Su gran idea consistía en activar digitalmente la taza reutilizable, de forma que recordaría las bebidas preferidas de su dueño, que pudiera servir como una tarjeta de crédito o débito y que funcionara como una tarjeta de fidelidad, todo en un mismo objeto. Lo que presentaron al resto del grupo en su sesión de tormenta de cuerpos fue un Starbucks con una fila normal, como las que se ven en las cafeterías de verdad, y una rápida, en la que la gente con Betacups podía formular su pedido de un modo fácil y ágil al escanear su taza, y evitaba así la cola en la que te sirven con lentitud. Representaron varias escenas en las que destacaban las ventajas de tener una Betacup. Por ejemplo, alguien que tuviera que ir a recoger los cafés de toda la oficina no tendría que recordar lo que ha pedido cada uno, porque esa información ya está en las Betacups de sus compañeros. La solución del equipo tenía ventajas para todos: los consumidores tendrían su producto servido antes y sin errores, y Starbucks sería capaz de prestar servicio a más clientes y ganar más dinero.

Los resultados de la *gamestorming*

El fin de semana estaba llegando a su fin y Toby volvió a Nueva York. Imagine su sorpresa, una semana después, cuando recibió una llamada de Jim Hanna, el director de Asuntos Ambientales de Starbucks.

«Lo gracioso fue que él era una de las personas que estaban en nuestro radar y con la que queríamos hablar —dice Toby—. Antes de ir a Overlap, había preguntado a uno de mis asesores si conocía a alguien en Starbucks, y me dijo que con quien tendría que hablar era con Jim Hanna, que realmente es la persona con la que se deben tratar los asuntos relativos al impacto ambiental.

»Overlap pasó y uno de los miembros de nuestro equipo, Brynn Evans, había escrito su maravilloso resumen del acto en su blog. Eso fue recogido y compartido cantidad de veces, y la historia de lo que hicimos se extendió como una ola por internet. Alguien lo leyó y se lo reenvió a Jim y sus compañeros.

»Así que recibir una llamada de Jim fue algo que me entusiasmó. Quiero decir que todo el mundo quiere tener una reunión con Starbucks, ¡y allí estaban ellos llamándonos!»

Lo gracioso, a juicio de Toby, es que Starbucks no lo habría llamado si hubiera seguido con su plan original, que era diseñar una taza reutilizable mejor. Hay cientos, si no miles, de buenas ideas para obtener mejores tazas desechables, y Starbucks recibe gran cantidad de propuestas acerca de estos recipientes. Hay centenares de promotores de estas ideas esperando en la larga cola de personas que quieren hablar con esta empresa sobre su taza mejorada. Pero la entidad estaba interesada en el proyecto Betacup de Toby porque implicaba que una comunidad de personas trabajara en conjunto para repensar no sólo la taza, sino también el sistema que la rodea.

Lo que llamó su atención fue el enfoque de diseño que suponía la participación de una comunidad, que las ideas pudieran haber surgido de quien fuera y ser cualquier cosa, que incluso en la concepción del proceso de diseño, un movimiento ya estaba empezando a construirse.

«Si hubiéramos hablado con ellos antes de que hubiéramos dado con la comunidad, no habríamos obtenido la perspectiva del distribuidor y valioso socio potencial que es —aclara Toby—. Starbucks es, sin lugar a dudas, uno de los mayores defensores de lo que estamos haciendo.»

Starbucks ahora ofrece su patrocinio de 20.000 dólares al reto de diseño Betacup, para el que ya se han recibido cientos de ideas que votarán la comunidad Betacup y un jurado.

Ésta es sólo una de las historias de éxito. Esperamos que usted salga ahí fuera, escriba la suya y la comparta con nosotros en futuras ediciones de este libro. Al aplicar las *gamestorming*, usted podrá poner en práctica sus ideas con más rapidez, mejor y de forma más rentable y eficaz que con cualquier otro método.

Podrá encontrarnos en internet en el sitio web <http://gogaestorm.com>. Y ahora, deje de leer este libro, salga, ¡y que empiece la *gamestorming*!

Agradecimientos

Debemos las gracias a muchas personas: a Richard Saul Wurman, por su inspiración y los ánimos que nos ha dado; a David Sibbet, Alex Osterwalder, Chris Messina y Luke Hohmann, por su trabajo pionero y por el diseño de algunos juegos impresionantes, así como por estar de acuerdo en compartirlos en este libro; a Nancy Duarte, Garr Reynolds y Dan Roam, por haber preparado un ejemplo para que todos nosotros lo siguiéramos; a Aric Wood, por creer en el proyecto y por las muchas conversaciones que hemos tenido; a Bob Logan, Alex Wright y Jo Guldi, por su ayuda, profundo conocimiento y sabiduría; a Michael Dila y Robin Uchida, por demostrar la innovación con un ejemplo; a Richard Black, Lee Weldon, Louis Kim y Stuart Curley, por su ayuda en el largo desarrollo de los conceptos; a Karl Gude, simplemente por ser él mismo; a Colleen Wheeler, por la edición pensada y considerada, y por las innumerables horas dedicadas a poner orden en una olla de grillos y a mantener el control del proyecto; a Brynn Evans, Toby Daniels, Marcel Botha y a todos los asistentes de Overlap por ayudarnos a poner a prueba la viabilidad y por inspirar el trabajo de Betacup; a Liz Danzico, Andy Budd, Peter Merholz, Bill DeRouchey y Lenore Richards, por ayudarnos a iniciar el proyecto *gamestorming*; a toda la comunidad UX, que nos ayudó a guiar el proyecto a través de sus primeras fases; a Tim O'Reilly por hacer que todo esto fuera posible; a Edie Freedman por el liderazgo en diseño y por guiar el proyecto a través del proceso de diseño; a Isaac Milla y Alyssa Beavers, por su paciencia durante las largas horas que nos llevó completar el proyecto, y sobre todo, gracias a ti, Michelle Milla, mi apoyo, mi amor, mi compañía contra viento y marea.

Dave Gray

Normalmente me gusta reconocerme el crédito personal de mis éxitos, pero en la mayoría de los casos eso es sólo una ilusión. La verdad es que todo en la vida —el éxito, los fracasos, los triunfos y las penas— está íntimamente ligado a las personas que nos rodean. Les agradezco no sólo su amor (que a veces no merezco) y su apoyo, sino también las lecciones difíciles que me han enseñado con el paso de los años. Así que este agradecimiento es para mi gente, sin un orden especial. Rocky: tú eres, con diferencia, el hermano más alucinante del planeta; estoy muy agradecida por las experiencias que hemos vivido juntos. Te quiero y no sería la mitad de la persona que soy hoy si no hubiera sido por ti. Joe: gracias por hacerte cargo de los tres niños cuando pareció que te estaba dejando en adopción a mis mascotas. Te quiero y estoy muy impresionada por tu entereza y tu capacidad para recordar el remate de chiste de cada broma: «Me alegra que vengas a verme». Christy: no conozco a nadie con tu compasión y fortaleza. Te quiero con todo mi corazón y estoy muy agradecida de saber que puedo contar contigo muchos más años como hermana menor tuya. Cassie: tú eres la preferida de todos los que te rodean. Gracias por tu corazón de oro, tu increíble talento y por pensar que la tía Sunni es tan guay. Estaré contigo en cada paso del camino de tu vida. Te quiero con locura. Shannon: ¿Sabes qué? Las rubias graciosas con pelo de sirena son IMPRESIONANTES. Gracias por recordarme que dejara de hacer las cosas en blanco y negro y empezara a prestar atención a la belleza y a las posibilidades que ofrece el mundo. Chet: eres tan paciente conmigo; sólo por haber estado contigo he crecido años luz. Te agradezco tu amor, tus explicaciones y el sexo. Ahora, por favor, intenta asumir realmente ese cumplido. Tía Marilyn: eres increíble. Sigues aprendiendo, creciendo y compartiendo tu sabiduría conmigo. Te quiero y agradezco al cielo que seas mi tía. Fran: tu hijo es increíble; buen trabajo. Gracias por *prestármelo* y también por la incalculable lección de que puedo disfrutar de la vida mientras lo quiero así. Marilyn Martin: conseguí superar mis primeros meses de iniciativa empresarial porque me diste la oportunidad. Siempre te estaré agradecida. David Sibbet: estuviste entre los primeros que puso el pensamiento visual en el lugar de trabajo. Gracias, también, por darle una oportunidad a esta completa extraña y poder hacer una carrera de algo que amo. Y a todos los que ponen en práctica el pensamiento visual. Estáis a la cabeza de vuestra época y el vuestro es una fuente de inspiración constante. ¡Larga vida a la revolución del pensamiento visual!

Sunni Brown

Tengo una deuda de valor incalculable con mis clientes y colaboradores de XPLANE, que han sido pioneros de estas técnicas en el mundo real mientras jugaban con munición real. Más que estar dedicado a ellos, este libro trata sobre ellos. Les estaré siempre agradecido por su coraje y entusiasmo por trazar nuevos mapas en los territorios desconocidos. Estas técnicas son instantáneas de conocimiento vivo, a veces informal y en cualquier pizarra blanca, en cualquier momento y lugar del mundo. En ese sentido, crear este libro no habría sido posible sin la sincera y abierta colaboración de una comunidad de personas que nos han ayudado a encontrar las fuentes originales, ha reunido información y ha contribuido con sus propios juegos. En cualquier caso, hemos hecho todo lo posible para reconocer el mérito cuando corresponde, y me disculpo de antemano en caso de no haber reconocido la aportación de alguien de forma explícita. En particular, gracias a Luke Hohmann, autor de *Innovation Games*, cuya orientación y experiencia han sido muy valiosas. Y a Scott Matthews, de XPLANE, cuyo original garabato cabezón se convertiría en el primer *Mapa de empatía*. Quizá a quien más le deba sea a mi mujer, Elizabeth, que sigue consintiéndome mi sentido del entretenimiento en la mayor parte de las cosas y cuyo valor clave en este compromiso ha incluido gestionar el alcance de la jerga de consultor en mis resultados. Gracias por ello.

James Macanufo

¡Encuentra aquí tu próxima lectura!

Escanea el código con tu teléfono móvil o tableta.
Te invitamos a leer los primeros capítulos
de la mejor selección de obras.